U0676706

椰韵文丛

总主编：赵金钟

成长路上的考研梦

主　编　刘惠卿
副主编　钟明杰　詹绍姬

暨南大学出版社
JINAN UNIVERSITY PRESS

中国·广州

图书在版编目（CIP）数据

成长路上的考研梦/刘惠卿主编；钟明杰，詹绍姬副主编．—广州：暨南大学出版社，2020.1
（椰韵文丛/赵金钟主编）
ISBN 978-7-5668-2574-2

Ⅰ．①成… Ⅱ．①刘…②钟…③詹… Ⅲ．①岭南师范学院文学与传媒学院—大学生—访问记 Ⅳ．①K828.4

中国版本图书馆 CIP 数据核字（2019）第 025172 号

成长路上的考研梦
CHENGZHANG LUSHANG DE KAOYANMENG
主　编：刘惠卿　副主编：钟明杰　詹绍姬

出 版 人：徐义雄
策　　划：杜小陆
责任编辑：潘江曼　王雅琪
责任校对：黄晓佳
责任印制：汤慧君　周一丹

出版发行：暨南大学出版社（510630）
电　　话：总编室（8620）85221601
　　　　　营销部（8620）85225284　85228291　85228292（邮购）
传　　真：（8620）85221583（办公室）　85223774（营销部）
网　　址：http：//www.jnupress.com
排　　版：广州市天河星辰文化发展部照排中心
印　　做：佛山市浩文彩色印刷有限公司
开　　本：787mm×1092mm　1/16
印　　张：19.25
字　　数：365 千
版　　次：2020 年 1 月第 1 版
印　　次：2020 年 1 月第 1 次
定　　价：68.00 元

（暨大版图书如有印装质量问题，请与出版社总编室联系调换）

总　序

　　岭南是个好地方，它不仅盛产物与景，而且出品诗与文，可谓诗与远方汇于一身。

　　在岭南之南有一个半岛，名为雷州半岛，是中国三大半岛中地理位置最靠南一个半岛。关于它的成因，有诗者写道：

因为饥渴，把嘴贴向了海
身子不断拉长
直到把妈妈的呼喊甩在了远远的陆地

就这样，一路奔跑，冲进了海
便再也没有回头

（《雷州半岛》）

　　这自然是诗者的想象，不可拿着科学考证的尺子去求真伪。但有两个关键词值得品味："海"和"奔跑"。海，是它的凭借；奔跑，是它的精神。

　　这里曾为荒蛮之地，是古时中原朝廷流放"贼子逆臣"的地方，寇准、苏轼、苏辙、秦观、李纲、赵鼎、胡铨、任伯雨、汤显祖等名臣巨匠皆曾被贬于此。这些被流放至此的不得意者并未气馁颓靡，而是带着中国知识分子"先天下之忧而忧"的使命基因，自带职责，积极作为，口授中原正音，力输中原文化，倾心化风育民，使得此地加速摆脱蛮荒窘境，迈向文明坦途。

　　半岛北端坐落着一所美丽的学府——岭南师范学院。它驻足岭南，面朝大海，驭一岭（燕岭），挟两湖（寸金湖、瑞云湖），怀绿椰，擎巨榕，起伏有致，风光旖旎，为学子读书求学之绝佳圣地。师生徜徉其中，赓续先贤遗风，吟诵诗文，切磋学问，晨昏交替，四时不绝，为半岛平添了一道怡人的风景。

　　学校已有百年历史。在这百年师范教育生涯中，它肩负着兴学育人的办学使命，秉承"崇德、博雅、弘志、信勇"的校训精神和"师范性、教学型，地方性、应用型"的办学定位，培养了大批优秀教师、教育工作者和社会应用型人才，为当地和国家的教育文化事业、经济社会发展做出了很大贡献。近年来，似乎是应了"海的情怀"与"跑的精神"的感召，其师生的干劲较之以前更大更猛了，并在为学、成才的路上捡拾了不少闪光的"海贝"。其麾下的文学与传媒学院师生便是如此。他们收拢这些"海贝"，再做精挑细选，集束成册，以"椰韵文丛"之名公开出版发行。这是一件值得称道的喜事。从书中可以看到，学生着眼于成长，捡拾成长路上的花与梦；教师着眼于体验，整理前行道上的理与情，各呈其妙，各展其趣，绘制出一组组美妙的图景，传递着灵魂深处渗出的纯真情思，咀嚼着生命旅程中涌起的况味苦乐，享受着随文字起伏而进出的甘美旋律。我相信这套文丛的推出，定会助推校园文学创作和校园文化之建设，为校园增添一抹独具风味的精神风景。

岭南大地一向多奇花异木，且长盛不衰，并无四季更迭之虞。所以，北方正值冰冻严寒时节，此地依然郁郁葱葱。这是大地对它的特殊奖赏与馈赠。从某种意义上讲，朝廷贬官于此，也是对它的一种奖赏与馈赠。而那些失意的贬官，能够来到这里，或许也是上苍对他们的奖赏与馈赠，让他们有机会与这块神秘的土地相遇。除了上面提到的榕树和椰树，这里最显眼的植物还有紫荆花，它是常绿乔木，花大如掌，略带芳香，且颇耐烟尘，观赏性与实用价值均高，成为许多城市的"市花"。生活于斯的人写诗赞美它，说它盛开之时，烟云朵朵，满树朝霞，像一团团激情四射的火在滚动、燃烧；夜晚，似乎还能听到它的声音，细的，柔的，甜的，顶替了聒噪的蝉鸣，以温暖的方式擦拭着人类留下的污渍——这是多么高的赞赏！花得此誉，不枉盛开。诗的赞美之情还未停止，诗人在结尾时又深情咏道：

在遥远的南国
紫荆花这样开着
白天是火，夜晚是歌

（《紫荆花这样开着》）

紫荆花活泼热情，惹人喜爱，是岭南人精神品格的折射。

赵金钟
2019 年 10 月

目　录

人生难得几回搏，此时不搏更待何时

选择自己所爱的，爱自己所选择的

他山之石，可以攻玉

路漫漫其修远兮，吾将上下而求索

执笔书年华，为梦走天涯

一朝煮酒话年华

人生难得几回搏，
此时不搏更待何时

拼搏的青春最美丽

2011 级广播电视新闻学　周　婕

说到考研，大家脑海中都会浮现"刻苦""勤奋"这些词语，当然，没有勤奋刻苦，必然无法成功，然而，根据我的考研经验，我认为想要考上研究生，还有一步很重要，那就是选择。

和许多同学一样，我是在大三才决定考研的，但在专业的选择上，我却一直摇摆不定。我的本科专业是传媒类专业，所以最开始我想在这一领域继续深造，但是通过咨询老师和自主查询，我发现要考取传媒类研究生并不是一件易事。传媒类研究生考试每年的国家分数线都在 350 分左右，单科分数线也很高。结合自己英语不好且专业基础不扎实的现实情况，我便放弃了报考传媒类研究生的打算。但我对其他专业的知识更加陌生，如今想零基础考研，该如何是好？那段时间我反复思考，但经验的缺乏让我得不到答案。于是我便咨询一些有经验的师兄师姐和一些考研辅导机构，最终选择了内蒙古农业大学农业资源利用这个专业，选择理由如下：第一，此专业分数线每年在 290 分左右，并不是很高；第二，我的英语并不好，而内蒙古地处考研 B 区，英语试题较 A 区简单；第三，毕业后我想在家乡发展，此专业应用性较强，符合我家乡当地的应用实情。综合以上因素，我选择了这个专业。之后我报名辅导班进行了咨询学习，专业课方面我向一位此专业的研究生进行咨询。当然，我这样选择是因为我的目标是考上研究生并且回家乡发展，带有一定的目的性，我的经验也只适用于和我情况相似的考生——既想考取硕士学位又对本科所学专业把握不大的考生，这类考生可以结合自己的就业目标，选择一个相对容易考取的学校和专业。

另外，根据我的经验，自身兴趣在考研中并不是最重要的，选择适合自己的专业更为重要，这个"适合"指的是切合自身实际情况。比如，文科考生想要考取理工科专业的研究生相对较难，即使他们对学数学兴趣极浓，也很难战胜那些有过四年高数学习经验的理科生。所以，一切从实际出发是报考研究生的关键。

除了专业的选择，想考取研究生的同学们还要注意对自己所报考学校及报考专业的多方了解。比如，北京大学传播学专业预招收 5 位学生，而其中有 3 位学生是保研生，那么其实只需再招 2 名学生名额就满了，这时考取此专业总排名第三的学生就落榜了。所以，考研一定要眼观六路耳听八方，切忌盲目而为，让理性的光辉照亮自己前进的方向，有计划地，一步一步接近理想。

以上就是我的考研经验总结，希望对准备考研的同学有所帮助。记住，刻苦是第一要义，做好选择是制胜法宝！祝大家考研成功，梦想成真！

在此也要感谢帮助过我的老师和同学，是他们鼓励我永不放弃、坚定向前！

战胜就业焦虑，邂逅梦想大学

2009 级中本 1 班　黎建军

翩跹起舞的七彩蝴蝶，人们只惊艳它的美丽，却不知道它蜕变前的苦楚；振翅高飞的苍鹰，人们只钦羡它飞翔的本领，而不知道它成长前被迫折翼的痛苦。酒只有在酝酿发酵之后，才能散发出诱人的醇香；花只有在经历黑暗的洗礼之后，才能在黎明的朝晖中绽放晶莹璀璨的笑颜。同样的，每一个成功者，都必须经过一番思想的挣扎、行动的折磨，方能勇立潮头，放眼未来。

一、好学性格催生考研念头

多少人曾在考研与工作的十字路口迷失方向，多少人曾在考研入口处徘徊不定。是否应该考研？这个问题一直拷问着一届又一届向往考研而又犹豫不决的学子。从小我便是一个好学的孩子，目前我还想趁年轻到外面走走，看看，学学。清楚地记得我当初选择考研的原因主要有三：第一是想把备考当作夯实专业基础的过程。大一大二期间我担任学生干部，无暇兼顾学习，到了大三大四便需要回归学习，巩固专业知识，这样方对得起我所学的专业。哪怕最终没有如愿，但在此过程中所学到的，不管对日后的求职、做人，都是百利而无一害的。第二是趁此机会开阔眼界，增长见识，这也是我选择上海这座国际化大都市的原因。第三是为了实现大学教师梦。冲着这三个目的，我义无反顾地选择了考研，三者中若能实现一二，那此番选择便是正确的了。此时的我就像一位自由旅行者，背着自己的背包，带着自己的梦想，朝着心中向往之地出发。每条道路都有它的精彩之处，考研只是前方道路的一种选择，纵然荆棘满布，却风光无限。

二、就业氛围引发焦虑情绪

马丁·路德·金说过："要最终评价一个人，不能看他在顺境时如何意气风发，而要看他在逆境中能否乘风破浪。"确定考研目标后，我便全心全意地投入备考，一路披荆斩棘，勇往直前。同学们都踏上求职之路，我却遇上了"大风大雨"。

到了 2012 年 12 月，同学们便结束实习并纷纷走上了求职之路。他们不辞劳苦，奔波于珠三角地区与学校之间。面对平日表现弱于自己但也成功邂逅工作的同学，我一方面倍受鼓舞，另一方面顿感懊悔。而面对那些过五关斩六将最终凯旋的强者，我又不由地心生恐惧，感叹就业形势之严峻。平日，我们经常听到某些同学的冷嘲热讽，说研究生泛滥成灾，就业前景并不比本科生好，三年后的情况还将更加严重，与其再继续浪费三年的青春和金钱去挑战不可知的未来，倒不如现在就踏入社会，积累经验。我承认，每当听到这些令人泄气的话语时，心中所坚守的信仰总会动摇，并对自己所做的选择产生怀疑。

很多时候，我都在想这样一个问题：父母含辛茹苦供我读大学，一直以来都以我为荣，如果我能成为村里的首位研究生，他们心中的喜悦和骄傲自然是无法用言语表达的。但正是这份荣耀，无形中给了我莫大的压力，我害怕三年后获得硕士学位的自己无法找到一份理想的工作，害怕村里的流言蜚语，害怕父母和自己颜面扫地。我不断地自问：考研到底为的是什么？选择考研是正确的吗？三年后的我能否活得比现在精彩？三年的付出是否真的能换来美好的未来？一连串的疑惑让我看不清自己的将来，但每当想及当初自己选择考研的三个原因时，我便再次变得无所畏惧了，更何况考研结束后尚有应聘找工作的机会呢。就这样，我一次次在踌躇与坚定中徘徊，一次次战胜了诱惑与压力，终于走完了漫长的备考之路。

三、无路可退迫使非读不可

1 月 6 日，考试结束，接着便进入了漫长的等待阶段。成绩公布前，我信心十足，自认为考得很不错，因此，这段时间我的心情一直处于欢快轻松的状态。但结果出人意料，成绩并没有想象中那么好。而后又进入了无止境的等待阶段——等待国家分数线、学校复试分数线、学校复试时间等的公布，诸多的等待让我越发焦虑和不安。

就在此时，第一轮企事业单位招聘结束，招聘单位只招 985、211 高校学生，家乡清远清新公办学校近年不招教师等严峻形势逼得我像热锅上的蚂蚁，烦躁不安。我仿佛成了一个前有悬崖后有追兵的逃犯，进退维谷；又像一只折翼跳崖的幼鹰，唯有历经九死一生，方能置之死地而后生。此时，我的心态由当初的"考不考得上无所谓"变成了"非读不可"。于是，我急切地了解各高校的专业缺额情况，积极参与调剂，先后收到了广西师范大学和重庆师范大学的复试邀请，后来也获得了第一志愿上海大学的复试资格。由于在复试时间上存在冲突，我只参加了上海大学的复试，幸好最终有惊无险地被上海大学录取，否则我就只能眼睁睁地与两所调剂院校失之交臂而一无所获了。成功后的我仿如一只盘旋高空的苍鹰，鸟瞰大地，一切尽收眼底。

没有一座桥是专为你而架设，没有一扇门是专为你而开启，你要做的，不是艳羡，不是等待，而是努力在没有路的地方架上一座桥，在不透风的墙上开一扇窗。的确，成功者踏着的虽是如梦似幻的翩跹舞步，但脚下却是擦不去的血汗交织的足迹。考研之路荆棘满布，然而，青春是一首拼搏之歌，纵使旋律悲伤，却也美妙动听。我相信：道路越偏，风景越好；道路越险，惊喜越多。不经一番寒彻骨，怎得梅花扑鼻香。考研是一个磨炼意志的过程，更是一个思想转变的过程。

以梦为翼，让心飞翔

2010级中本4班　卢翠萍

当看到自己的名字出现在浙江师范大学官网的公告上时，我不禁百感交集。在坚持的路上，我曾动摇过、焦虑过、苦恼过，但从未放弃过，那是因为有梦，为了自己的梦想一路上昂首阔步、风雨兼程。如今的结果，是对自己所付出的汗水的最好回报，是对大学五年不断努力的最好证明。

我的求学之路，并不像周围的同学一样一帆风顺。高考的失利让我与梦想的大学失之交臂，只能上一所普通的大专院校。尽管命运跟我开了个玩笑，倔强的我却没有气馁，而是更加发愤图强。经常听人家说，"命运女神是眷顾勤奋之人的"，我非常相信。经过不懈努力，我通过了专升本考试，为自己争取到了在本科继续学习的机会。也许是有了这样的经历，我更加珍惜这个来之不易的读书机会。同时，我对自己又有了更高的要求，那就是考研。我要为自己再创造一次奇迹，为自己打造一个继续学习的平台。怀着更远大的梦想，我在心中埋下了一颗考研的种子。我坚信，我的人生，因为青春而美丽；我的青春，因为梦想而绚烂；我的梦想，因为努力而闪耀。

考研的经历让我成长了不少。在考研的这一年里，我学会了坚持，我明白了经历拼搏与努力之后，必定会实现自己的梦想！在考研的这一年里，我学会了感恩，我感谢这一年来一直在我身边默默支持着我的家人，还有给予我鼓励与关照的学校领导及老师，正是他们的关爱让我在动摇时重新坚定信念，让我在困惑时能勇往直前。

所以，朋友们，坚持自己的梦想吧，让梦想的翅膀承载年轻的心飞翔，去创造属于自己的奇迹！

就业问题，一直都在

2009 级对外汉语　李晓明

在下笔前，我思来想去，不知如何写才能让读者获得最大的收益，体会到考研路上最真切的感受。如今细细想来，当初下定决心去考研，最初我是义无反顾的，颇有种潇潇洒洒、不怕死的壮士情怀，但是在身边朋友的影响下，我也不由自主地去思考他们忧虑的种种。比如说考研与考公务员之间的冲突，与参加教师招考之间的冲突，与爱情之间的冲突，与家人的意见之间的冲突等。于是，带着这些挣扎，我的风雨考研路就此掀开了序幕。

在这些矛盾当中，最令我纠结的莫过于就业问题了。在我确定要考研之前，我从往届的师兄师姐口中了解到，对外汉语本科应届毕业生的就业形势极不乐观。很多用人单位都偏向于录用汉语言文学专业的毕业生，而对对外汉语专业不甚了解，他们甚至会直接在面试环节问应试者："对外汉语是学什么的？"昨天我的一位舍友得知霞山区有教师招聘，就去现场报名。谁知，舍友一回来就疾呼道："不招对外的！"她是湛江人，家住霞山，原以为自己是本地人，胜算更大些，可偏偏就卡在第一关，深受打击。

另外，由于我们在校期间很注重外语学习，因而学得比较好。有的师姐想要当英语老师，但是他们连参加小学公办英语教师招聘考试的资格都没有，只能选择私立学校。我的一位舍友一心想当英语老师，为了实现梦想，她现在去了一家培训机构教英语，同时报班学习课程，她想在了解这些大机构的运营模式之后尽量靠实力进去当一名教职工，从底层做起。听完她的经验，我想起我的论文导师给我们讲述的某些研究生的经验。那时候我们都已经被录取，老师说，有的研究生毕业之后也是想当教师的，但是也不见得可以免试，一样要参加笔试和面试。我挺震惊的，因为两年前我去探望高中的老师时，她说在我们的母校，如果研究生有意愿过来从教，可以免试。也许每个地方的政策不一样，但相同的是，竞争越来越激烈了。也有的师兄师姐因为外语学得好而进了外企，但是他们都说很辛苦、不稳定，有时候老板会无理由地要求他们加班。剩下的同学，从事各种职业的都有。其实，无论就业形势多么严峻，只要自己有足够的实力，还是能够受到重视。听朋友说，有一位去年毕业的师姐，她写作水平很了得，她在毕业前就当了某家报社的编辑，后来又去了广州某公办学校当语文老师。这样的例子很少，但是给人的启发很大。其实我们对这个专业还是充满信心的，我们学院也很重视我们的专业，总提醒要全面发展，还开设了三门小语种的课程，我们也从中受益匪浅。可是等到就业的时候，各种压力袭来，我们不仅要跟教科院小学语文专业的同学抢"饭碗"，还要跟本学院汉语言文学专业的同学抢"饭碗"。怎么能抢得过呢？他们学得很专，我们学得很泛。为什么要抢呢？我们专业共有学生80多人，只有5个男生，看看师弟师妹，男生比例低。虽然学院很积极地为我们联系海外实习基地，除了想让我们去体验一番，也希望我们在就业时，能有更多人选择留在国外教汉语。有的人犹豫了，出国不能出一辈子吧？除非有亲人在那里。那么回国之后还是要面对就业的压力，再加上家人肯定对孩子婚事的关注度，到头来岂不是河中间斩竹篙——两头不到岸？于是，每年出国当志愿教师的只有寥寥数人，剩下的都选择留在国内发展。如此分析，本专业就业形势之严峻是不言而喻的。

理想很丰满，现实很骨感。渐渐地，我就把重心偏向了考研。记得一位刚毕业的古典文献学博士在给我们上课时说："现在中国人的平均寿命是70多岁，多花两三年时间去读研，的确是值得的，它很有可能让你的人生从此变得不一样。"是啊，我们很难增加生命的长度，但是可以增加生命的厚度。与不同的人交流，在思想的碰撞中，我们可以变得更加成熟，更加处变不惊，更加清楚自己想要成为什么样的人，并找到自我，找到属于自己的人生道路。思前想后，我的结论是为了能在好学校当一名公办教师，并获得更广阔的发展前景，我必须考研。

我把想法跟母亲说了，母亲先是支持，接着是疑惑。她认为我继续读书，还不如考个公务员，这样就有稳定的收入了，而且女孩子的青春何其宝贵啊。我告诉她，从选择职业的角度来说，我还是倾向于教师，公务员不是我的第一选择，而且不好考。她说，第一年考不上，第二年还可以考啊，有些专科生坚持了几年都考上了，何况是本科生呢？我说，听说公务员考试是在研究生入学考试之后的，如果考不上，我再去考吧。虽然广东省公务员考试在研究生入学考试之后进行，可当我去暨南大学复试完回来已经是4月11日了，恰巧省考提前到4月14日进行，我没有任何准备，于是未去参加考试。我有一个朋友，他在调剂完之后马上参加了省考，进入了复试，但最后没有成功。另外，我从广州回来后身心疲惫，再也没有心思去准备任何考试，所以在那段等成绩的日子里，心情是何等复杂真的可想而知。

　　总之，在确定考研前把就业形势分析一遍，就知道自己是否适合考研了。在考研后拟录取名单公布前，我依然担心就业问题。而现在，看着同学忙碌奔波于各大招聘会现场的身影，我自己一来感到相对轻松，二来感到任重而道远，因为未来的路不可知，谁能想象两三年后又是怎样的就业形势？就业问题，未完待续。我要做的，就是好好充电，为以后做好打算。

忘记过去，重新出发

2009 级对外汉语　程浩兵

当我踏进大学校门的那一刻，我心里就有了考研的想法，虽然那时对考研一无所知。如果你问我为什么那么想考研，其实那个时候我心里也没有答案，或许是有点受外界的影响，想随大流；或许是对自己读的大学有些不满意；或许是想通过考研进一步提升自己等。不过，虽然心中早早有了考研的想法，却迟迟没有付诸行动。

刚进大学时，我心中抱着满满的希望，希望自己能够在大学期间做一个优秀的人，无论是在学习还是工作方面，可是，后来发生的事情却让我感到失望甚至绝望。整个大一下来，我发现有的课程真心没听懂过，到期末考试的时候现代汉语几乎挂科，那个时候我就在想，连基础的知识我都学不会，还谈什么考研，再看看其他课程的成绩，我简直要疯掉了，那个时候觉得整个大一简直是浪费了，从此也不敢在人面前说我要考研，只是默默地把考研的梦想藏在了心底。

到了大二，由于很多课程学不好，我那时有些想放弃学习了，开始逃掉一些自己不喜欢的课，课余时间也不想再去看书。整天要么上网，要么睡觉，要么只看一些自己想看的书，这样下去的结果可想而知，大二一年下来，专业课成绩差得不行，那个时候我是真的没脸再说我要考研了。

时间过得总是如此快，四年大学，最美好的两年就这样被我浪费了，我真的对自己特别失望。大三开学后，我对自己说："要改变，我要努力学习，我要考研。"就从这时开始，我不再回避在人前说我要考研的梦想，虽然过去的两年，我的成绩平平、能力平平，但我相信，在考研这条路上，只要足够努力，一定会有好的结果。

我从大三开始选择考研的学校，在学校选择上我并没有花费太多时间。高考的时候我就有一个"北京梦"，一直想去北京读书，所以我直接选择了考北京大学，至于专业，我也没有纠结，直接选择汉语国际教育专业，原因有两个：第一，大一、大二两年我虽然学习成绩平平，但是两年的学习让我渐渐喜欢上了对外汉语这个专业，我的一个梦想就是希望能够去国外教汉语，这也是我以后想从事的职业。所以，为了这个梦想我必须不断提升自己，我必须读研，从而提高自己的专业素养，以更加自信的步伐走出国门；第二，对比了北京大学的对外汉语专业和汉语国际教育专业，发现汉语国际教育专业考试相对容易些，再考虑一下自己的水平，我果断选择了报考汉语国际教育专业。

由于受到前两年学习成绩的影响，我不敢告诉别人我想报考北京大学，如果有人问我报考的学校，我也拒绝回答，其实不是我不想说，只是前两年的成绩对我的打击太大了。学校和专业都定下了，我就开始着手复习。大三正是学习专业课的时候，那时我没有为了考研就放弃本科课程，所以只能在课余时间复习。那个时候压力真的挺大，有的课我真的不想去上，可又怕最后考试不及格，所以不敢逃课，课后又有很多的作业，所以用于考研复习的时间很少，最后的结果可想而知，英语考了51分，政治考了56分，专业课考了100多分，总分250多，看到这个分数的时候，我并没有失望，因为这完全在我的预料之中。

接下来，我不得不去思考一个问题，明年我还要坚持考北京大学吗？明年可是我大学期间考研最后的机会了，如果考不上，我该怎么办？大学期间我没有参加过什么活动，连一次奖学金也没拿过，这样的成绩根本达不到教师招聘的要求，我该怎么办？我一次又一次地问自己。可以说2012年的1—4月，我一直都在思考这个问题，眼看着2013年考研的复习又要开始了，我必须在4月底做出决定，这样我才有充足的时间复习。

后来之所以会定下报考暨南大学海外华语及华文教学专业的研究生，是听了我的导师赵老师的意见。还记得那一晚，2008级对外汉语专业的一个师姐打电话给我，说赵老师找我。就在那晚，赵老师建议我报考暨南大学，那个时候我真的又开心又吃惊，因为那时我刚选赵老师当导师不久，跟赵老师接触得很少，赵老师能给我这个建议，我非常感谢她，也感到非常开心。赵老师是第一个主动给我这么重要建议的老师，我特别感动，但也有点害怕，因为暨南大学在广东是名校，而且这个专业的录取分数也比较高，想想自己本科期间的学习成绩，我有这个能力通过考试吗？不过，我并没有把自己内心的害怕告诉赵老师，我想了很久，最后终于做出决定，拼一回。

2012年4月底，我鼓足勇气坐进了考研教室，开始了我的考研旅途，当时我就告诉自己，忘记过去，收拾心情，带着理想重新出发。当我坐进考研教室后，我不再给自己偷懒的理由，既然决定开始那就拼了吧，就这样，我开始了2013年的考研准备工作。至于2013年的整个初试复习过程，我不再详谈，只说一下结果。在2012年农历腊月二十九日的那天下午，我怀着忐忑的心情打开了成绩查询的页面，看到了自己的成绩，政治 79 分，英语 71 分，专业课一 117 分，专业课二 125 分，总分 392 分，排名第三。看到这个成绩，我做的第一件事就是打电话给赵老师，赵老师也非常高兴，说这是我送给她最好的新年礼物。

后来，当我的成绩被周围的同学得知的时候，他们都说我很厉害，但我想说，其实我一点儿也不厉害，理由如下：就说英语吧，考研英语考 70 分以上的人不多，而我考了 71 分，但这并不代表我的英语好，大学期间，我英语四级压线通过，英语六级考了四次才通过，这就是我的英语水平，但考研英语考 71 分，原因我总结为三个字"努力学"。从我开始准备考研，到初试结束，我每天都会保证三个小时的英语复习时间，真题做了七八遍，笔记记了七八本，作文背得相当熟练且会默写，考研英语翻译坚持每天保证三十分钟分析一道小题，就是这样，才有了最后 71 分的好成绩。所以，还是那句话，忘掉过去，我们要相信通过自己的努力可以学好，但前提是要下足功夫。不仅是英语这一科，其他科目的复习也是这样，铆足了劲儿，经常反思一下自己，多跟老师交流一下，我相信最后的结果会是好的。

这就是我的逆袭过程，希望考研的师弟师妹能从我的经历中有所收获。另外，借此机会，感谢我尊敬的导师赵越老师，感谢在考研路上给我的指导与鼓励。

用心灌溉，静待花开

2010 级中本 5 班　李小丹

回首一年考研路，所经历的辛酸依然历历在目。现在看来，很多当时我们认为是天大的事情，其实不过是浩瀚人生中的一朵小浪花，灿烂而又独一无二。

一、三思后行

大三的时候，我决定考研。于是，我开始参加各种考研讲座，搜索各种考研论坛，全面收集各种考研信息。但结果却是我决定放弃考研。因为从各方面得来的信息，其实可以汇总成一条：考研真的很难。当时，我英语基础很差，只是勉强过了四级，而且我不愿意去报考二本院校。面对大量的专业参考书目，还有一条考研人总结出来的"真理"——考研一般死在英语上，我退缩了。到了大四，压力四面八方地袭来，我每天都在想我该走向何方。难道就这样回到家乡的中小学执教，平庸地过一生吗？难道连试都不试一下就要放弃吗？经过无数个夜晚的辗转反侧，再三思量，我终于痛下决心：考研！那时候，我想到的是，如果连考研我都没有勇气去尝试就轻易放弃的话，我还能去干什么呢？我这么轻易地放弃一个机会，那接下来的人生又该怎样应对呢？

二、用心灌溉

考研是一场持久战，不光要有勇，还要有谋。事实上，周详的计划对考研来说至关重要。在哪个时间段应该复习什么都要有合理的安排，否则到最后时间越紧则越手忙脚乱。但是计划总不像我们想的那样进展顺利，我们总会遇到各种各样的阻碍。考研是一个坚持的过程，也是一个排除万难的过程。在复习过程中，我也经历过抓不住重点，因为用错方法而走进死胡同，以及复习进度滞后等问题，后来我才意识到与其他研友的沟通至关重要，这可以让自己少走许多弯路。一开始，我都是一个人闭门造车，有时候情绪容易紧张，尽管我以坚持长跑来减压，但是作用不大。后来跟其他研友聊天的时候，才知道原来大家在不同的阶段都会产生各种各样的情绪问题。与研友交流，让我找到了另一种更有效的减压方式。另外，很多人会忽视导师的帮助。我也是后来才意识到导师能给我提供巨大的帮助，那些我无论如何绞尽脑汁都想不出答案的问题，一向老师求助便迎刃而解。在舍友们参加实习的那段时间，她们的作息严重影响到了我的休息，这让我一度很崩溃。因为我的作息乱了，我的计划也随之被打乱。一开始，我选择与舍友协商，并未有个满意的结果，最后我只好搬到外面住。适应不了就去改变，这是我从中学会的。

三、静待花开

考研的结果无非两个：成功或失败。但在我看来，只要曾经用心、尽力地付出过的人，他们都是成功的。不同的是，有人收获的是一张入学通知书，有人却收获了比入学通知书更重要的东西，那就是经历以及经历过后的成熟。我坚信，只要用心灌溉，最后必定能欣赏花开。

一步一步拥抱阳光

2011 级对外汉语　李玉冰

　　不知不觉，大学四年就如流沙般从指间滑走了。到现在，当初作为新生入学的情景还历历在目。和所有普通的大学生一样，我平淡地度过了一段普通的大学生活，学习、打工、参加比赛、参加活动、拿奖学金，当初我给自己立下的目标在这四年里或多或少地实现了。但如果要说大学四年里我做过的最有意义也最让自己骄傲的事，那就是我选择了考研。

　　其实从入学的第一天起，我的计划就是一毕业就就业。从农村出来的我，每时每刻都想着为家里减轻负担，所以一开始我是拒绝考研的。但后来因为专业的关系，大三我参加学校"赴泰带薪"的实习项目，在泰国待了四个月，回来之后便毅然决定考研。到现在我都不清楚为什么自己的想法会转变得那么快，我只能说，一个人一旦有了一些与众不同的阅历，或者见识了一些新鲜事物，其想法必然会有一些改变，我考研的初衷或许就是来自那次泰国之旅。不论初衷是什么，我都非常感谢自己当初的选择和一路的坚持，在考研的过程中学到的东西绝非在平常的学习中能学到的，这些经验让我受益终生。

　　一般而言，考研主要有几个步骤：选专业、选学校、选参考书目、复习。

　　选专业是很重要的，选择报考的专业，一要从自己的兴趣出发，二要结合所报专业的就业市场来看。读研选择自己喜欢的专业是很重要的，因为这样我们才能在漫长而艰苦的考研路上有足够的动力和毅力坚持下去，并且在读研期间不至于因为专业而感到无心向学。我报考的是汉语国际教育，因为原本专业就是对外汉语，又有赴泰的经历，除了喜欢这个专业以外，还想多争取机会出国。大家在选择专业的时候，一定要好好考虑。

　　专业选好了以后，要相应地选择学校。绝大多数人都有名校情结，非名牌大学不可，当然，大家读研都想读一个好一点的学校，这再正常不过了。但是，择校时一定要结合自己的实际情况，不能盲目地追随别人的脚步。我非常相信"有志者事竟成"，所以大家一旦选定了学校，就不要管别人怎么说，好好复习便是。另外，择校时一定要看清楚所报专业在该校的教学情况，很多时候专业好学校不好，或学校好专业一般，需要自行衡量。我报考的是上海外国语大学（以下简称"上外"），当初选择这个学校只是因为该校历年来招生人数比较多，觉得报录比很高，但由于经验匮乏，最后还是失算了。上外每年的分数线是按照技术分来算的，所谓技术分就是专业一＋专业二＋外语＋总分×10%，政治分数没有算进来。如果有同学要报考上外的话，一定要保证专业课和外语的复习。

参考书目是要结合专业和院校来选的，一般在学校官网上都有公布，大家只要根据官网上给出的书目自行购买就可以了，但一定要以自己所报学校的书目为准，因为即使是同一个专业，不同学校的参考书目也会不一样。也有一些学校是不公布参考书目的，对于这样的学校，有两种了解途径，一是可以参照同专业其他学校的参考书目；二是可以询问报考过该校的师兄师姐，或者找到该校的论坛，里面有很多的资源。

上外就是没有公布参考书目的院校之一，我当时查阅了很多其他学校的官网，把相同的书目都记录下来作为参考书目。另外，报考汉语国际教育硕士的同学可以关注汉语国际教育硕士中文考研网，里面有很多的真题资料以及各个学校汉硕考试的参考书目。大部分院校汉硕考试的参考书目包括黄伯荣、廖序东版的《现代汉语》（上、下册），叶蜚声的《语言学纲要》，程裕祯的《中国文化要略》，孟昭毅、曾艳兵的《外国文化史》，刘珣的《对外汉语教育学引论》以及王力的《古代汉语》（上、中、下）。从上外历年所出的题目来看，《现代汉语》《中国文化要略》《语言学纲要》和《对外汉语教育学引论》所占内容较多，而《古代汉语》相关内容只有一道10分的题，《外国文化史》相关考题占的分数也不多，只涉及几道选择题，所以大家要把握好重点，有针对性地复习。

当所有一切都选择好了之后，我们就要进入复习阶段了。这是一个痛并快乐的过程，大家要学会忍耐，更要学会享受。考研不是一件难事，关键在于坚持。一旦选择了考研，这条前进的道路上必然充满了荆棘，所以我们要以很大的魄力去迎接一切困难，更要相信我们在做着一件伟大的事情。

复习要有一个详细的计划，不论大家选的是什么专业，其实复习的过程都差不多，都是英语、政治和专业课（这是针对报考文科的同学而言的）。在整个复习过程中，英语和专业课的复习尤为重要。首先是英语的复习，英语的复习要尽早开始，前期的时候可以只看考研单词，但必须每天都坚持，一遍一遍细细地记，务必要把单词拿下。假如不喜欢单词书，也可以在手机上下载学习英语的软件，不管用什么办法，能把单词记住就好。慢慢地可以加入英语阅读的复习，最好的办法就是做真题，一遍遍地做，把每个单词、每句话都了解清楚。大家购买真题时可以只买近十年的考研真题，但必须要有详细的答案解读，这样可以帮助大家理解，英语黄皮书就是一个不错的选择。英语翻译个人觉得不必买参考书，只要把英语真题都吃透了，翻译就容易了。至于作文，大家可以在复习的后期背范文，可以购买王江涛的《考研英语作文》，里面的作文简单易记，而且分类很系统。

其次是专业课的复习，除了一遍一遍地看专业书，没有其他更好的方法。大家复习的时候，可以把专业书目先通读，再细读，要把每个知识点都理解透并且熟记于心。还要做好笔记，方便后面的复习。另外，一定要找相关的真题来做，一是了解学校的出题方式，二是多做真题可以得知哪些知识点比较重要，这样大家复习起来也有一个方向。真题可以从学校官网上下载，也可以从师兄师姐那获得，还可以在网上购买。之所以建议大家多做真题，是因为我考试的时候试卷上的古代汉语阅读题是我曾做过的真题，况且专业课考的都是很小的知识点，多做真题以后会发现，汉硕专业考卷的固定题型（填空题、选择题、判断题和语言应用题），以及常考的知识点。

最后是政治的复习，建议大家把政治的复习放在后期，可以从9月开始，因为政治需要背诵大量的内容，放在后期来复习更为集中。大家可以参考肖秀荣的考研政治辅导书，此书有一个系列，大家可以只买其中的《肖秀荣考研政治命题人知识点精讲精练》和《肖秀荣考研政治命题人1000题》，最后可以购买其背诵版内容和模拟题。

复习是一个很乏味沉闷的过程，所以一定要耐得住寂寞，假如真的在这个过程中坚持了下来，不管最后是否考上了，我们都无悔于考研时的付出。在这一过程中，我们收获的不仅是知识、友情，还有更多的人生感悟！最后，祝愿考研的师弟师妹们都能考取自己心仪的学校，走进更辉煌的知识殿堂！

有梦想就大胆去追

2011 级对外汉语　李冬冬

我是 2014 年 5 月开始准备考研的。那时候我在网上看到一句话："十年之后，研究生已经满地都是，而你还是本科毕业，你要如何立足？"就因为这句话，我果断决定考研。很多人都在纠结要不要考研，该考什么学校，我在这里谈谈我的看法。我认为，这两个问题不能考虑太久。考研不只是提高自身学历的过程，更是人生中非常宝贵的经历。经历了考研，你就会更加坚强，更加自信，你会觉得其实所有的困难都不算困难，所有的问题我们都能通过强大的信念和努力去解决。"天将降大任于斯人也，必先苦其心志。"也许备考过程中你会很痛苦、很难过，但这都是一种历程，以后想起来你会感谢你现在的决定。

决定了考研之后，要综合考虑报考专业和报考院校。关于专业选择方面，每个人专业不一样，做出的选择也不一样，所以只能自己好好考虑，在此我们主要说说报考院校。备考过研究生考试的人会发现，不管是选择好一些的院校还是一般的院校，都得付出很大的努力，看的书并不会相差多少。如果你选择了稍微一般的学校，你很可能就会在意志上松懈，会潜意识地觉得，反正考这个学校也不难，就不需要那么努力了。我们都经历过高考，在备战高考期间，你是不是有一直想要去的学校呢？或者，高考你考了一个离家特别远而且不是特别好的院校，如今你想要考一个更近的更好的学校……？什么情况都可能有。勇敢说出你最想要去的那个学校吧，告诉每一个人，你已经决定要朝着那个学校进发，哪怕付出再多汗水也不退缩。这样的话，你的自尊心会令你坚强，因为考研途中的苦和累会一波一波涌来，削弱你的意志，而你骄傲的自尊心能帮助你坚持下去。对于要不要考研和考哪个学校的问题，总结一句话就是，有梦想就大胆去追！

决定考研之后，我还是非常迷茫的，那时候连参考书目都不了解。后来就慢慢地在网上搜索资料，但是也不得要领。6 月我联系到了几位师姐并开始对她们"狂轰滥炸"。真的非常感谢她们，一直很耐心地解答我各种幼稚的问题。其实，我现在才知道，每一个考研人都是这样过来的，没有什么丢不丢脸的，只有经历过考研的人才会真的将心比心地去帮助你，而不会嘲笑你的无知。就像现在，有学弟学妹来问我各种问题，我都会耐心解答，因为我能理解他们现在迷茫和焦躁的心情。摸清路子之后，我明白了，其实只需要给我指一个方向，我就知道如何前进了。就这样，我知道了我必须上目标院校的官网，去看招生简章，去查参考书目，并且时时刻刻关注官网的动态，我还知道了考研期间要规划好每个阶段的任务，否则就会像无头苍蝇般乱撞。我买好了所有参考书目，制订了我每个月、每天，甚至是每天上午、下午、晚上的学习计划。接着，我就开始有条不紊地复习。这样的规划让我焦躁的心终于安定了下来。备战考试的阶段一定要有一个稳定的心态去踏踏实实看书，切忌浮躁。

先说说专业课。考研的第一个阶段，我把专业书全部看了一遍。我那时给自己定的任务是，上午专业课，下午英语，晚上政治。因为专业课有很多本书，都得看，而且第一阶段也不分重要与否，我就给自己定了具体目标，一上午必须看完30页书，看起来任务不重，可是就这样一天一天积累，其实进度还是挺快的。我会边看书边做笔记，我认为这样可以记得更牢。看第一遍书用的时间可能会很长，要理解每一个知识点，即使一时忘记了也不要紧，多做几次就会成为永久记忆。看完第一遍书之后，我有了好几本笔记，第二遍我就专门看笔记，因为我的笔记记的都是非常重要的知识点，或者是我经常记不清的知识点，所以很认真地过了一遍，这一遍不是翻一遍的意思，而是反反复复研究了一遍。第三遍看书我又回归到课本了，第三遍开始就会有些飘飘然，自信心爆棚，觉得自己应该可以对付真题了。可是我忍着这种爆棚的自信心，耐心地看了一遍书。当看完这一遍，就是我自信心强到极点的时候了，我将真题翻了出来，在图书馆中掐着表进行了测试。结果如何呢？你一定猜到了，我爆棚的自信心就像一只气球被狠狠戳破了。我那时很郁闷，觉得自己看的书都白看了，便又去向师姐"求救"，她告诉我这是正常的，大家都会经历这样的过程，我才冷静下来。我开始去思考，为什么明明觉得自己会了，可是到了做题的时候却想不起来、做不出来呢？最后得出的结论没有其他，就是不熟练，还没有做到如数家珍，所以很多知识都还是一知半解，介于记得与不记得之间。尤其是专业二的文化知识，很多特别琐碎的知识点，我总觉得一定不会考，最终却发现真题往往考的就是这些知识点。从此之后，我开始了一段很痛苦的日子——边做题边翻书。遇到不会做的题，马上翻书去查找。那段时间，我翻书很疯狂。有时候，一个题目翻遍了书也没找到，连网上都没有，整个人就会变得很狂躁。所以，如果有人在图书馆看到一个哗哗翻书、狠狠抓头发的疯子，不用怀疑，那就是我。但是经历过那个阶段之后，我发现我对参考书的认识加深了很多，每见到一个知识点，我便能以迅雷不及掩耳之势翻到书上相应的页码。这对于我后期的做题是很有帮助的。等到最后一个阶段，我就回归课本，一遍一遍做真题，同时也做其他学校的真题。知识熟练掌握之后，你会发现一天做几套题都是正常的。这里要特别说说真题答案，不要盲目信答案，到了你做题的时候，你会发现那些整理答案的师兄师姐很多知识点都没看透，给出的是错误的答案。要学会信书本，会的就做过，相信自己，不会的就马上翻书，不太确定的也马上翻书。知识点是有限的，多翻几遍就熟了。

接下来说说英语。因为我的英语基础不好，所以很早就开始准备了。我一开始是背单词，考研过程中只买了一本单词书。我个人是很讨厌背单词的，而且之前一直觉得一定要在阅读中记单词才可以。可是我那时候看了考研的真题，实在是没有几个认识的单词，所以很无奈地走上了背单词的"低端路线"。那本红宝书分了很多个小单元，每个小单元差不多100个单词。最初我背不出来，因为以前见都没见过，特别难。觉得特别困难。但我安慰自己：多读几遍就记得了。于是我给自己每天划定一个单元。早上起床，我认真读一遍，理解透，吃完早餐我就去图书馆，再看一遍。中午吃饭，我又读一遍，然后到图书馆再看一遍。下午再读一遍，去图书馆再看一遍。当天晚上，我只看一遍今天读的这个单元，然后看一遍明天要背的单元再睡觉。第二天起床我会读一遍昨天记忆的单元再开始读新的单元。整个过程，我都没有费尽心思去背，也没有花很多时间，可是不知不觉中，每个单元每天我都复习了至少7遍。我一开始并未察觉到这个计划的宏伟，可是我一个半月就把那本红宝书翻烂了。读完以后我很迷茫，我以为我会背两三个月，可是不知不觉就到了最后一个单元。我去买了一本单词本，从头开始一页一页看真题，把自己不会的单词再抄下来，虽然到了那个时候，不会的单词已经比较少了，但是每一页总会有几个不会的，认真抄下来，整理好后才开始做真题，第一遍特别痛苦，逐字逐句去理解、分析，第二遍就好很多了。整个复习过程，我的英语资料只有一本单词本和一本真题，真题做了至少4遍。

最后是政治，我那时没有经验，所以早早就开始了政治的复习，后来发现复习得太早了，到后面都忘了。我真正开始政治的复习是在10月。

这就是我这几个月来的经历。说起来似乎很轻松，可是只有我自己知道其中的酸楚，主要是心理压力特别大，而且感觉自己活在与世隔绝的世界，有一种大无畏精神。现在才明白，其实规划好每一天，然后踏踏实实去努力，才是最重要的。最后，我想告诉2016级的小师弟小师妹们，有梦想就大胆去追吧！

认识你自己

2010 级中本 5 班　张文玥

"纸上得来终觉浅，绝知此事要躬行。"真真切切走完考研这一段路程，才发现原来"考研"这个词并没有师兄师姐口中说出来的那么简单，也没有自己想象中那么难。

考研是我上大学以前就定好的目标，本打算大三考的，但因得知很多省外的高校都不接收大三的考生，并且刚好有一个对我的人生价值观念来说影响很大的机会摆在面前。这个机会即赴泰国进行为期四个月的实习交流，刚好又和考研时间冲突。想到经历比考研更重要，于是我毅然决然放弃了大三考研，选择推迟一年和大家同步考。对于这次重要的决定，我从没有后悔过，因为一次经历，可能会改变一个人的一生。

2013 年 4 月回到学校我才开始准备考试，学校还是专业的选择都一变再变，我记忆最深的便是那个变动的过程。每个人都有梦想，但通向梦想的道路是曲折的，并且不是心中有梦就一定能达到梦想的彼岸。曾经很喜欢繁华的大都市，很想到北上广读书，想着又有一次机会可以改变命运，一定要好好争取，但走过了点点滴滴，才发现一个道理：再多再好的资源，不属于你的，就什么都不是。

大学是一个包容的地方，是开阔眼界的平台，在这里我们学会了如何获取资源。因为研究生讲究的是深钻细挖，要搞研究就必定要占有相对充裕的资源，才能在此基础上继续下去。因此我最终选择了云南大学，在一个相对熟悉的环境下学习，资源的获取便可以省去很多的麻烦。其次，我并不是一个记忆力特别强的人，但从多年学习的过程来看，我的分析能力相对较强，因此我选择了研究文化产业。文化产业是需要你用现有的资源、环境、区域等因素来分析某地是否可以发展文化产业以及发展什么样的文化产业内容等。选择的专业和自身的条件是否契合也是很重要的。

因此，认识你自己，是每个人通向成功的最重要的途径。

考研只是多了一个选择

2011 级对外汉语　余美瑾

其实，能考上吉林华侨外国语学院，是一个意，也是一种缘分。从备考到初试，从复试再到录取，一路走来，有点漫长，但还算顺利。这让自己感觉很幸运，也明白了四个道理：选择比努力重要；心态决定一切；真正的挑战永远在考场之外；做自己喜欢的事，喜欢自己做的事。

一、选择比努力重要

说实话，决定考研的时候，我是真的没想清楚为什么要考研，甚至报考吉林华侨外国语学院的时候，我仍未能想清，当得知自己已经被录取时，更是惊讶。不过，现在我好像想明白了。

报考之前，我毅然参加了 4 个月的"赴泰带薪"实习项目，但去泰国之前，我已经决定了考研，考研复习和实习的时间有所冲突，当时我也挺纠结的。出国实习是我早已拟定好的计划，已经很不容易才拖到了大三的第二学期，这是我在大学期间迈出国门的最后一次机会了。考研，是一项很庞大的系统工程，耗时耗力，特别是我当时想报考的是北京语言大学的汉语国际教育专业硕士，对于成绩平平的我来说通过考试是很难的，如果没有充足的时间和足够的努力来备考的话，就只能默默地当炮灰了。在"去"和"留"这道选择题上，我一直思索未果，最后只能把它写成了主观题：未来十有八九是个变数，我承认自己把握不住，所以便不作做垂死挣扎。前路一片茫然的时候，能看清一段就走一段吧，不管如何，不回头，不后悔！所以，我决定了出国实习，在实习的同时备考。在泰国的 4 个多月里，虽然没有系统地复习，但充实的、慢节奏的对外教学和异国生活的经历，每天备课、上课、反思，想着怎样跟泰国老师和学生更好地交流，每天直接接触当地的文化和语言并感受这些差异，都让我对"汉语国际教育""对外课堂""跨文化交际"等概念有了切身的体会，也更加明白了对外汉语教学这条路，自己该怎么走。回国后，尽管离考研只有两个月了，我还是果断报了名。只是，这次我没有好高骛远，而是给自己让了一步，选择了认为比较适合自己，又比较有把握考上的学校。我不是特别优秀，但是我很清楚自己想要的是什么，就像决定走对外汉语教学这条路时，已深刻地了解这会是多么坎坷，而考研是一个能够助我超越的平台，我也只是需要一个平台而已。

选择是一个门学问，虽没有对错之分，也没有好坏之分，但能够做出一个合适的选择，选择适合自己的专业和学校，你的考研路可以走得更稳、更顺一些。

二、心态决定一切

其实我一直都是一个忧患意识特别强的人，特别是在去泰国之前，感觉自己好像一直都生活在高温强压之下，每天忙忙碌碌的，担心自己一不小心就脱离生活的轨道，失去什么。但幸运的是，我忙碌的范围比较广，朋友挺多，所以很多时候，总能通过与家人朋友聊天、运动、参加活动或者看励志书籍等方式过滤掉一些郁闷的情绪，及时补充正能量。这次赴泰，我也是给足了自己4个月的时间来调整心态、放慢脚步，想清楚自己的选择。因此，真正备考的2个多月里，我的心情一直处于很平静的状态。我一次性将学校列出的参考书买回来，每天依然按时上课，保持充足的睡眠和正常的人际交往，但复习的时候坚决一心一意，不受干扰，每天坚持关注相关的考研信息和看一些专业常识的资料。可能是因为之前有了4个多月的对外教学实践体验，感觉自己看书的时候不会那么死板了，时不时联系一下自己的汉语课堂，理解起来也较容易。所以尽管时间很短，但感觉自己的学习状态很好，效果也挺好。初试的时候，也感觉到了未曾有过的淡定。那时候已经不关心考不考得上了，只知道自己尽力了就不后悔。所以初试一结束，我又毫不犹豫地踏上了求职的道路，备战教师招聘考试，参加教师招聘会。但当知道分数的那一刻，自己还是挺惊讶的，原来，有些东西可以不必计较，它的结局也终归是美好的。其实我挺幸运的，总分373分，虽然英语只考了44分，刚刚达到国家线，好险，但终归是自己的水平。所以准备复试的时候，尽管心里有点儿没底，但依然告诉自己，不管怎样，一定要微笑着坚持下去。于是，我很认真地准备了英语自我介绍，在面试的前两天将介绍稿背得滚瓜烂熟，再及时复习了一下专业知识并阅读了关于专业技能问答的资料。面试的时候，保持微笑和说话时的正常语速，尽量使自己看起来很放松、很自信、很诚恳，时刻保持清醒的头脑与老师交流并回答老师的问题。其实，说不紧张是骗人的，除非不在乎，但即使再紧张也不要表现出来，这时需要理性与坚强，也需要独有的骄傲。

三、真正的挑战永远在考场之外

与考研相关的因素很多，除了必要因素（正确的选择、坚定的目标、良好的心态、深厚的知识储备）外，你的家人和朋友、你的生活信念、你的处事原则、你平时的人际关系、你的性格以及你的运气都是很关键的因素。这也就是为什么我会说真正的挑战永远在考场之外了。我很庆幸自己没有因为考研放弃赴泰实习的机会，没有给自己的大学留下遗憾，反而因这次实践使复习轻松了很多；也很庆幸自己后来选择了吉林华侨外国语学院，找到了适合自己的平台并找回了自信心，也避免了遭受调剂甚至淘汰的困境；更庆幸自己平时虽然很忙碌，但始终没有脱离生活的轨迹，平时与大家相处得都挺好，所以这次复试前我很幸运及时地通过高中同学联系到了报考学校的导师和学妹，在跨越大半个中国到达吉林华侨外国语学院的时候，不用担心食宿问题，也能及时对复试事宜及学校情况有更多的了解，顺利通过了复试。其实，考试只是做一张试卷那么简单，真正困难的是备考的过程，考场之内永远不会有大风大浪。考研之后呢，或者被淘汰，面临失败与就业的双重压力；又或者需要不断调剂，接受一次又一次的打击和挫伤；又或者顺利被录取，真正的挑战永远在考场之外！

每一个考研成功之人的背后都是一部励志史，不管他以前和以后怎样，也不管这个过程中他是否始终坚定不移，至少现在，他通过了挑战，他就是正能量的代表。

四、做自己喜欢的事，喜欢自己做的事

有人说，考研是一条不归路。现在本科生多，在街上随便就能抓一大把，就业压力越来越大。很多人担心自己毕业之后找不到工作，所以不得已才选择了考研，这确实是很多人考研的原因，想法很实际，没有错。但是，我还是希望有人是因为喜欢学习，希望提高自身的素养，所以选择继续深造的。我也希望不管是出于哪一种原因而选择了考研的学弟学妹，都能够想清楚、弄明白考研是怎么一回事，多了解一下自己，选择自己的所爱，享受考研这个成长的过程，并在将来实现自己的理想和价值。即使一时不能如愿，无法选择自己钟爱的专业或者学校，也不要随意放弃这个难得的可以让自己沉淀、成长的机会。多花一点时间，多用一点心，你会发现，很多时候，喜欢的东西、你喜欢做的事都是因习惯、因熟悉而养成的。不管在哪一个领域，在何时何地，你想要有一番作为，你想要成为最好的自己，都要做自己喜欢、自己擅长的事；喜欢自己做的事，甚至是去

做自己曾经很讨厌做的事，对于你而言也是一种超越。即使考研失败了，也不要对生活失去信心，更不要随便抛弃心中所爱，忘记坚守四年的信仰。风大浪猛，我们无法立即前进的时候，适当退后一步，让自己缓一缓，找到适合自己的平台也挺好。

考研只是多了一个选择而已，同时也是多了一次挑战，又或者只是多了一个可以暂时逃避现实的借口。不管怎样，都希望大家坚守本心，做所爱之事，爱所做之事。希望能够与大家共勉。

你为什么出发

2011 级中本 1 班　曾倩云

考研并不难，难在你的坚定、坚持、坚守。

我始终觉得，考研最重要的一步不是你掌握了多少知识，也不是你有没有考上了 985、211 大学，而是思考当初因什么而考研、为什么而出发。考研只是人生的一个选择，既然选择了远方，便只顾风雨兼程。因此，既然选择了考研，就不要左顾右盼，坚定考研的决心，花一年时间做一件让自己感动的事。

曾经有人在我彷徨无措、焦虑不安时对我说，"不要畏惧前方的困难，真正应该畏惧的是失去了面对困难的信心"。现在我将这句话送给各位考研学子。

大一大二时，我从未想过要考研。跟大多数同学一样，考虑过自己作为女生，读研的时间又长，毕业后还是毫无经验等情况，但日后想起当时的想法，不禁觉得自己目光短浅。

能力平平的我想飞出老家，飞向发达的城市，去当"人类灵魂的工程师"。我的面前只有两种选择：一是假如考不进编制，我只能到普通的私立学校或培训机构当老师；二是考研，拥有相对较高的起点，我的人生才有较多的可能。于是我向我的家人和老师寻求帮助，最终结论是——考研有百利而无一害。考上了，为人生锦上添花；考不上，条条大路通罗马。进有前路，退有后路，我还怕什么呢？于是我雄赳赳、气昂昂地着手准备考研。

下面简单总结一下我的经验：

（1）确定报考的专业和学校。

目标很重要。只要你做好人生规划，明确目标，然后朝着目标厚积薄发，这样就不会彷徨无助。我的理想是当一名优秀的语文老师，加上自己本身喜欢教育学、心理学，于是我选择了学科教学作为报考专业。同时，因为我喜欢深圳，喜欢深圳大学，所以当时我报考了深圳大学。

（2）关于备考。

①准备参考书。了解报考学校该专业的考试科目和参考书目，把所有

的书买回来，先大概浏览一遍，做到心中有数。

②制订学习计划。总计划、月计划、周计划、日计划……制订计划是非常重要的一步，但也不要囿于计划。有的同学时常觉得计划赶不上变化，因无法按时完成而苦恼，其实大可不必，因为计划只是给你在无计可施时看的，每个人有每个人的学习习惯，只要在学习时间内真正学到东西，又何必被条条框框限制呢？

③端正心态。这样才能让你不管在复习好还是没复习好的情况下都不至于手足无措，慌乱无比。

（3）关于冲刺。

冲刺阶段无疑是考研复习最重要的时期了。相信每一位学子此时的心情都是难以言说的，一年的努力即将接受检验，谁都想有个美好的结局。但此时，要记住，心态决定成败。有过大大小小考试经验的同学都知道，假如心态消极，就很有可能导致考试失利。假如心态乐观，则有意想不到的收获在前路等着你。

当然，花一年时间做一件让自己感动的事，无论结果如何，这一年的努力与付出都能让日后的自己每每想起便深受感动。

同学们，加油！

面对命运，请伸出你的双手

2010 级中本 1 班　赵茂财

记得去学院找钟书记盖政审表的那天，钟书记笑着对我说："你们的命运从此改变了。"其实，从一开始准备考法学硕士的时候我就明白，这不仅仅是一次考研，也是我人生的一次转折。

不是所有人都含着金汤匙出生，不是所有人都甘愿注定平庸。三十岁之前的人生选择至关重要，你选择了什么样的道路，就意味着你选择了怎样的生活方式。从决定考研到整个复习完成，历时三个多月，所以，我没有时间去询问老师和同学，甚至没有征求父母的同意。因为我知道，这是我想做的事情，与他人无关。当你决定做一件你喜欢做的事情的时候，千万不要把奋斗的动力寄托在别人的身上，相信自己比相信任何人都重要。伸出你的双手，你会看到命运线就在你的手上。

这个世界上没有免费的午餐，付出与回报在同等的条件下是成正比的。不要问考研辛苦与否，也不要问我有什么捷径，每个人的方法与思维习惯不同，整合已有的资源，优化学习效率，持之以恒就行了。不要去理会他人的冷嘲热讽，对待他们，最好的办法就是有一天你拿着录取通知书站在他们的面前，然后再感谢他们对你的鞭策。

现在社会上流行着研究生就业率低于专科生的说法，这样的流言很具有杀伤力，对于就业前景我并不清楚，但如果你是为了缓解就业的压力而选择考研的，我奉劝一句，读书的速度永远跟不上社会发展的速度。

如果你现在正在准备跨专业考研，如果你想改变你未来的人生航向，那么，你现在应该停止悔恨你的过去，结束你对未来的彷徨，你唯一能做的只有伸出你的双手，把握你的命运，否则你将会被命运遗弃。我无法改变自己的过去，更不可能预知自己的未来，我唯一能做的就是把握现在。其实，命运一直在自己手中。

等待未来

2011 级中本 1 班　范彩虹

　　总结我的考研之路，感触最深的，就两个词：选择与坚持。从决定考研开始，选择就无时不在，如选择学校、选择专业等。当下，你不知道你选择的结果会怎样，你只能选择这一刻你最想要的。当然，坚持也非常重要，不管当下自己是什么水平，如果坚持了，就有可能成功；但如果放弃，那就注定会失败。无法预料的未来，还是交给未来去纠结吧。

　　关于考研，我能总结的，经验谈不上，更多的是教训。下面就各个阶段简单谈谈我的感受。

　　从选择学校开始说起。选择学校要考虑的因素主要有两个：一是学校的名气，二是专业排名，并不是所有的学校都两者兼备，所以大家要找准自己想要的侧重点。水平高的同学可以两者兼备，若是想稳妥，则可选择侧重其一。建议同学们在选择学校时把眼光放长远，而不是局限于省内高校，省内高校竞争太大。我之所以选择吉林大学，一方面是因为它是 985、211 高校，另一方面则是因为它在东北，是我很想去的地方。尽管最终未能如愿，但我不后悔。还有一点也很重要，就是你是否能掌握该校本专业历年的真题。真题在学校贴吧论坛或者学校官网都能找到。

　　要通过初试，其实并不像想象中那么困难，最重要的就是坚持，不到最后一刻，一切就都还有希望，你不知道上帝会在哪个转角等你，也许就是一个转身。心态其实也很重要，如果能保持轻松愉悦、淡定平和的心态，那复习效率就能提高，最好的办法就是找个好研友，千万不要单打独斗。研友是不可或缺的，大家可以互相督促、互相交流，一方面保持信息通畅，另一方面保持心情愉快。好东西要大家一起分享才能获得最大效益，希望大家都能有一颗开放博大的心。其实在复习期间，特别是在实习期间，我也不止一次地纠结过，我为什么要考研？这到底是不是我想要走的路？既然不开心，那还有继续下去的必要吗？现在想来，这样的想法是很正常的，但想想就够了，千万不能放弃。在考完政治后，那痛苦的三个小时真的让我一度以为自己完了，甚至连题都没答完。我抱怨了一番，悲哀了一番，坚持到了考试结束。结果出来后，没我想象的那么差，不免庆幸，还好我没中途放弃。

关于学习方法，学了这么多年，相信大家都有自己的一套，我能说的就是各科复习中要注意的重点。对大多数考生来说，英语是一只拦路虎，我也是。我英语基础很差，单词背不过，只得一遍遍重复做真题，把不认识的单词摘出来后着重背。英语考试最重要的是阅读理解和作文，阅读理解要长期练习。到了复习末期，最重要的就是作文了，按以往的规律，英语一作文都是看图作文，这些都有所谓的模板，大家可以按模板来总结出自己熟悉的句型。

至于政治，最重要的则是选择题，肖秀荣是万千考研学子公认的辅导老师，到了复习末期，一定要紧跟他的步伐。时政部分更是不容忽略。政治真题也非常重要，那都是出题人认为的重点所在。选择题可以通过多做题来训练，但绝不能仅做题，还要分析做错的原因，找出掌握不牢固的知识点，然后熟记。分析题则要分析问题答案的层次，一般是理论加分析材料，这和高考的政治题差别不大，最好是参考真题答案，大家也可以选择一本适合自己的参考书。政治复习，所做题量多与少无所谓，重要的是要精、透。知识点也要系统化，特别是马克思主义哲学部分，记清各个部分的世界观和方法论，找准区别，不能弄混，做题时也要注意题目所要求的范围。另外，考试时还要注意掌握时间，不要空题，尽可能作答。

专业课复习时也要系统化，不管是语言学还是文学，掌握大框架，把书变薄，然后再细化知识，把书变厚。除了学校要求的参考书目，如果有时间，也可以看一些专业方面的权威书籍。不管用什么方法，一定要收集所考学校的历年真题，反复研究，可以根据真题判断所考学校的考试侧重点。这样复习时才能有重点，但也不能存在侥幸心理，放过其他小知识点。大多数学校出题时会出现往年真题的原题，最好不要在这方面失分。我考的两门专业课是语言学理论、古代汉语与现代汉语，相比之下，前者重复率更高，后者则偏重知识运用。

最后来说说复试。千万不要小看复试，初试成绩固然重要，但若是遇到所考专业招生人数限制时，复试就极其重要了。复试成绩的排名可能会与初试有很大差别，这也决定了录与不录的结果。准备复试时，在专业课方面，则更要系统化，掌握大点与难点、学科与学科间的联系，最好能提前了解所报考小方向涉及的内容。另外，本科时所学的选修课也很重要，如果是和所考专业相关的，则更要详细了解。在英语方面，首先要查清楚学校的复试方式，然后再制订复习计划。我报考学校的英语复试是问答形式，问题都具有普遍性，大家可以去网上搜集，或者阅读辅导班资料，一般是问你的家庭、家乡、学校、兴趣爱好等，还可能会问你为什么选择他们的学校，有时问题还有可能涉及专业知识。一定要准备一份自我介绍，就算到时候用不着，也可能在其他问题上帮上忙。关于着装礼仪，得体大方即可。面试时问题答错也无妨，关键是一定要淡定，要谦逊，诚实作答。紧张肯定不会加分，淡定肯定不会减分。还有一个问题，就是了解你这个专业的导师的情况。关于这一点可以去知网查阅导师发表的论文，简单了解，做到心中有数。

我所说的，多数是我没做到的，所以总结教训，希望大家引以为戒，取得好成绩。

勇敢的心

2011级中本1班 龚月

写考研总结不仅仅是给师弟师妹的经验分享，更是对自己奋斗了一年的总结吧！下面的经验分享并非适合于每一位考生，仅为个人的一点经验之谈，希望对师弟师妹们会有所启发。

首先，如果你有一颗考研心，就勇敢地迈出步伐去尝试吧。考研对于基础不好、能力不强的考生来说将会是一次逆袭的机会。

2013年暑假，我本来打算大三提前考研的，但是由于各种事情，这一想法石沉大海，销声匿迹。其实，如果现在的你正值大三，可以尝试一下提前考研，毕竟能省下一年的青春时光，而这对于一个二十多岁的女生而言是无比宝贵的。但是，如果你决定了大三提前考研，那么就请你全身心投入，不要让自己得过且过。所以，后来的我只能顺势搭乘2014年的考研列车。3—4月确定学校，考虑到去外省读书的环境适应及未来就业等问题，我毅然决然地选择了留在广州。我基础较差，是选择报考华南师范大学还是广州大学，为此纠结了很久。我想，如果华南师范大学考不上，广州大学又没得读，是不是就白白浪费了几个月找工作的黄金时间呢，在填志愿前夕都一直在犹豫。所以，我以过来人的经验告诉师弟师妹，学校最好能早早地确定下来，如无意外不要做太大的改动，毕竟不同学校的参考书目还是有很大区别的。当然，有些时候选择比努力更重要，所以选择学校和专业的时候一定要选适合自己的。由于当时专业知识功底薄弱与英语水平较差，所以我选择了考专业硕士。到了5—6月本以为可以安心复习了，但是并没有那么简单，因为这时候会有各种各样的考试掺和着。同时，还要为修满职教课的学分，每天晚上去上课，都怪自己当时懒惰。到了暑假，很多考研大军会留在学校复习。而我觉得暑假在学校吃不好，再加上天气炎热，所以选择了回家复习。本来打算在8月末提前回来看书的，但还是由于懒惰没有做到。所以，关于是否要暑假期间在校复习的问题，我没有发言权。而我身边有的师姐会认为那段时间在学校复习是极好的，也有的师姐认为没有效率。所以，这一点要师弟师妹们自己权衡了。虽说7—8月我是在家复习的，但效率相对较低，致使后面的复习进度变得很赶，所以，大家要好好珍惜暑假打基础的机会，再加上考研时间突然提前到12月，当时的慌乱可想而知。啰唆完之后，我们正式进入主题。

一、初 试

（1）政治：63分。

政治复习不可开始得太早，因为无论开始得早与晚，报班与不报班，最后分数相差最多也就十来分。在9—10月，教育部会出最新的政治考研大纲，当时我快速浏览了一遍，却收效甚微，根本记不住重点。10—11月，会出一本叫"风中劲草"的书，我看了一遍后条理清晰了很多，却依然未能记住多少东西。11—12月结合做练习，我总算开始进入了状态。因为只有练习了，才会知道自己哪里是薄弱的。每天一套肖秀荣的选择题，做完以后核对答案并梳理知识点。那时候，一套试题的选择题我最多只能拿20多分。那段时间，感到自己很无知，身心疲惫。但是不要紧，因为很多人都会这样，只要慢慢将一个个知识点梳理掌握就可以了。在考前的20天左右，你会发现市面上出现无数的押题卷，这时你的内心会越来越慌，越来越急。其实不用怕，因为到了最后，大家都只背了肖秀荣四套卷的大题就匆匆上考场了。只是，今年肖老师可能被反押题了，只中了一两道大题。所以，到了考场，只要你有肖秀荣四套卷的大题背诵版在心，再紧扣题目材料作答，再合理安排答题时间与版面，相信最后分数出来你与别人是相差无几的。

复习要诀：越接近考试，越要疯狂背诵政治。结合习题，查缺补漏。

（2）英语：74分。

由于我英语基础较差，六级英语考了四次均未过，所以选择报考专硕，考的是英语二。但是，由于英语二只有五年的真题，所以前期我都没有做真题，留在后期做真题研究与模拟考试。所以，在7—9月的时候我做了两件打基础的事情，现在想来这两件事情是无比重要的。

当时我做了英语一的历年阅读真题，一天1~2篇，做完后仔细研读文章，查生词，分析句型，看答案解析。这个阶段，觉得自己做题速度很慢，而且每天都在做着简单、无聊而枯燥的事情，再加上一篇阅读只能做对一两道题，我的天空瞬间变成灰色的，这使我很受打击。但是，坚持了两个月，我渐渐发现自己的英语阅读水平有了质的飞跃，所以这一切都是值得的。

由于我没有毅力背诵单词书，所以这两个月我看的是背单词的视频。新东方朱伟老师的视频，没有技巧可言，就是背、记、用。但是，作为过来人，还是希望师弟师妹能够买一本单词书每天按计划按艾宾浩斯的遗忘曲线等理论规律进行扎实的背与记。10—11月，进行开始研究英语二的真题，并将近两年的真题留待最后做，以方便我模拟考试，了解自己的水平。这一阶段，我先做了一套真题，找到了自己的薄弱环节，一个题型一个题型地去做练习题以求突破。12月，临近考试的这段时间，要做的是背诵英语作文的模板与做最后两套真题的限时训练。因为，在考场上英语写作时间之紧，容不得你去发挥文采，只会让你紧张慌乱与头脑空白。你需要做的是，认真审清题目，头脑风暴式地搜索模板，再紧扣题目，书写清晰即可了。

复习要诀：由始至终都要背诵单词。得阅读者得天下。认真研读真题，真题不是只做一遍就行的。考前背诵与活用作文模板。考试时认真审题，特别是作文。

（3）333教育综合：132分。

这是一门只要你认真复习就会有好成绩的科目，但如果你这一门不认真复习则会使别人与你拉开较大差距。所谓的333教育学是由6本书组成的，但是由于时间有限，我最后也没有看指定的这6本书，而是看了凯程的书。在7—8月打基础的时候，我首先看了凯程的视频，每天看一节，然后自己做树状图笔记。一个暑假下来，笔记做了一本，但脑子里面能够记住的知识点还是少之又少。9—10月进入了疯狂看书与背诵的阶段，一天背一节，背自己前期整理的笔记，同时结合书边看边背。这两个月过后，我发现自己思路清晰了，但能够记住的知识点还是寥寥无几。11月开始结合全国各大师范类院校的333真题进行背诵，渐渐发现其实这一次背诵就是在重复前面背诵的知识。如果可以，请选择一位研友一同进行提问背诵等。12月就是整理所报考院校的真题，比如华南师范大学今年出的题目，基本上都是往年真题中出现过的，可想而知背真题是多么重要。

由于我报考的学校出的题目均来自于参考书，所以唯一的秘诀就是背。掌握得越熟越好，有的师兄师姐会前前后后背七遍。

复习要诀：整理笔记。自己整理，建议用树状图。认真分析学校的历年真题。重复多次背诵。

（4）902语文课程与教学论：104分。

这门学科是我最晚开始复习的，因为当时尚未确定报考考华南师范大学还是广州大学，所以一直没有买书复习。师弟师妹请不要再走这个弯路。我订的书10月才到，还好这门学科的指定书目不多，考试内容也较为灵活。一开始就是把指定书目和两本课标看了一遍，但是看完以后记忆并不清晰。11—12月，我把华南师范大学的历年真题进行了反复研究，同时也基本背诵了指定书目和两本课标的重点与基本要求，由于2013年考了课标的内容，所以不要存在侥幸的心理。同时，看语文教案书，学习写教案。由于这一门学科的考试题目十分灵活，所以还需要有相关语文教育前沿问题的储备。如果有空可以看看华南师范大学《语文月刊》这本杂志。

复习要诀：看指定书目。认真分析学校历年真题。考试作答时，可以加入自己的想法，灵活作答。

初试总结：

①不要觉得自己开始晚了，没信心。或许当你觉得一切都晚了的时候，恰恰正是开始的时候。

②最后的两三个月是考研最重要的关键期与背诵期，不要有一丝一毫的松懈。

③坚持＝胜利。

④复习的时候一定要先巩固前一天复习过的知识。

⑤下载"考研帮"App，里面有很多有用和免费的资料。但是，切记不要沉迷其中，花费太多时间。

⑥不要嫌远，去考研教室固定座位复习，因为你在那里会找到动力，在那里你不敢懒惰与懈怠。

⑦找一个研友和你并肩作战，以后你会回味起这段战友情的。

⑧不要吝惜你的复习资料，大家一起分享，你会得到更多。

⑨无论前面的科目考得多差，都不要弃考，或许奇迹就会出现在转角。

二、复　试

在不抱希望的情况下，初试成绩给了我一个惊喜。但是，由于懒惰，我在寒假只做了一件事：找学校复试的指定书目。3月，开学了我才回到学校进行复习，但是由于今年考试时间提前，所以复试复习只用了20天。

由于我开始得较晚，所以复试成绩平平。师弟师妹们要谨记我的教训，在知道成绩之后就应该着手复试事宜。

（1）英语口语。

英语口语的复习，我上网找了何凯文的复试英语口语视频观看，很短，就几个小时。同时我写了一篇自我介绍进行背诵。但是，由于英语功底不够扎实，在复试时出现了听不懂老师提问的情况。所以，师弟师妹在寒假期间可以多练练口语和听力。

（2）专业课。

①笔试。看了两本指定书目并记忆了教案模板，同时看了大量的与语

文教学相关的名家著作。但是，最后考试只考中了我复习的题目中的一道。

②面试。准备一份中文的自我介绍，如果提到实习，老师一般会针对你的实习经历进行提问。同时，复试也是考一个人的性格与逻辑思维的时刻，所以老师还会问你一些有关教育前沿的问题。但是，华南师范大学的复试氛围还是比较轻松的。同时，要记住，懂就懂，不懂就说不懂，不要抱有一种可以瞒天过海的心态，因为老师是内行人，一听就知道你是会还是不会。

总而言之，考研是一段让人一辈子都不会忘记的经历。当中的酸甜苦辣，很难用言语描述，只有经历过才会懂得。既然选择了考研，就请只顾风雨兼程吧！

自然而然

2009 级中本 4 班　陈润攀

家里的大部分人一直认为，我是一个会读书的孩子。起码相比同届的孩子而言，我是一块读书的好料子。然而只有我深知，我并不是特别聪明，而且跟其他孩子一样，有一些要命的陋习。我用了将近两年的时间才考上暨南大学美学专业的研究生，这或多或少说明了以上的自我论断。能考上研究生，除了努力之外，最离不开的还是父母的支持。

大三那年，当我一知半解地向父母提到考研的事情时，对考研亦不甚了解的父母回应说尊重并鼓励我去努力。在潮汕地区的文化氛围影响之下，母亲还特地为我去算了一下命。她当时很兴奋地对我说，先生算得那一年是我第二个理想的考试年，一定会像小考一样取得好成绩的（中考和高考，我都考砸了）。我笑了笑，想试着说服母亲不要相信那些迷信的东西。可话到嘴边又转念一想，如果那样子能让母亲的心安稳一点，我又何必硬要拈来些所谓的“科学知识”去说理呢。为了不让母亲失望，我花了半年多的时间备考，初试成绩专业排名十四，各科的成绩和总分都远远超过 2012 年 A 区的国家线。虽然进不了暨南大学的复试名单，但如果肯接受调剂的话，本科提前毕业的可能性是极大的了。我把这个消息第一时间告知母亲时，电话那头，我能想象她听到“被印证”的好消息后欣喜的模样。紧接着，为了复试，我经过了一番摸索。我在父母亲感受不到的时空里，带着些许侥幸和傲气，跌跌撞撞地摸索着。在我说我不想被调剂到我不感兴趣的专业时，接电话的是父亲，他淡淡地说了一句：“那就不读了。不是还有一年吗？再准备准备就行了！”或许是因为愧疚，我没敢让母亲接电话，害怕感受她的“信念”崩塌后的心情。懂些精神分析的人都知道：我们都太爱自己过去的意识，以至于被左右或忽略了当下的事情。我必须平淡地整理好已经取得或丢失的，让自己尽快进入新一轮的备战状态。我不是一个为他人而活的人，我向来不愿站在道德的崇高点去做能赢得旁人赞许的事情。

步入大四，在关于人生选择的时间段上有很多恼人的事情使人的神经分外胀痛。半年多没回家的我，从姐姐的口中得知，我家经营的店铺正面临着被关闭的困境，而作为家庭支柱的父亲在我有意识审视时忽然间年老了许多，亦多病了。我是家中唯一的男孩，这样的身份让我不得不在人生的横向上收敛偏向个体纵向的自由心性。我不鄙夷潮汕某些束缚人的传统思想，也不恐惧重大的责任，我只是希望在我现在的能力之外、某些日后可以解决的困难能来得晚一些。当年身无分文的父亲在创业之际，宁愿贷款负债往阻抗力最大的路径走，也不求亲戚走后门。他从来不在子女面前表现出懦弱的一面，哪怕无足轻重，更别提是在如此重要的关头。他一般是不主动给我打电话的，有的话也仅仅是问问伙食等费用方面的事情。倒是母亲，心生诸多担忧，特别是对于我的就业问题。鱼和熊掌不可兼得。考研和就业在研究生拟录取名单出来之前，是一对不可调和的矛盾。为了考研，我必须放弃或无视诸多招聘机会以及相关的必要准备。母亲的电话来得勤，除了习惯性地嘘寒问暖，更多的便是询问我对未来的想法。大四不是我的考试年，她心慌得很，她哪能像我那般看得开，不顾时间差去秉持我的理念——成功是迟早的事情，下了功夫，该是你的终会是你的。她问过父亲，父亲倒是爽快，回答说："考不上就考不上，没啥好怕的。"父亲这样一说，她的心非但没有平静下来些许，反而更慌了。我在电话里头，反复用我的决心和信心去让她相信，我一定能考上暨南大学。如果一定要退一步讲，那么要知道人生有诸多可能性，倘若考不上，并不代表人生就完全失败了。我一再试着让她接受她儿子已经长大成人并且能够负责自己的人生的事实，但对于母亲而言，我的那些字正腔圆的话语不过是暂时的安慰罢了，孩子在母亲心里永远是长不大的啊！

包袱固然很重，二十几岁的肩膀也不稚嫩了。更值得感恩的是，我拥有两件法宝，一是导师唐先生带我入门使我在美学里悟得了清凉境地，二是同窗那份愿意与我分享心事的纯净友情。能投身于自己爱做的事情，能遇见相知的人，我是幸福的。所以，考研路，我走得并不寂寞。我是一个珍惜缘分的人，缘分让我的生命系统变得更具开放性。以我的经验看来，开放性无论对谁都是很重要的。如果没有这份开放性，可能我不会在考场上表现得那么淡定、释然。想想，无论笔试也好，面试也罢，我的心里只剩下对一件事的挂念，那就是凭我当时的实力，能否符合导师的要求，能否配得上导师的选择。结果正如我所坚定的，成功果然是自然而然的事情。我犹记得当时我在官方网站上查到我被拟录取时的心情。当时被夏日恶蚊咬醒的我，拿着手机走下宿舍楼，五点半的天色未明，空中开始下着微雨。在榕树下，走了一会儿。之后，再确定一下拟录取名单，打电话给早起经营店铺的父母亲。父亲笑了，我长大后听姐姐说越老越爱唠叨的父亲在电话那头笑了。母亲也兴奋地急忙接过父亲的电话加以确认，还不放心地反复询问消息的可靠性。

回顾考研这一路的点点滴滴，产生了很多氤氲于胸的感受，以至于将其放于笔头却始终成不了契合的字眼，毕竟每个文字都是有一定的使用范围的。我想说的、能说的是，考研过程中，如果能接受压力，内化压力，不以过去作影，不以未来为累，好好享受当下圆满自足的感受，那么成功，真的是自然而然的事情。

认定方向，起航吧

2011 级中本 1 班　袁　方

说不上是考研经验，就当作是记录这一年的考研心路历程吧。

选择考研，是刚上大学时就想过的，只是大一、大二也没有为这个目标付出实际行动，到了大三的时候觉得大学这几年过得太轻松了，没参加过活动，绩点也不高，大学过得悠闲又开心。于是，我想给自己定一个努力的目标，那就是考研。想专注地做一件事情，靠自己的努力做一件事情，也非常想知道自己能不能做到。所以，我把这当作给自己的一个挑战。

有了这个目标之后，就要真正付出行动了。

第一步是选择专业与学校。我的导师建议我考专硕，我也想当老师，所以选择了学科语文专业。选学校也没有考虑太多，因为我的家在湖北，所以我为了回家方便，只考虑湖北的高校。考研一般都会选比本科院校好一点的学校，开始时我定了三所学校——武汉大学、华中师范大学、湖北大学。武汉大学听着就很高大上，想着自己肯定考不上就算了。华中师范大学，我觉得自己也考不上，也不太敢报。因为一直觉得学习成绩不太好，对自己没有信心，选学校时也没有底气。后来，我爸对我说："你还没考怎么知道自己考不上呢，试一下吧，这一年好好学，努力一下或许可以呢。"于是，我选择了华中师范大学。

选学校和专业确实挺纠结的，所以师弟师妹们，要选好自己想考哪一所学校，这样考研的动力会大一些。不要首先想着自己考不上，一切都要靠自己的努力，只要目标坚定并付出实际行动，大家都可以做到。我相信当你一路走过来，再回首，会发现其实也没那么难。

第二步是上网查询报考学校的信息，包括专业报考人数、历年招收人数、真题、考研参考书目等。这些在考研论坛里都可以查到，但最好能找到已经考上的师兄师姐，请教经验。我认识一位很好的师姐，她帮助了我很多。每一位考过研的人都很乐意帮助同样想考研的人，因为感同身受。我还使用过一款考研软件，叫考研帮，里面有很多信息，有各种考研经验交流，也有资料，还有院校信息，使用起来很方便。

第三步开始各个专业的学习。华中师范大学的学科语文专业要考四门科目，英语、政治、826 文学综合和 333 教育综合。

英语——我的英语不太好，四级刚刚过，所以报了英语辅导班。这对我来说还是挺有用的。特别是英语阅读课程，通过老师讲的方法，自己训练，形成了自己的阅读方法。上完暑假的课程后，我英语阅读的正确率提高了。刚开始做英语时基本全错，这也是考研同学的通病。大家如果碰到这种情况也不要心急，最重要的是知道为什么错。一定要反省自己是哪里错了，是理解错了题目，忽略了细节，还是不认识单词？一定要具体到每一题，找出犯错的原因，提醒自己下次要注意这些方面。不要周而复始的重复犯错，至少要进步一点点，要不然只是做无用功。题目做多了，其实会发现英语阅读题也就那几个题型，每个题型该采取什么方法，这些都可以通过自己的错题来总结规律。形成自己的学习方法很重要，找到适合自己的方法，学习效率会提高不少。

政治——对于文科生来说，政治多少都还有一点基础，所以不用太担心。

最重要的是选择题，大题的得分差不了多少。选择题共 50 分，其中多选题是重中之重。我的政治复习方法是先把书大概看一遍，然后开始做题。一章节一章节地做，把错题标注出来，把相关的知识点标注在书上，把错题的题号也标在书上对应知识点的旁边，具体写到哪一页哪一题，这样在看书的时候，想起题目可以顺手翻一下。错题一定要重复看，目的是提醒自己不犯同样的错误。

826 文学综合——华中师范大学的参考书目是游国恩主编的《中国文学史》和黄伯荣、廖序东主编的《现代汉语》。游国恩版的《中国文学史》这本书编排得很早，优点是条理清晰，一般第一节讲作家生平，第二节讲艺术特色，而考试时的题目也很基础，就是考名词解释、艺术特色等。缺点是，有些观点陈旧落后，书中表述有时还会略带阶级斗争色彩。所以，复习的时候最好结合袁行霈主编的《中国文学史》一起看，自己组织语言。考试时也不可能完全照搬书中的话，要用自己的语言来表达，答题时一定要注意条理清晰，标清楚一、二、三点。最好将《现代汉语》的课后习题全部做一遍，这样可以知道考哪些内容。做《中国文学史》笔记时，我是按题型来进行的。名词解释一类，简答题一类，论述题一类。做笔记时我没有把书中的内容全部写上去，只是写一些要点，看的时候，在心里组织语言，逐步展开。如果把每一道题都写得很清楚，那样很消耗时间，也没有必要。知道知识点在书上哪里，忘了的时候要查阅。《中国文学史》看第一遍的时候我没有背，主要是记要点，第二遍的时候就要开始背，要具体到每一题，每一个名词解释等。这时候就要每一题都回答清楚。复习文学综合时，一定要看历年真题，华中师范大学考试重复出题的概率挺高。

333教育综合是挺难的一科，许多知识点不熟悉，书中内容也是偏理论性，第一遍很难看懂。教育综合包括四本书——《教育学》《教育心理学》《中国教育史》《外国教育史》，我没有买这四本书，师姐建议买一本大纲、一本《教育学》就可以了。由于包含的科目多、知识点多，后来有点来不及背。所以我建议师弟师妹们，在把书大概看一下之后，就要开始背。因为看一遍是完全记不住内容的，所以最好一开始就背，理论性的东西，只能通过重复背诵来加强记忆。

初试通过后便是复试了，我的复试运气占了很大部分，复试碰到的老师都很亲切和蔼。复试时，老师一般不会为难你，诚恳地回答就行，知道就认真回答，实在不知道时要真诚地说不知道，不知道的时候瞎编容易让自己紧张，更加回答不好。在英语面试时，老师问的问题我没听懂，我便和老师说："这个问题我没听懂，老师能不能换一个题目呢?"老师也体贴地换了一个稍微简单的题目。复试时，老师主要看你回答问题的状态，是否逻辑清楚、真诚自信，表现出一个大学生应该具备的谦虚有礼貌又自信的状态就行。

希望我写的这些，对大家有一点帮助!

奋斗不止，希望未尽

2009 级对外汉语　梁晓明

今年考研英语大作文是谈论有关毕业生在求职、考研、出国、创业等之间做选择的话题。当时在考场写作时，我就想起杨澜说过的一句话："决定你是什么的，不是你拥有的能力，而是你的选择。"

记得最初有考研这个想法，是在我高考后拿到录取通知书时。我从小心里就有大学要读名校的情结，高考后我很不甘心这个梦想没有实现，那时就想，我以后要考研，弥补这一遗憾。

然而，要一直坚持一个想法并不容易。在上大一时，我还常常想到考研的事，后来，学习、活动、当干部、做兼职，便陷入各种忙乱之中。直到我的好友告诉我她考上了研究生，我内心深深被震撼了。我发现上大学以来，我虽然也积极努力，却忘了最初的梦想。

我不知道其他人为了实现梦想，是否也曾像我一样要在一个又一个巨大的诱惑面前，艰难地做出决定。总之，我在一个唾手可得的出国实习机会和考研这个结果未卜的挑战之间，最终选择了后者。这个选择是在犹豫挣扎了很久之后做出的。因为在我坚持大学学习对外汉语这个专业的日子里，出国实习一直是我想要去实现的目标之一，而考研考不考得上还是一个未知数。可是我想，考研既然是自己最初的梦想，那总得去尝试一下。如果连试都没有试过，那就真的绝无实现的可能，若去做了，不管结果如何，起码我为自己最初的梦想努力过，坚持过，那么将来的某一天自己也就不会因为没有尝试过而懊悔。于是，抱着这样的念头，我下定了考研的决心，不断地鼓励自己，坚持走完考研全程。

最初，我在专业和学校选择方面也很迷茫。不过，仔细考虑过自身的情况及感兴趣的领域后，我选择了汉语国际教育这个专业。因为汉硕是专业硕士，只需读两年，第一年是专业理论学习，第二年是专业实习。然后，根据全国各高校的专业排名，我确定报考厦门大学。汉硕这个专业在厦大不仅实力较强，而且所有考上这个专业的学生基本上都有一定的奖学金补助。当这些基本问题解决之后，我马上按部就班，一步一步地有序进行。

不过说实话，备考这一路走来，我并没有做到心无旁骛，其间我还参加了师范生的教育实习。尽管在八周的实习期里我只去上了四个课时的课，但在这接近两个月的时间里，我在考研方面的复习可以说进展不多。那时，心里真的有过放弃的念头。到了12月，校园招聘会、各种工作面试等信息铺天盖地，有时看到一些不错的机会，我也有冲动想去参与其中。但最终，我也只是多看了两眼，假装与我无关，然后走开。

就这样，一遍遍地说服自己，一遍遍地鼓励自己，最终坚持到考完所有的考研科目。等考研初试成绩出来后，看到自己的分数比预计的还要高，那一刻，我心里感到很欣慰。之后就是复试，这对我来说又是另外一段曲折的故事了。

我接到厦门大学的复试通知是在3月12日，而复试要在3月17日到校，18日正式开始复试。这比我之前了解到的时间提早了一个多星期，我很匆忙地办理好相关手续就去厦门了。厦门大学汉硕专业的复试仅仅是面试，没有笔试，没有参考书目。我面试的时段安排在中午一点钟，我是这一时段的第一个面试生。我一进入会议室，刚坐下，一个考官就直奔主题，用英语来提问我对于专业问题的看法。接着十来个考官轮番提问，十多分钟很快就过去了，面试结束。当时感觉很不真实，这短短的不到十五分钟的时间就决定了我是否能上这所大学了？第二天早上我正收拾行李准备回校时，就接到了厦门大学打来的电话说我的面试没有通过。

到现在，有时候回想起来我还会觉得那一趟短暂的厦大之旅仿佛是梦幻一般，美丽又易碎。

在考研国家线出来后，我决定为考研调剂继续坚持下去。我查找了一些学校的联系方式，一一打电话或者发电子邮件去询问。当时，人文学院的领导和老师也非常重视调剂事宜，为我们考研的学生提供了许多帮助。最终我接到了广西民族大学、云南民族大学的复试通知。由于复试时间有冲突，两个学校我只能选择一个。正当我买好火车票准备去广西民大复试时，华南师范大学也给了我复试的通知，而且复试时间也是在那几天。广西民大和华师各有其优势和不足，权衡之下我最后选择了去华师复试。最终，华师选择了我。

总之好事多磨，不过考研这事终于可以画下句号了。

现在，我不再去衡量出国与考研哪一个对我更有意义。每一种得或失于我而言都有充分的理由。人生的路还很长，奋斗不止，希望未尽。

南渡北归

2011 级对外汉语　周　淼

2015 年 4 月 8 日，我坐在银行的大厅里等舍友办理业务，北京语言大学语言学及应用语言学群上，突然有人说官网出研究生拟录取通知了。我拿着手机，颤抖着点开网页，下载了拟录取名单。直到现在我还记得那时的心情，心扑通扑通跳着，我忐忑不安地打开了名单，焦急地寻找自己的名字。"拟录取，语言学及应用语言学（人文学院），周淼"。看了两三遍，终于敢确定了，第一时间打电话给爸爸。在南方生活了四年之后，我终于要再次回到北方了！

爸爸是当老师的，也是个农民的儿子。他常对我说，"学习就像在田地里除杂草一样，你只管埋头除草，不要管前面还有多少草，那么不知不觉中就到尽头了。但是很多人边除草边抬头看还有多少，想着还有多久才能除尽，一路都走得很辛苦。还有更多的人在地头看到杂草太多，就索性扔下锄具直接不干了"。以前幼稚倔强的我一直没明白这个浅显的道理，走了一些弯路。值得庆幸的是，在考研这条路上我一路磕磕绊绊，摸索着前进，收到拟录取通知那一刻想起爸爸说过的话，好像一下子便明白了。

我报考的是北京语言大学（以下简称北语）的学术型硕士，语言学及应用语言学专业，对外汉语教学方向。初试：总分 368 分，政治 70 分、英语 66 分、专业一（现代汉语和古代汉语）111 分、专业二（语言学概论）121 分。

为什么选择考研？原因有二：其一，我是北方人。进入这所学校的第一天起我就对自己说，我要回北方！其二，客观上来说，对外汉语这个专业的入职门槛比较高，在国内就业时也处于比较尴尬的境地。一个普通本科出来的对外汉语专业学生想做语文老师，对不起，学校更想招中文系的学生；想做英语老师，对不起，学校更想招英语专业的学生。因此，如果我以后想长期从事对外汉语方面的工作，考研对于我来说应该是个明智的选择。你以后想做什么，决定了你往哪个方向努力。

为什么选择北语？就对外汉语专业而言，北语可以说是全国顶尖的学校了。我们 2011 级对外的助班周东杰师姐在 2013 年报考了北语并进入复试，但很遗憾没有通过复试，最后调剂去了不错的学校。当时我想，如果我考北语的话，但我不就可以问师姐要资料了吗？那就可以省去好多力气了。抱着这样的心态，我询问了师姐，师姐欣然同意并鼓励了我。在这里真的要对东杰师姐说声"谢谢"，她不仅把自己辛苦整理的资料给了我，而且在考研过程中一直给予我帮助和支持。懵懂的我决定就考北语了！

加上第一次的"打酱油"，我总共有两次考研经历。2013年9月从美国回来没多久，我就在网上报考了2014年的研究生考试。专业基础基本没有，并且没有任何准备地在2014年1月参加了考试，结果可想而知：英语37分，总分加起来200分。查到成绩以后心里难免会纠结，这么差的成绩，我到底该不该继续考北语？我这个人心态挺好，我就想已经这么差了，复习一年肯定不会比这更差的。于是，2014年3月我就抱着书走进我们学院的考研教室，开始了9个月的考研生活。

考研是场持久战，战线拉得很长。所以当你考虑是否要考研时，请你考虑清楚；一旦你决定要考研，请你坚持下去。

关于各科的复习，这里也分享下我的复习经验。首先说英语，英语是令人头疼的一科，每年多少英雄好汉"栽"在这上面，与理想的学校失之交臂。我复习英语，是借鉴了一个师兄的方法，就是做真题，反复做真题，真题一定要做够5遍甚至以上，做到文章中没有一个不认识的单词，没有一个不会分析的句子；抄真题，每一句句子原话、句子的翻译，抄下来反复读。我从2014年8月底就开始背作文了，每天一篇真题范文，后期也背一些模板。对于单词，不建议死记硬背，最好把单词放在真题中记忆，就着句子一并消化掉。我的英语拿到了66分的成绩，不算高但也凑合。如果不能做到让英语给你提分，最起码不要让它拖你后腿。政治的复习，大部分考生是从10月开始的，有些考生会在暑假报个全程班，提前拉个框架。我买了肖秀荣的《肖秀荣考研政治命题人1000题》，刚开始就是看一章内容做一章的题，到后面发现时间不够用，看书做题的速度快起来，掌握得就不太好了。临近考试就是各种背背背，买各种预测真题做，我做过肖秀荣、任汝芬、石磊的预测真题。我在北京地区拿到了政治70分的成绩（北京改卷会比较压分，相对来说南方给分更宽松一些），应该说已经很满足了。

对于专业课的复习，这里没什么经验可以谈，倒是有很多教训。专业课一定要稳扎稳打、踏踏实实地复习，我的专业课没有复习好，导致在复试中也差一点被刷掉。每个学校专业课的参考书目都不一样，这就需要你自己去多方搜集信息，获取你想报考学校的参考书目以及历年真题。北语不提供历年真题，我们用的都是师兄师姐的回忆版题集。北语专业一是考现代汉语和古代汉语合卷，共 150 分；专业二是语言学概论。我在大三寒假加入了一个北语 QQ 群，里面有 2014 年考完研的学长学姐，学长学姐们提供了很多有用的信息，群共享上也有北语老师的讲义以及补充的参考书目，对我的帮助真的很大！所以专业课的复习没有其他建议，只有两条：第一，多方搜集信息，通过贴吧、论坛、QQ 群等各种方式找到你想要报考学校的参考书目、历年真题、出题老师的讲义、考研成功的学长学姐的参考答案或者笔记等这些有用的信息，有了这些你就可以更有针对性地复习，并且把握出题老师的风格。第二，扎实复习专业课，争取做到不留死角，对每个知识点都掌握到位。一般情况下，4—6 月为第一轮复习，主要是通览参考书，理解并建立大框架；7—8 月为第二轮复习，再看一遍书，做笔记，往框架里填充具体知识点；9—10 月为第三轮复习，巩固知识，加深印象；11 月以后，就是一个字：背！专业课必须要背！考前就像疯子一样去背。当然这是对我这种基础不太扎实的考生而言的，如果各个知识点你都能够理解并能用自己的话阐述，不背也可以。总之要找到适合自己的学习方法，适合自己的就是最好的。

复试应该说"栽"了不小的跟头。复试一般包括以下几个方面：英语口语面试、专业课笔试、专业课面试以及体检。北语的语用专业是分学院复试的，我在北语的人文学院复试。初试我在 17 个人中排第 7 名，但复试发挥得非常差，综合排名为第 14 名，以 0.16 分的优势惊险通过，第 15 名被调剂去了其他专业。之所以说这些是想告诉师弟师妹们，一定要重视复试，提早复习。初试考试结束后如果感觉自己有希望，最好赶快着手准备复试，最迟也要在初试成绩出来之后就开始复习了，把专业课再过一遍。我几乎没有再复习就去参加了复试，这次能够通过也全凭运气。所以一定不要抱着侥幸的心理，踏实复习才是王道。

最后还有一点想要说的就是时间和效率的问题，你坐在教室里一天又一天，别人能够看到的是你坐在那里多长时间，但只有你自己知道也必须清楚你坐在那里掌握的知识配不配得上你耗在那里的时间。要学习，也要会学习，努力和方法互相配合才能相得益彰。我不是那种特别努力的人，所以每次都去得比别人晚，走得比别人早，但只要你保证学习的时候认真投入，高效输出，结果即便不是特别好，但也不会特别差。但学习时间不够，也是我考研的教训之一吧，希望师弟师妹们吸取前人教训，少走弯路。

考研这一路走来，我只明白了一个道理：想再多也是没用的，做才有用。你不用管别人，就好好拾掇你的一亩三分地，把你田地里的杂草全部除干净，待收获之时一定有你意想不到的惊喜。

不悔的选择

2011 级对外汉语　周丽娜

先说说我的情况吧，我初试总分 379 分，英语 64 分，政治 70 分，理论语言学 125 分，汉语语言学 120 分，第一志愿是华中师范大学语言研究所的语言学及应用语言学，但没能进华中师范大学的复试，后来调剂到了广西大学。现在已经尘埃落定，也渐渐没那么忙了，终于有时间完完整整地回忆整个考研过程，希望能给师弟师妹们提供一份前车之鉴吧！

一、考或不考

考还是不考？有人说考研好，有人认为出去工作三年，积累经验比考研好。考还是不考各有利弊，但是在我看来，考研是个非常好的选择。首先，我们学校只是个普通二本学校，现在很多用人单位都只要 985、211 的毕业生，我们连递简历的机会都没有，即使你再怎么优秀，也已被拒之门外。是的，研究生毕业之后也会面临找工作的压力，但是只要你有了硕士学位这一垫脚石，就业的机会肯定会比本科毕业生多。其次，考研和找工作一点儿也不冲突，而且考研对于找工作还有很大的帮助。

在准备考研的过程中，我们会踏踏实实地学到很多专业知识。即使我们考不上研究生，找工作时，在准备考研的过程中所积累的知识也会对我们有很大的帮助。

二、选专业，选学校

确定了考研后，下一个问题就是思考报考哪个专业、哪所学校了。我在选专业这一方面吃了大亏。我的第一志愿是华中师范大学语言研究所的语言学及应用语言学，以往华中师范大学语言研究所的三个专业是一起招生的，择优录取，但是 2015 年三个专业分开招生。凭着对语言学及应用语言学的喜爱，我毫不犹豫地选了这个专业，后来我却为此吃了很大的亏。2015 年华中师范大学语言研究所的语言学及应用语言学专业复试分数线为 384 分，而对外汉语是 354 分，文字学才 346 分，如果我报的是对外汉语或文字学专业，或许就能考入梦寐以求的华中师范大学语言研究所了，也就可以见到我最崇拜的邢爷爷了。

所以，选学校时一定要结合自己的情况，根据自己的水平选择适合自己的学校。相信每个人都有名校梦，但是，我觉得没有必要非名校不考。说实话，名校并不是靠努力就能考上的，有的时候还需要些运气。很多名校招生名额本来就少，加上名校的推免生又多，导致实际招考名额更是少之又少。很多名校的大部分专业就招两三个人，你觉得你有那么幸运，能够成为那小小的招生比例中的一分子吗？稍有些不留意，你可能就是那大大的分母成员之一了。

三、要不要报班

我是报了班的，报的是英语和政治的全程辅导班，但是，报了班之后我非常后悔。

其实上辅导班没什么用，听老师讲，根本不如自己静下心来慢慢理解强。其实我们自己理解的绝对比老师强硬灌输的深得多；而且报了班之后会有惰性，老想着老师会帮你复习，结果反而自己不去复习。真的，全程班完全没必要报，不仅浪费钱，还浪费你宝贵的时间，但是差不多快要考试的时候可以报个政治冲刺班和英语作文冲刺班。

四、注意学习方法

工欲善其事，必先利其器。学习方法是考研成功的重要法宝，一定要在不断探索中尽早找到适合自己的学习方法。每个人都有适合自己的学习方法，不要盲目地跟从别人，要根据自己的情况，找到适合自己的学习方法。下面我就介绍一下我自己的学习方法，仅供参考。

1. 英语

英语一定要尽早准备，从你打算考研时起就应该进行英语复习了。英语学习，单词是根本，没有这个根，一切都是空谈，所以，一定要不断地背单词。英语单词背了就忘非常正常，所以一定要及时温习，不仅要背新单词，复习以前背过的单词也很重要。我背单词用的是刘一男的词汇书，有些人不喜欢这本书，但是我个人比较喜欢用构词法来记单词。

单词都弄懂了，但是句子没读懂，这是为什么？考研英语中最难分析的就是长难句，明明所有的单词都懂，你却不知道句子讲的是什么。何凯文有一本专门讲长难句的书，书中对长难句讲得非常详细，是我比较喜欢的书之一。只有弄懂了句型，才能读懂阅读，才能做好翻译题，才能写好英语作文。

英语阅读最好的教材就是张剑的《历年考研英语真题解析及复习思路》，一定要一做再做，弄懂每一个句子，仔细领悟命题角度、陷阱设置、语境等的奥妙。第一遍、第二遍做完时先不要对答案，第三遍完成之后再对答案，慢慢体会答案解析。做阅读时，如果有自己不认识的单词就记在一个本子上，然后每天重复背。

英语作文一点儿也不要急，考研作文是背出来的，不是写出来的，死记硬背的东西千万不要过早准备，所以作文要留到最后两个月再背。一定要写出属于自己的万能模板。我报了英语全程班，其中，我觉得最有用的课程是英语作文冲刺班，课堂上老师给我们很多模板，我根据老师给的模板写出了自己的模板。我没有看过作文，也没有收集过优美的句子，只是背我自己的模板，背到滚瓜烂熟，这样到了考场，作文也就水到渠成了。

2. 政治

政治复习不宜过早，但也不宜过晚，一般9月正式开始复习是比较好的。我是在9月底才开始复习政治的，但是由于我中途换了学校和专业，所以我本应花在政治上的时间就分了大部分在专业课上，这样一来，我花在政治上的时间就非常少。我的很多同学都做了各种各样的考前押题，但是我的时间不够，就只做了肖秀荣的考前押题。我当时特别担心政治，但后来的成绩却出乎意料。虽然我考的分数并不高，但是我花的时间较少。我觉得政治的复习不在于做的题量，而在于理解政治考试大纲的全部内容，而且要搭建起一个完整的政治内容框架，这样，不管考什么题目，你都可以根据自己的理解，在搭建好的框架里找到对应的知识点，按点答题，这样可能拿到的分数更多。

3. 专业课

由于各个学校的各个专业有很大的不同，大家可以根据自己的情况灵活复习专业课。专业课复习赶早不赶晚，重质不重量。虽然每年的招生简章七八月才出来，但要等到那个时候再复习就有些晚了，尤其是对于一些跨专业的考生来说，专业课复习到5月就一定要开始了。在前期的复习中可以参照前三年的复习大纲，一般来说不会有太大出入。专业课的指定参考书目很多，看的时候切记不要焦躁，宁可放慢脚步一本一本地复习，也不要囫囵吞枣以求在短期内全部搞定。

不忘初心，无悔无怨

2013 级中本 4 班　陈　婷

我是老师们口中的"考研就业双丰收的典型代表"。"不小心"签约东华小学后又顺利考上了研究生，虽然大家都说我是"裸考"成功的，但是只有我自己知道如今"幸福的烦恼"是如何获得的。

一、承载理想

第一，我爱我的专业。我很喜欢汉语言文学，从小到大的梦想就是成为一名语文教师，第一志愿填的就是汉语言文学，为了能够如我所愿踏入这个专业，我从入学时就定下目标要努力学习。我从大一踏入学校的那一刻起，就对这里充满希望。在学习上，我意志坚定，严格要求自己，虽然大一的成绩并不是很理想，但我没有放弃，一直鼓励自己重新做好学习规划。每一门专业课，我都认真地做好笔记，每一堂课上的发言机会，我都好好把握，每一次上台的机会，我总会踊跃争取，课余时间也经常往图书馆跑，终于，在接下来的三年连续获得了综测排名 1% 的成绩。

333 教育综合和语文课程与教学论成绩出来的时候真是吓到我了，两门成绩加起来有 280 分，"裸考"也可以考这么好？其实，在复习考研科目的时候，我发现很多都是我们大学专业课学过的知识，所以相对来说，复习起来会比较容易。政治方面我很喜欢石磊的答题模板，后期肖秀荣的预测也给了我很大的帮助，但一定要学会总结。复习 333 教育综合时我很重视列框架，以前我不太相信这东西，但是做过才发现这很重要。第一遍先是看，边看边理解，速度可能会有点慢，但是每一个知识点都已经理解清楚，对接下来的几轮复习很有用。第二遍是先回忆框架，边看真题边复习，第三遍是在看导师论文的基础上归纳出自己认为的"重难点"，猛背猛记。10 月就可以进行第四遍，11 月进行第五遍，剩下的这两遍是比较快速的，因为只是用来巩固。我的语文课程与教学论之所以考得较好，一是多看专业书；二是多看名师论文；三是多看教育性的报刊；四是多看名师教案；五是把初中和高中的课本看一遍，边看边思考怎么设计教案。这是我的一些复习方法，大家也可以有自己的方法。

二、起航未来

第二是趁早准备。我是大一就决定考研了，大二下学期报班正式开始学习。当时我向大三的师兄师姐讨教，专业课则是大二的时候开始准备，整理相关的笔记，把 333 教育综合过了两遍。后期因为家庭原因中途参加了实习，因我选的是学科语文，所以实习对我的考研复习未形成阻力，反而是促进和深化。但是如果想要参加考研的同学，还是专心考研吧，不要受干扰。作为即将离开岭南师范学院的学生，我的内心是不舍的，但更多的是憧憬。未来的路还很长，需要一步一个脚印去走。回望我的大学生活，回望我天天在图书馆捧着课本不断啃的那段日子……那是充实的，也是值得的。

我展示在大家面前的，总是微笑和乐观的一面，因为我知道这些困难总会过去，我需要的是向大家传递正能量。未来，对于大家来说都是迷茫的，但是，只要我们活好当下，就不必忐忑未来。有些人是这样的，大一的时候，以为毕业离我们很远，以为就业离我们很远。大二的时候，我们觉得没关系，还有两年。大三的时候觉得还有一年，还有时间。可是，转眼间，我们已经大四了。时间已经不复返了，而未来的机遇，只属于有准备的人。

三、坚持不懈

第三是不放弃，坚持不懈。考研，这其中的纠结只有自己知道。大三暑假那段日子，我差不多有大半个月在医院挂吊针，即使如此，我还是坚持每天抽时间出来复习，挂着吊针也依然在看书。我也不知道为什么当时的我那样极力想要通过研究生考试，可能是因为不想放弃当年的初衷吧。面临考研和就业的抉择，我是很纠结的，但还是去参加了实习，我有不可抗拒的原因，但还是希望师弟师妹们能够专注考研。两个月没有看过书，我内心极度不自信，甚至在最后确认报名的那天也差点放弃，可是一位师姐的话鼓励了我，"只要你想去做的事情，不管多么辛苦，你都能熬过去，到达终点"。我回到江门报了名，虽然我知道自己根本考不上，我去考试也只是想完成我大三的愿望。毕竟面对考研，我还是一个新手，大三的时候，大家都去尝试了，我也应该去跑跑流程吧。现在我很庆幸自己因没有放弃而成功考上研究生，如果那个下午我没有去报名，那么就不会有现在的我，我可能会按照规定的时间去跟岗了。

在此，我希望我的经历能给师弟师妹们一些启发，希望能带去一点点的鼓励。我一直用"既然选择了，便只顾风雨兼程"来鼓舞自己，我曾经迷茫过，失败过，甚至多次在角落哭泣，曾经想过放弃，曾经在选择的时候胆怯过，但我还是走过来了。没有什么是不能经历的，没有什么坎是我们跨不过的。在实习和考研的这一过程中，虽然我感到很累，但是，我觉得在过程中我收获了很多东西，锻炼了自己的意志，学会了坚强，学会了怎样处理突发事件，学会了调整自己的心情，也学会了更加全面地看问题。

四、心怀感恩

第四是感恩一切。我觉得大学是一个令我难以忘怀的地方，即将要离开了，满满的不舍，我知道与有些人这一别就是永别了，可能永远不会再见。想一想，这个我曾经付出努力的地方，我在这里哭过、笑过、奋斗过，如今要离开，竟有点伤感，因为这里的一花一草，这里与我相遇的每一位老师，这里与我共处的每一位同学和朋友，都是我不舍的风景。在我内心，你们每一个人都是我的期待，在心里，不会离开，感谢有你们。

我承认我还有很多缺点，还需要进步，人是在不断反思当中成长的。我们是年轻人，应该以学习者的姿态去请教、去学习。我们需要朝着更大的目标去前进，只要比上一个阶段的我们有一点点进步就足够了。一次一小步，十次一大步，锲而不舍，金石可镂。

当我们的才华还撑不起我们的野心时，那就静下心来学习。当我们的能力还驾驭不了我们的目标时，那就沉下心来历练。我们痛过、拼过、哭过、笑过，回头再看，恍然大悟，那一段路，叫作青春。后悔过去，不如奋斗将来，我们应当珍惜当下，有所作为。这样我们就可以说，我们没有虚度年华，并有可能在时间的沙滩上留下我们的足迹，人生只有走出来的美丽，而没有等出来的辉煌！让我们一同成长，从这一刻开始努力！

别给自己设限，也别给别人设限

2013 级广电 2 班　陈　威

2017 年考研我以初试成绩第一，复试成绩第一，总排名第一的成绩考取了中国传媒大学播音系语言传播专业的学术硕士研究生。现在是晚上十二点，距离我知道自己的预录取结果已经过去了两个小时左右，在这两个小时中我的脑海里闪过了很多画面，回忆了很多片段，产生了很多感慨，于是我决定在这个时候写下这些，希望这对你们的奋斗之路有所帮助。

以考研为契机回顾我的求学之路，最大的感慨就是"不设限"。高考，没有人会预料到我可以实现成绩排名由四千到一百的逆转；硕士研究生考试，没有人会预料到本科就读二本普通院校的我可以三跨考上中国传媒大学播音系语言传播专业的研究生。大多数人习惯于从他人身上看自己，当他人给我们设限时，相应的我们在心里也会对自己设限，于是我们很有可能放弃那些其实通过努力就可能实现的目标。

关于考研，我最想谈论的是心态，首先是因为在众多考研经验分享的文章中，应该不乏大量介绍考研经验的文章，对于这些内容他们的介绍更为详细具体，我也就没必要再赘述。而学习方法、学习习惯这些都因人而异，对于考研的人来说都仅仅是参考，没有把它当作模板使用的必要性。其次，对于我个人而言，回顾整个考研的历程，真正与我斗争的好像并不是书本的知识，而是捉摸不定的心态。

关于设限，这之所以成为我分享中最重要的部分，是因为一年的考研经历让我感受到，如果少一点先入为主的设限，也许会有更多我们以为的不可能变成可能，让我们当中更多的人敢于放开手脚，找到自己奋斗的目标，当然这不仅限于考研。你可能从小就想当一个模特，但是你身边的人一直都在告诉你，你长得不好看，你身材又不怎么样，你还想当模特？于是内心还不够强大的你就开始质疑自己，慢慢地放弃了努力，可是你并不知道其实你的五官正符合外国人的审美，经过努力你的身材是可以得到改善的，或许你就是下一个吕燕！正是因为不断设限，你一个接一个地放弃了自己的目标，失去了奋斗的动力，开始不知道自己喜欢什么，开始畏惧挑战，因为面对任何挑战总有那么一群人告诉你，你一定会输的！但是，不设限不等于空想连篇，我只是想让你们明白可以通过努力来实现自己的梦想，希望你们在实现梦想的道路上不会有那么多的阻力，而是满怀干劲，这样或许你们会走得更高更远。

从我踏入大学校园的第一天起，我就决定了要考研，清晰地记得那时候我的目标就是考上中国传媒大学播音系语言传播专业的研究生。但是那时候我不敢随意跟别人谈起我的梦想，因为每一次谈起得到的总是他人的质疑，这些质疑在一点点地侵蚀我原本就很脆弱的梦想，以至于最后，就连我自己都开始质疑自己。大三，我开始逐步确定自己的考研目标院校和专业，我变得越来越纠结，因为播音系的研究生考试有些特殊，它不仅需要考查考生文化课的学习情况，还要通过光盘录像的形式考查个人的业务素质。而我从来都没有接受过任何关于播音主持方面的专业训练。我真的不确定我是不是有能力放手一搏。我开始不知道如何选择，不知道是应该安稳地好好学习书本知识考个本专业的研究生，还是放手一搏跨专业朝着我一直喜欢的方向奋斗。在这里，我不得不提到一个人——刘坤老师，在最纠结的时候我选择向她求助，她告诉我"趁年轻朝着自己向往的目标好好搏一搏，就算没考上你也不遗憾"。现在回想起来，这个片段对我整个考研过程来说真的非常重要，以至于在后来我再遇到任何的质疑和否定，对于自己的目标我都能够坚定和坦然，这就是不设限，从最大程度上去鼓励自己做自己最喜欢做的事，这种力量是很巨大的。

在这之后，我确定了自己的目标，我开始愿意去跟大家分享我的目标院校，尽管也开始受到各种各样的质疑，这些质疑有来自我家人的，有来自朋友的，也有来自老师的，面对种种言论，当时的我并不想马上去用最激烈的语言回应，而是保持沉默。今天，再回望这些质疑，我发现发出这些质疑的人，其实对于我所要考的院校和专业并不了解。对于我也并不真正了解，作为一个局外人，他们只是从他们已有的认知出发，从他们对我的目标院校的认知，从他们对我个人素质的感知，来对我进行衡量，进而发出言论。这些质疑其实并不具备任何的参考价值，然而与这相对的也有另一群人，他们给予我的是信任和鼓励，我能从他们的眼神和经历中获取力量。我感谢遇到了这样的一群人。可能很多人会说，难道你不觉得正是因为这些质疑你才更有动力去证明自己吗，不正是这些质疑成就了你吗？其实当我们在做我们所喜欢的事情，为自己的目标奋斗的时候，我们就已经充满了动力，所有的一切是我们发自内心想要做的，而不是为了推翻质疑才付出努力。质疑只会让我们在低落的时候否定自己，"难道我真的就这样？"而信任和鼓励，在我们低落的时候会激励我们并告诉我们每个人都有低谷，要加油熬过去！给别人设限是不友善的行为，即使你不带有任何恶意。

生活中充满了各种可能，你可以大胆地去选择自己喜欢的东西，并且为之奋斗。同时，我们也需要清楚地认识到不设限不等于浮想联翩、好高骛远。当你可以清楚地认识自己之后，当你心底有某个力量足以支撑你去追逐某个目标的时候，当你面对种种质疑的时候，请不要给自己设限。考研是一条很漫长的路，如果你不是发自内心想要谋求更大的学习平台，而只是为了逃避自己、逃避生活的话，那很有可能在这条路的某处你就会倒下。在这个过程中，你会不断地否定自己。我清晰地记得在初试的前一周我竟然也想过放弃，但是还好我坚持下来了，你要做好即使很努力也可能会面临失败的心理准备，用考不上也不气馁的心态备考，用一定要考上的态度学习。别给自己设限，用你最大的努力成就自己；别给别人设限，因为你根本就不了解他们的身体里到底蕴藏了多少能量。

选择自己所爱的，
爱自己所选择的

每个人都可以成功刻下
自己人生中的里程碑

2011 级对外汉语　杜　卡

复试完之后迫不及待地回到校园，呼吸到了这里的新鲜空气，尚德苑门口的林荫道早已变成了鲜绿色，和北方道旁那光溜溜的枝丫形成了鲜明的反差。夜里抬头一看，天空就像一块深蓝色的缎布，上面镶满了钻石一样的星星，闭上眼睛，脑子里像过电影一样全是四年来的回忆。四年过得太快，大一刚下火车和刚到学校的场景还历历在目，可是再过两个月就要彻彻底底地画上句号了。

一、决定专业和学校

直到现在，我才总算完成了这四年间最重要的使命——考研，成功考入了北京语言大学的汉语国际教育专业。多亏当初自己的坚持和家人与朋友的鼓励才让我走到现在。这是一件我一开始就坚定信念要做的事情，可是刚开始并没有一个清晰的想法，直到大三，经历了半个学期的思考，才决定我要考本专业——汉语国际教育。只有先决定了专业，才能进行学校的选择。一个人因热爱一件事情而获得的力量是无穷的，如果选择一个自己不喜欢的专业，为了考研而考研，只会让自己更加痛苦，甚至中途放弃，所以一定要直面自己的内心。至于选择学校，有两点要注意：第一，要知道你选择的专业在该校的实力和水平如何，值不值得让你花两三年的时间去学习。第二，你以后希望在哪里发展，研究生期间积累的人脉和关系是会直接影响到你的工作和未来的，所以一定要考虑清楚。

二、初试复习

公共课分为政治和英语，各 100 分。政治我并没有花太多的功夫去复习，基本是从 9 月才开始，跟着肖秀荣一系列的书复习下来，62 分，不高，但是顺利过线。英语是考研复习的重中之重，语言的学习绝对不是一蹴而就的，所以大家要高度重视。其中，最重要的是研究真题。真题的质量是其他模拟题无法与之相比的，做一遍是远远不够的，一定要多做几遍。文章要反复研究反复读，可以逐字逐句翻译往年真题，把陌生的单词词组和长难句逐个击破。做题的时候须仔细研究各个题目和选项，摸清出题人大致的思路，找到感觉。

专业课也是两门，一门汉语基础，主要考察现代汉语、古代汉语和语言学概论。另一门是汉语国际教育基础，主要考察中外文化、对外汉语教育学引论和跨文化交际。两门专业课各150分。专业课一的重点是《现代汉语》，一定要反复看书，每次都会有新发现。看书之余，多做相关的题目，可以去网上买辅导书来做。错题要做总结，要思考，这样才能真正地掌握知识点，并应用于实际当中。北京语言大学试题中古代汉语部分只有10分，所以我没有专门抽时间复习，只是最后跟着真题做，把错题进行复习和总结。语言学概论，各个学校考查比例不同，其实内容和现代汉语的理论部分是相通的，大家可以根据各个学校的情况进行复习。

专业课二的复习比较庞杂，也是一件令人头疼的事情。重头戏是《中国文化要略》，这本书内容较多，比较细碎，需要大家耐心地去读去记，所以要抽时间多看几遍，烂熟于心。各大高校也基本都是使用这本书，所以在练习的时候比较方便，重点的复现率是很高的。《对外汉语教育学引论》需要大家去认真总结，这本书内容很多，但是体系清晰，便于记忆，一定要去思考、理解整本书的框架，然后再去记忆细节。成绩出来后我专业课二考了第一，很惊喜，同时也庆幸当时自己踏踏实实、一点一点地去总结和记忆。

三、面试

初试过后一个月，成绩出来了。我的成绩是384分，政治62分，英语一70分，专业课一123分，专业课二129分，可以顺利进入复试，非常庆幸自己在初试中做了充足的准备。

北京语言大学的复试占最后成绩的40%，一共分为三个部分，专业课笔试、专业课面试和英语面试。专业课笔试占复试成绩的50%，是最重要的，难度不大，和初试差不多，但是加大了对"语言学概论"的考查比例，所以需要在初试之后重视起来。

专业课面试一共有三位老师，每位老师分别提问语法、文化和教学法的相关问题，每位老师会提两个问题。见到老师一定要谦虚有礼，进门要敲门，然后向各位老师鞠躬问好。遇到不会的问题要诚实地告诉老师，做学问是不能弄虚作假的，让老师知道你具有诚实、谦虚的品质，这一点很重要。而且答不出来的问题可以试着描述出自己的思路和逻辑，让老师知道你是有想法、有潜力的。

英语面试比较简单，要准备一到两分钟的自我介绍，把自己的优势说出来。老师可能会顺着你的自我介绍来提问，因此相关的问题要做好准备，最常见的问题要属"你为什么选择这个学校的这个专业"，这个是一定要准备的。此外，可能会抽话题来陈述，这个要关注时下的热点和民生问题。

最后，我的专业课笔试 81 分，专业课面试 92 分，英语面试 95 分，最终成绩是第二名。两次面试的分数都是最高分，非常庆幸北京语言大学的老师们没有因为我的本科学校而对我有所轻视，考试是对大家的实力来进行评估，所以大家也一定要对自己有信心，实力才是硬道理！

四、时间安排

每天的三段时间要有保证，我每天七点之前起床，八点之前到教室，中午十一点去吃饭，下午两点半到教室，五点半去吃晚饭，晚上七点到教室，十一点回寝室。偶尔会有一些娱乐活动来放松一下，比如出去看电影、聚餐之类的。

总体来说，要以学习为主，但是偶尔的娱乐是必不可少的，没有人可以一直紧绷着神经，劳逸结合才能提高效率。学不进去了就出去发发呆，呼吸一下新鲜空气，听听歌，和朋友聊聊天，给父母打个电话等都是不错的调节方式。

五、结　语

考研，可能会成为大家大学四年中最重要的使命，不管大家选择哪一条路，都要坚持走下去，不要半途而废，坚持、忍耐、勇敢、踏实、好问，这些都是考研成功的必备品质，剩下的就需要大家的行动了。青出于蓝而胜于蓝，大家一定会做得更好！我在北京等着你们！

转角看见调剂

2010 级中本 1 班　黄舒琦

在 2012 年 5 月，我决定报考 2013 年的研究生，这意味着我将在大三第一学期期末参加研究生考试。当时还是大二第二学期，由于大二、大三的课务比较繁忙，所以我的时间相对于应届的师兄师姐来说，是有些紧迫的，但是我认为只要学会利用时间，一切皆有可能。

因为我的志愿是当一名教师，我的本科专业是汉语言文学，所以我选择的是学科教学（语文）专业。在岭南师范学院的你如果将来想成为一名老师，不妨选择"学科教学"这个专业，同时它也细分为很多方向，如语文、英语、数学、政治、物理等。"学科教学"属于专业型硕士，读两年，相对于三年的学术型硕士，它侧重的是专业性，所以一年学习，一年实习。我初试考的科目是 101 思想政治理论、204 英语二、333 教育综合、902 语文课程与教学论。其中，除了政治和英语，其他两门都是由我报考的学校自己命题，所以，请要考研的同学，一定要弄清楚题型，多上报考学校的论坛，多看看师兄师姐的经验，论坛上面还会有"回忆版"的考试题型，这样对你的帮助会很大。

最后我并没有被第一志愿录取，但是，我调剂成功了。我想要跟大家说，别放弃！因为，还有调剂！千万不要小看调剂，它也是有学问的，2013 年的考研时间是 1 月 5 日和 6 日，比以往提早了两个星期，成绩在 2 月中下旬就公布了，那时候你可以看到你的专业排名，再对比之前招生目录上的录取人数，一般来说，进入复试人数是录取人数的 1.5 倍，即如果你报考的专业录取 10 人，那么按道理排在前 15 名的就有可能参加复试，但如果包括了推免生（比如说 2 名），那就只剩下（10 - 2）× 1.5 = 12 人了。所以，当你看到排名时，大概估算一下，就知道你是否有机会了。

除了 36 所自主划线的学校，如清华、北大，其他的一般是等国家线出来后再公布录取分数线，但我觉得与其等，不如直接看排名，如果排名靠前有把握，你就可以大胆地准备复试科目，倘若觉得把握比较小，你大可参考以往的国家线。一般来说，国家线浮动是 5~10 分，不会像高考那样相差较大。如果是想等待调剂的同学，你就要时刻关注"研招网"上的信息。一般来说，国家线是于 4 月底（2013 年是 3 月 26 日）公布，在国家线公布后约一周，调剂系统就会上线，持续一个月左右。国家线会分为 A 区和 B 区，它们的录取分数线会不一样，通常 B 区会比较低，B 区为新疆、青海西部一带。

2013 年调剂系统是 5 月 1 日才正式上线，大家一定要把握时间，尽量在调剂系统上线第一周内就把调剂志愿填好上交。它有两个平行志愿，就像高考一样，不影响你的录取结果。但是调剂系统是有时效性的，比如广州大学第一天公布了 10 个调剂专业，第二天又会增加几个，因为每间大学的调剂专业是以学院为单位的，所以每个学院的发布时间不一样，你可以耐心等一两天，等完全公布；当然，也不能过于安逸，一定要抓紧时间，或者你可以直接打电话到学校询问你的情况符不符合调剂要求，如果对方态度模糊，你可以试试，但如果对方直接跟你说"不太可能"，你就不要硬碰硬，浪费调剂名额了。但是我发现这里有个小窍门，无论你对你的第一志愿是否有信心，你都可以去填写调剂系统，这样等于为自己留了一条后路，因为当调剂的学校确定向你发出复试邀请后，在调剂系统的答复上，你是可以选择去或是不去的，而且你可以同时选择邀请你复试的两间学校，因为这样是不影响第一志愿的复试机会的。但是复试的时间可能会冲突，这就要取决于你自己的选择了。

最后我调剂的专业是广州大学的学科教学（政治），一眼看去，跟我的专业完全不对口，但是在 4 门初试科目中，政治、英语、教育学 333 这三门课与我考试的内容是一样的，按照调剂标准"调入专业与第一志愿报考专业相同或相近"及"考生初试科目应与调入专业初试科目相同或相近，其中统考科目原则上应相同"，我的情况是符合标准的，但其他诸如工商管理、法学等其他专业调剂会有一些要求。

在复试过程中我发现，没有几个人的本科专业与报考专业是相似或相近的，这使我感触非常大，他们四年里面学的专业和所报的志愿大相径庭，对他们而言，所考内容并不是他们的专长，更不是他们熟悉的领域，但是他们依然努力考上了。尽管广州大学不是 985 也不是 211 高校，但是它至少是在广州这样一个快速发展的城市，无论是城市的人文气息还是文化氛围，总有它的独到之处。而且我发现，普通二本院校的淘汰率是很小的，一般只要你努力了，通过复试并不会很难。所以在这里我想跟各位同学说，不要把目标放得太高，这样会让自己错失很多机会。如果是有考研意向的同学，你们可以在大三的时候报名参加，在没有压力的情况下，考试时说不定会超常发挥，这样可以提前感受一下考研，心里有个底，就算没考上，对你下一年的考试准备也很有帮助。

以上是我的一些经验分享，希望对准备考研的同学有帮助！

从北京到广西

2009 级对外汉语　庞纳敏

从成绩公布到调剂成功，直到现在，我都不敢让自己安静下来，害怕思考，害怕计较。

我第一志愿报考的是北京大学汉语国际教育硕士专业，总分 322 分（政治 61 分，英语 62 分，汉语基础 105 分，汉语国际教育基础 94 分），而北京大学当年的分数线为 335 分。当我看到分数的时候，我知道自己无缘北大，唯有调剂。

如果说备考是一件大事，调剂则是第二等的大事。

调剂前期，此时需上网了解调剂程序，关注各大高校分数线，咨询老师。当各地分数陆续公布的时候，只要百度一下"考研调剂"就会出现很多信息。我把招收汉硕的自主划线的学校分数线搜集起来，并把自己还有可能调进去的学校列了出来。（我深知这种可能性的渺茫，怎么可能从 985 调到 985 呢？）第一个电话我打给了中国人民大学，当即就给了我个下马威，对方老师态度很不好；我又拨通了中国人民大学的另一个调剂号码，那位老师很友好，答案却是"可能只接受校内调剂"。我一向不喜欢跟外界交往，但我必须继续，就这样打遍了北京地区招收汉硕的学校的号码，而这一分数在北京地区相对较低。我希冀着被收留，却注定继续飘荡。如果你不幸变成我这样，也请不要放弃。

调剂时，此时可查询网上高校主页，进行电话咨询。每天起床的第一件事就是开电脑，打开电脑后做网上的调剂信息。每看到一个接受外校调剂的机会，我便查找电话，然后逐个拨打。我也曾有过"接电话的人也只能给客套而官方的回答，没有实际意义"的想法，可是咨询一下总比坐以待毙强。那一段时间，我挨个地打电话，如果哪个学校开通了预调剂系统，我也会填报，其中包括广西大学的预调剂。在这个过程中，要么满怀希望：有时你会发现还有那么多学校接受调剂，那么多电话可以打；要么落入低谷：对不起，我们只接受 985、211 院校的毕业生。这段时间的调剂，我希望你能抓住每个有可能的机会。

调剂末期，积极准备再战，联系在读学长。调剂是一场血战，能参加调剂是值得庆幸的，但是我们必须沉着冷静地应战。比起第一志愿的同学，我们有地位上的劣势；比起同去调剂的同学，我们有时也不见得有所长。此外，我们还要好好照顾自己——联系一些在学校读研究生的学长，提前订好房间，打听好饮食交通等琐碎的事情。

调剂，需要不言放弃的毅力，需要不断思考的体力。不要放弃自己，不要放弃机会。

唯坚持和努力不可辜负

2011 级中本 1 班　汪　密

距离考研已经过去 4 个月了，我仍旧记得考试那两天灰蒙蒙的天空和考完后大家疲倦的面容。现如今回首考研路，只觉得唯坚持和努力不可辜负。作为一名备战过两次考研的学生，我对于考研的感受最为深刻的有两点：坚持和努力。这两点才是最为关键的，希望在此路前行的师弟师妹们谨记。

一、我的经历

说说我的考研经历吧。第一次考研是从大三开始准备，暑假正式开始复习。现在想想那个时候的复习也只是看看专业书、英语和政治。看看书、做做题，这样的状态甚至未坚持到 10 月。自制和自律是非常重要的。那个时候，我觉得自己才大三，考不上就算了，国庆节一结束我就彻底放弃了复习。在我第二次准备考研的时候，我经常提醒自己，不可再挥霍时光。第一次考研虽彻底失败却也激励了我，使我充满了信心，因为第一次考研的结果使我知道：考研并不难。我第一次的分数为专业课一 119 分，专业课二 89 分，政治 78 分，英语 64 分，总分 350 分，刚刚好过国家线。当时我觉得既然这样的复习都可以过国家线，那为何我不再坚持和努力一下？所以在失败后，我放弃了调剂，准备第二次"参战"。第二次考试的结果并不是很理想，考试一结束我就知道我的英语考砸了。第二次的分数为：专业课一 137 分，专业课二 121 分，政治 76 分，英语 59 分。或许就应了那句话，付出有时候也不一定有回报，但是不付出一定是没有回报的。

经历过两次考研的人才会懂得那种痛苦，因为第一次失败的阴影一直挥之不去。所以我想说，如果选择了考研，那么就该好好坚持一下，不要拉长战线。大三时可以去初次尝试，在我的考研路上一直给予我支持的师姐也是大三去参加了研究生考试。所以，如果可以的话，大三去考考也无妨，多一次经历多一年考试的机会也是不错的选择。

二、院校选择

如果现在有人问我会不会后悔考暨南大学，我也许会说，我不后悔，因为暨南大学是我高考时的理想院校；但也或许会说，我有点后悔吧。因为千军万马的竞争，以至于整个考研是分为两大战场的，初试努力进复试此为第一战场；复试以 1∶2 的淘汰比例又形成了第二战场。所以我想说，那些决定了考暨南大学的师弟师妹们，如果你们进了初试，那么请不要掉以轻心，还是要好好继续复习，为复试做准备，因为暨南大学的复试筛选是相当恐怖的，只要你不是第一名就有被淘汰的可能。每一年暨南大学都有初试排名靠前的考生复试被淘汰，就拿我这个专业来说，今年招 9 个人，去复试的有 18 个人，第 9 名被刷了，要了第 16 名。但是也有好处吧，排在后面的也不是一点儿机会没有。无论如何，一切都要看实力。

所以我想说，如果师弟师妹们对报考 211 院校并不是那么执着的话，应尽量避免报考这些考研热门院校，选一个心仪又没有那么热门的学校。但是如果你执意于自己的选择，那么就请坚持和努力。执着的人都是要为自己的选择付出代价的，无论是过程还是结果。所以无论你们的选择是什么，都请坚持和努力吧。

三、初试准备

初试是一场相当长的战役，我觉得唯有耐得住寂寞的人才能打得赢。对于初试而言，首先就是准备专业课的真题和参考书目，这两份资料非常重要，尤其是真题，一定要多看几遍，分析院校的出题规律和出题的侧重点，这些就是以后看书的侧重点。参考书一定要全部看完，只要是列出来的即便是以前未曾考过的知识点也要看。我记得大三的时候，一位 2010 级的师姐来我们班做经验交流，她说她就是有一本书没看，因为她看往届真题时发现这本书没有考过，所以她没有复习此书。结果师姐考的那一年专业课考了这本书，但因为她没有好好复习这本书，所以她最后没有考上理想的学校，只能选择调剂。综上所述，真题和参考书一定要，好好研究。对于专业课而言，也要买一些辅导书，这样有利于考研复习。每一门专业课都有对应的参考书，现当代文学方面我用的是北京师范大学出版社出版的书（封面为绿色），很好用；外国文学方面用的唐红梅主编的书，重难点很清晰；古代文学方面用的是齐鲁出版社出版的辅导书。而专业课的复习特别是对文学史的复习可以做一些框架笔记以辅助，这对后期复习很有用。

其次是公共课的复习，政治的复习放在暑假进行也不迟。我一直使用肖秀荣的精讲精练和1000题来进行政治课的复习，一边看书一边做题，效果很好。英语我用的是新东方的绿皮书，我认为这本书比英语黄皮书好用，讲解也更加精细，后期我也买了新东方的模拟冲刺卷来做，这套卷子难度不大，在最后的冲刺阶段拿来练练手也好。英语复习的重点我感觉就是单词和真题，前期背单词，如果时间不够可以只背考研高频词。中后期就是埋头做真题，英语真题很重要，其他的阅读训练不需要太过重视，认真研究真题足矣。最后一个月的时候就背背英语作文，很有用的。

最后讲讲阅读与写作这一门吧。暨南大学有一门是阅读与写作，一般都是五题选做三题，每题50分。考察的内容相当繁杂。我记得2015年考查了袁枚的"性灵说"、《文心雕龙》及一篇散文鉴赏，这三道题是我选做的，没选的就不记得了。这门考试主要是考专业素养和写作能力，所以面对来咨询我考研的大一、大二的师妹师弟们，我都要说，好好学习专业课，认真看一些课外书，努力提高自己的专业素养和写作能力，空闲时也可以写写文学评论练练笔。在我后期复习时，晚上有时候不想看书了，我就会写一些作品评论和人物评论，觉得还是很有用的。其实写这样的文学评论是有法可循的，首先是要做到观点鲜明和简洁，其次是有理论支撑，适当引用一些名人名言来佐证你的观点，比如，引用索绪尔的能指和所指理论等，可以为你的评论添彩。最后就是语言，评论的语言一定是专业性很强的，所以我建议那些要考文学评论的同学们去看看《文学评论》这些专业刊物，然后一定要自己动手写几篇，这样才有效果。

四、复试准备

其实大部分院校的复试比例都是1：1.2，但是个别热门院校的复试比例则每一年都不一样，像暨南大学的复试比例就是根据这一年考生的考试水平而定的，如果这一年的考生都考得很好，那么复试比例必然很高，进入复试的人也多，竞争压力自然就大了。作为考生的我们一定要按部就班好好复习，如果有幸进入了复试，那么更不要掉以轻心，一定要像初试一样再看一个月左右的书。整个考研过程下来，我对复试的感触是最为深刻的。分数出来后知道自己可以进入复试，然后开始着手准备。建议进入复试的同学一定要和考上了的师兄师姐联系，从而获得复试经验。我联系的师姐给了我很多好的建议，我很感谢她。

关于复试，专业课和英语都要做好准备。英语口语建议买一本英语复试口语资料，我当时没有买，后来看到同学买的书才觉得很好用。英语面试的问题一定要背熟，自我介绍必不可少，一定要背得很熟练。在复试面试时，自我介绍很重要，导师会顺着你的自我介绍来问问题，你在自我介绍中提供的信息点一定是自己非常有把握的，不然就变成自己给自己挖坑了。关于复试，其实个人的气质和形象也是挺重要的，说话的方式和逻辑思维都会通过外在表现出来，导师会观察到的。从外在衣着到面试时的问题，都要认真准备。如果有认识的师姐师兄在那里的话，可以去学校旁听那位老师的课，问一些专业问题，千万不要提考试复试这些敏感信息，这样可以给导师留下较好的印象。最后就是复试前的导师联系，因大部分的邮件是不会回复的，所以不要着急，只要好好准备就行了。

五、考研感想

从你决定考研起，无论如何请不要轻易放弃。也许决定考研会让你失去很多，但同时你也会感受到一种不一样的生活方式。每个人终其一生都在追求稳定、自由以及安全感，而真正的稳定、自由和安全感绝不是用来依赖和寄生的体制、关系和情感链接，而是长期的自制和自律所带来的能力和思考力。

考研，只要你做到坚持、努力、自制、自律，你就赢了。

梦想＝幸福地坚持

2010级中本4班　周　莹

Dreams are one of those things that keep you going and happy. 这是《中国合伙人》中我最喜欢的台词，当我听到这句话在几千个为梦想而努力着的学子面前被大声说出来的时候，一股热浪没来由地从我心底直涌向双眼。我清楚地知道，这不是感动，而是一种顿悟，那感觉就像是沿着一束射进迷雾丛林的阳光一直向上就能到达太阳那样坚定：梦想就是一种让你坚持就能感觉到幸福的东西！

在考研这条路上，我走了许多弯路。我和 A 同学从大三开始准备考研，我们将大量的时间和精力花费在备考中，但那时的我并不清楚自己的梦想到底是什么。最终，A 同学在中途放弃了，她对我说她受不了那种压力，她害怕面对考研的结果，与其终日焦虑不如趁早做个了断，于是她果断地做出了另外一种选择。在她放弃以后，我有好长一段时间不在学习状态，白天捧着书发呆，晚上就上网看电影，表面上看起来很自在，实则内心越来越不安，不知道下一步该怎么走，不知道还要不要考研，不知道自己做的事到底有何意义？

水瓶座的执拗和有始有终的性情让我不甘心就此放弃，为了心中的梦想，这一次我选择了坚持。大家都说为了梦想一定要坚持，但对于不知何为梦想的我来说，这样苦苦坚持是一件非常难受的事情。B 同学是一个小巧玲珑的可人儿，晚上自习回宿舍短短的 20 分钟之内，她都会跟我分享她今天学到的东西或者是同我探讨学习中遇到的问题。久而久之，我渐渐地喜欢上了这种新的学习方式，每一次与 B 交谈都让我受益匪浅，鲁迅、沈从文、钱钟书等文学大师成了我们谈论的对象，文学作品就像讲故事一样能向对方娓娓道来。我的人生就在这每一次谈天说地中悄悄地发生了转变。

回顾我的考研之路，正是有 B 的陪伴才开始变得有意义，直到我听到那句"Dreams are one of those things that keep you going and happy"，我才明白一直以来我坚持的并让我感到幸福的东西就是梦想，而我的这个梦想就是考研！

选　择

——考研逆袭的关键

2011 级对外汉语　邹进华

一、选择学校

大学四年来，我一直都不是学习成绩优秀的学生，零奖学金，履历上更是空白，我的经验更适合供一些成绩中等偏下的师弟师妹们参考。

对于汉语国际教育这个专业而言，专业硕士的地位和新增院校数量让它不断升温，从连年攀升的分数线就不难看出，但是新开院校也在不断增加。就拿 2015 年硕士研究生招生来说，新增院校多达 20 个，其中不乏名校，如同济大学、东南大学、北京理工大学、中国海洋大学等，名校的知名度和学术成就不言而喻，敢于冒险的同学大可一试。在复习的时候应注重学校所在地区的其他考研学校的真题，及时关注学校的相关信息，全面复习，相信一举拿下名校不会太难。而对于基础不是特别好，又不敢冒险的同学来说，可以退而求其次，选择像对外经贸大学、北京第二外国语学院、贵州大学、华侨大学这一类稍微低调一点的学校。再者，可以考虑理工类名校当中的专业，如北京理工大学、中国海洋大学、中国石油大学这些理工类专业突出的学校，汉语国际教育虽是这些学校新增加的硕士学点，但是这些学校的优势很明显，如名校地位、师资力量、出国机会等，这些资源相对来说更丰富些。

汉语国际教育专业的特殊性决定了院校地理位置的重要性，因为研二要出国实习，想必这也是汉硕为数不多的优势之一吧。但地理因素并不是绝对的。比如与四川大学和贵州大学合作的孔子学院均在美国，合作项目也非常丰富多样，这并不会对出国有很大的影响。

二、复习经验

还是那句话：一定要看真题。真题是需要仔细研究的，所以真题做完后不仅要对答案，更要看解析，把每句话理清楚，过段时间再做一遍，反反复复，定能在里面找到你想要的。建议将一份英语真题试卷留至复习的最后阶段进行模拟考试，看看自己的水平如何，查漏补缺。

由于我的政治基础很差，政治对我来说是比较难看得下去的，所以在我的复习过程当中，没有重点复习政治。政治复习可以在最后的阶段集中时间强攻，这样易与竞争者拉开差距，当然这是对于将政治分数算入总分并且是以非技术分制进行打分的学校而言的。而像上海外国语学院这类以技术分制来计算得分的院校，复试时将政治按10%的比例压缩后再算总分，所以政治考90分和考50分，在总分里只差了4分。孰重孰轻，同学们在选择好学校之后一定要了解报考学校的分数计算制度，避免花费太多时间在难以拉开差距的学科上。

专业复习一定要看学校指定的参考书目，遇到没有指定参考书目的学校，可以从真题中推测相关的书籍，或者询问前辈，也可以选择购买主流资料。对于大多数学校的汉硕专业，黄伯荣和廖序东主编的《现代汉语》都是重要的参考书，翻看六遍专业课一基本就没问题了。古代汉语的知识在北京第二外国语学院的考试中所占比例不高，只有10分，相对简单，主要考解析词语、断句，可以在复习时将王力主编的《古代汉语》的前两册看看。

专业课二的参考书目繁多，题目范围也很大，比较难复习，建议把程裕祯的《中国文化要略》过一遍；西方文化的参考书目大同小异，自己选一本喜欢的看就好了。心理学与教育学的比重也不大，把平时老师讲的重点复习好即可。北京第二外国语学院专业课二指定的书目有刘珣的《对外汉语教育学引论》、赵金铭主编的《对外汉语教学概论》和吕必松的《汉语和汉语作为第二语言教学》，这三本书之间有些知识点有冲突，建议只看刘珣的。

三、北京第二外国语学院初试经验

北京第二外国语学院是一所精致秀气的学校，校园很小，但名气蛮大。北京第二外国语学院的专业初试题型很简单，选择题、判断题、填空题占的比重非常大，专业课一有55%左右的客观题，而专业课二甚至有73%的客观题，只有一道40分的案例分析题。另外，北京第二外国语学院出题比较细，偏重时事，专业课二当中很多文化知识都与时下的热点有关：如"孔庙祭祀""一带一路"等，有兴趣的同学可以在复习中外文化这一环节时，利用空余时间多看时事，同时也要多关注事件背后的文化现象及其背景。

专业课二的案例分析我考的是中美跨文化冲突，试题中所举案例是电影《刮痧》。因为在两年前参加过《刮痧》的电影讨论会，而且曾在赴泰实习中有过切身体会，所以这道题我答得比较顺利。对于没有太多案例分析试题实战经验的同学，可以结合自己的经验来谈（赴泰、赴美的同学可以说说自己的经历），多用一些实例去分析试题，这样答题时才不会显得太空洞。

跨文化冲突的实例非常多，在复习的时候可以参考朱勇主编的《国际汉语教学案例与分析》一书，勤思考，最好能够抽时间来扎扎实实地写一篇 1 500 字以上的文章。

四、复试经验

北京第二外国语学院的复试要花四天，一天报到，一天体检，一天英语口语考试，一天专业面试。英语口语考试基本大同小异，自我介绍，说明报考目的、研究方向、学习计划。面试的老师很友善也很可爱，会顺着你的回答内容接着提问。复试时应穿着利落干净，微笑、沉着应对就可以了。

专业面试时有五位考官，其中一位为主考官。五位老师都很和善，第一句就安慰你不要紧张。主考官当时比较关注我的论文，针对论文问了很多，还询问了我日后在研究生阶段的学习计划和研究方向，专业问题问得倒不多。在回答的时候，要注意细节，不要太多的主观想法，因为老师会很认真地抓住一些他不认同的观点或者怀疑的细节追问，这时候你就比较难自圆其说了。另外，老师会比较注重才艺，自己会什么直接说就好了，可以挑一两个比较有特色的来谈，不要乱吹嘘。

最重要的是，想清楚自己考研的目的，自己想要的是什么。想清楚了，才能有足够的动力让你坚持到最后，只要坚持到了最后，绝大多数人都能成功。无论你的起点如何，只要不是太晚开始，努力到最后，定不辜负你在考研教室奋斗的每一个日夜。

加油！

追梦加速度　绽放这一夏

2010 级对外汉语　余浩民

夏天灼热的空气开始吞没整个大地，纷乱躁动之下，考研路上的每一个人，沉静并且坦然。

此刻，我继续着我的考研路，没有奢望过什么，只要梦想还在，就要不停去追寻，这是青春告诉我的。没有过多的理由，没有太多的时间，有无数的梦境在诉说着未来的一切是何其美好。无论那些景色是否更替着，无论那些人儿是否在改变着，黎明就要来临，我坚信。

三份垒得高高的课本和笔记本、往日熟悉的桌椅，这些是属于我的。铅笔、中性笔、记号笔以及冒着热气的玻璃杯、自己制作的考研倒计时牌，贴满写着激励言语便签纸的墙壁，这就是我的世界。在这里，我完成了一本本的练习题，翻动着一张张的倒计时牌，时间在流逝，我离终点越来越近。

当我坐在写字台前，一本一本地整理所有的笔记时，一种前所未有的平静凝固了这个小小的，完全属于我的空间。我想，大学里的同学或考上研继续深造，或找到了还算满意的工作开始了新的生活，而未来对于我这个心怀考研梦想的人来说，则充满了无数的未知，当然，我没有回头路，也没有资格浪费自己的光阴。

在每个黄昏来临之时，我喜欢站起来伸个懒腰，望望窗外早已看腻了的风景，那一角或红晕漫天或惨白的天空，那昏黄椭圆的落日，那远处升起的袅袅炊烟，那视野中朦胧的绿色群山，我不敢奢求从如此景致里看出怎样的新奇和瑰丽，但我的心一直在为未来祈祷，只愿我的不懈努力能换来向往的研究生生涯中那一隅无与伦比的风景。

考研的日子是乏味的，这大概是大多数考研人的看法。然而，在我们的抱怨声中，我们有时会突然因时间不太够用而惊慌失措，有时又会觉得无所事事而无聊至极，改善这种不正常心态的最佳方法就是制订行之有效的学习计划。我从小就喜欢制订计划，但计划最后往往是成了一纸空文，我深谙自己这个"痼疾"，所以我的目光和决心放在"行之有效"四个字上，看着每一天的太阳冉冉升起，深呼吸，紧握拳头，攥住的是留给自己的自信。

当第一缕阳光照耀身体时，我就像被赐予了能量一样，精神焕发，不停地给自己传达积极的生活理念，用更积极的心态去对待考研这样较为艰苦的日子。我们不需要时时开夜车，不需要把自己弄得很可怜，但一定要看到太阳的上升。合理分配学习时间不仅可减轻考研中艰苦难耐的感觉，还可使学习更有效率。

虽然生活乏味，但可以自己给自己找些快乐，找些前进的动力。在清寒的早晨跑跑步，迎着耀眼的朝阳，体味心儿灿烂的感觉；在暖融融的午后饮一杯或浓或淡的茶，享受几分钟的惬意时光；在夜色如水的夜晚，打开窗户，吹一吹微凉的风，扑面而来的是自然的气息。寂寞中点滴快乐对于考研中的我们来说也是弥足珍贵的心灵慰藉。

考研过程中的奋斗和知足、感悟和快乐，我不愿打破。也许考研只是一个梦，一个被无数学子点缀的斑斓的梦，一个美丽的与现实不停碰撞的梦，其中充满了不甘与不满。考研这一过程足以让我建筑起一颗沉静而执着的心。

人生有三重境界，考研也有三个阶段。刚开始有无数削骨拔髓的痛苦；中期开始有了一种安静的节奏，无大起大落；而末期，当考试日子临近，我却悲伤地发现，日子多一天，我的记忆力就弱一点，像突然间进入生命的枯萎阶段，一切都将化为死寂与虚无。内心仿佛回到了那个最开始的时候，迷茫、无助、绝望。

我们因为各自的梦想而无止境地去拼搏，我们不知道未来的路有多长，可是我们一直相信只要我们无所畏惧，总有一天会迎来人生的辉煌，即使考研失败了，我们的心灵依然会满载而归，因为我们的经历会是我们人生中最宝贵的财富，这段路途将点亮我人生的方向。有梦想就要坚持，有梦想就要去创造，我们收获的将不仅是成功的喜悦。所以，有梦想的朋友，只有坚持不懈才能抵达理想的彼岸。考研结束了，可是我的人生梦想却并没有因此而终结，这或许只是一个新的开始。考研，一段充满激情的峥嵘岁月，我会深深地把它封锁在心底，作为最宝贵的记忆。同我并肩备考的研友们，只有你们才能更深刻地体会到，我们那段无论用怎样华丽的词语都无法形容的日子，即使未能金榜题名，即使我们距离理想还有差距，但是我们不会留有遗憾，因为我们收获了充实而温暖的冬天，让我们继续坚强勇敢地走下去……就像那句"努力地往前飞，再累也无所谓"。朋友们，让我们幻成风，化作雨，共同守护彼此的梦，有勇气才会有动力，活出我们各自的精彩！

英国梦，我的考研之路

2009 级广电　尚王健

2013 年 6 月初，我顺利收到了来自英国北安普顿大学的录取通知书。在打开通知书的那一刻，我心情十分激动，考研路上遇到的各种挫折与艰辛刹那间涌上心头，想起学习过程中遇到的种种困难，回忆起大学四年的点点滴滴，禁不住感慨万分。

我出生在一个军人家庭，爸爸曾在部队里生活、工作了整整十二年。也许是当过兵的原因，父亲在对我的教育上异常严厉。当别的孩子还在家长的庇护下蹒跚学步时，我就被独自放在地上打滚攀爬；当同龄人仍在迷恋布偶时，我便开始学习书画和长笛……严苛的家庭教育，让我比别的孩子更早成熟，也更加懂得自力更生、发愤图强的道理。

曾有人说："读万卷书不如行万里路。"记得还在读初中的时候，哈佛女孩刘亦婷的故事就一直深深地触动着我，在很长的一段时间里，我都很想成为像她一样优秀的人，也正是从那个时候起，我把出国读书作为自己内心深处的奋斗目标。怀揣着这样的梦想，开始了紧张而充实的大学生活。

刚上大一的时候，班上的同学大都还沉浸在从高考中解脱出来的无忧无虑的轻松生活中，而我的内心早已埋下了一颗出国留学的种子。在和学院老师仔细交谈并通过上网查找多方面资料之后，我制订出了自己的大学规划：

首先，必须认真学好每一门专业课程，打好自身基础。我经常利用课余时间去图书馆查看资料，当遇到和考研或者出国留学有关的书籍时，我便会多留意一些。

其次，我十分重视自身的英语能力培养，通过努力，我先后在大二、大三通过了大学英语四级与六级的等级考试，并在大四下学期顺利通过了雅思考试。此外，我喜欢观看一些外语影视作品，娱乐之余也可以了解一些西方的文化与历史。

最后，我给自己制订了严密的学习计划。大三期间我顺利参加了学校的交流项目，在美国学习生活了半年，大四一开始便着手出国留学的准备。终于，在我的不懈努力下，我考取了英国北安普顿大学的研究生。这所学校位于伦敦北部近郊，从学校到伦敦市中心只要40分钟车程。更值得一提的是，这所大学严谨的治学理念、优秀的软硬件设施，都深深地吸引着我。

然而，任何事情都不是一帆风顺的，在向留学深造前进的路途中我也遇到了很多困难与挫折，我也曾因为繁重的学习任务而想过放弃，也曾面对巨大的升学压力而烦躁与不安，但我最终还是坚持下来了，并且收获了成功的喜悦。

回首我的考研之路，我的体会是十分深刻的。大而言之，是对人生有了新的领悟；小而言之，则是在学习方法、应试技巧上收获了点滴心得，以下是我总结的一些学习方法与技巧，愿我的考研经验能给校友们些许启示。

一、心态——得之，我幸；失之，我命

曾有位师兄对我说过："能考进大学的人，都很聪明，他们一定有自己的学习方法和一定的应试技巧，基础知识也不差，但为什么每年却有那么多人考研落榜？最大的原因在于没有良好的心态。"师兄的这段话，我体会得十分深刻。考研是一个极度挑战意志的过程，大三、大四的时候，身边的同学开始面临毕业问题，有的人选择了考研、考公务员，有的人则是直接参加工作。身边好多考研的战友受不了学习的压力，或者受不了各种求职诱惑，最终放弃考研。

其实考研存在很大的不确定性，我们不知道自己最终能否成功，在面对不确定的问题时，人往往会变得很浮躁，而消除浮躁的最好方法就是保持一种"得之，我幸；失之，我命"的坦然心态。考研并非适合每个人，失败了还可以重新再来，或者是选择考公务员、参加招聘等。人生的变数很大，没有谁可以断定哪一条路是否绝对地适合自己。所以，与其在"我行吗？我能考上吗？"这些问题上彷徨失措，还不如用一颗平常心对待考研。

二、学习方法——穿适合自己的鞋

每个人都有适合自己的学习方法，适合自己的才是最重要的。我想用一句英国谚语告诫考研的学友们：穿合脚的鞋，而不是最漂亮的鞋。在英语学习方面，我没有按传统的"词汇—阅读—单项训练—作文"这四步进行复习。由于我记单词的能力较弱，所以英语复习时我直接跳过了词汇这

一环节，将重点放在阅读和作文上，在阅读时再根据词汇的考查频率进行重点记忆，将词汇和阅读融为一体。这是我学习英语的方法，对于其他学科的复习也同样适用。另外，我建议大家合理利用课余时间，我的课余时间大都是在图书馆和教室度过的，除了社团活动和学生干部工作，其他的时间全都用在了学习和考研的准备上。

三、应试技巧——分清主次，注重总结

很多同学认为英语很难复习，但我个人认为英语是一门学习起来很有规律的学科，出国考研要特别注重总结，分清主次与重点。很多研友们也十分关心辅导班的问题，我个人认为新东方雅思和环球雅思都还不错，他们拥有雄厚的师资力量和良好的硬件设施，是辅导班中的知名品牌。然而这些教育机构只能起到辅助作用，关键还是要靠自身的努力，再结合辅导班老师的指导，这样才能达到最佳的学习效果。

在努力学习本专业知识的同时，我还积极地涉猎其他学科的知识以扩展自己的知识面。留学是一条艰辛的道路，但是它也给了我一次磨炼自己的机会，这也是一段宝贵的人生经历。

以上便是我对考研的一些经验总结，希望能给研友们一点启迪。

其实考研或者出国并不是我们唯一的选择，也不是每个人都需要面临的必经之路，人生可以有很多获得成功的途径。在当今这样一个多元化的世界，只要你有耐心、有创意，对自己有足够的信心，并为之付出汗水与努力，你同样可以收获属于自己的璀璨青春。

岁月如梭，我的大学生活已经结束了。在这四年里，有老师们的殷切关怀与悉心指导，有同学们的热情相助与朝夕陪伴，我的每一份成绩都有他们的帮助，我的成功也得益于他们的鼓励与支持。

所有的感谢都化作祝福，愿更多的校友可以像我一样，清楚地了解自己的优缺点，找到一条适合自己的道路。也祝愿我的母校蒸蒸日上、桃李满天下、永远灿烂辉煌，为祖国培育出更多优秀的、杰出的人才！

心无旁骛

2011 级对外汉语 金 晶

  2015 年的研究生考试已尘埃落定，我半年多的努力总算没有白费，顺利考上了浙江师范大学汉语国际教育硕士研究生，获得了进一步深造的机会。回想这一路走来，有无限辛酸，但回头再看，让我相信了一句很朴实的话："付出总有回报，阳光总在风雨后。"这半年多来，每天披星戴月，整个过程不亚于修行，能够坚持下来靠的是自己的意志力和对梦想的坚持，还有亲朋好友的鼓励。

  由于我的本科专业是对外汉语，所以考研时果断选择了与本专业对口的汉语国际教育硕士。我个人认为兴趣很重要，选择跨考或是考原专业都要考虑到自己的兴趣，不然研究生期间学习和研究自己不感兴趣的专业方向是很痛苦的，加之我是安徽人，所以很自然地选择了长三角地区的学校。我所报考的浙江师范大学是浙江省省属重点大学，虽然不是 211 院校，但浙江师范大学在浙江省综合类大学中口碑还是很好的。有很多人一直犹豫，直到 10 月考研报名时才最终确定学校的选择。我个人认为，早点确定学校对之后的复习是很重要的，因为每个学校的参考书和考试重点都不同。鉴于汉硕这个专业越来越火，报考的人数也越来越多，所以师弟、师妹们在选择学校的时候应该选择一个比自己所在学校实力稍强的学校，不能太高也不能太低。我一开始也想报考名校，但最后还是选择了一所比较稳妥的大学，因为"考上研究生"才是我们最终的目标。如果好高骛远，报一所 985 名校，到最后连进复试的资格都没有，那不是充当炮灰了吗？这也是很多过来人的中肯意见。

  毫无疑问，考研最重要的就是初试。很多人都说，初试分数高，复试就是走过场，其实这是有道理的。初试的复习一点也不能马虎，英语、政治和专业课都不能偏废。我复习的时候算是比较懒的，英语真题别人都是反复做好几遍，我连一遍都没有完整做过，以至于差点就毁在英语上了。本来我英语底子还行，六级分数也不低，但对考研英语掉以轻心了，现在想想特别后悔。下面我将详细介绍一些我的复习经验，希望师弟师妹们可以从中汲取一些对自己有用的建议。

我是从2014年5月正式开始准备考研的。汉语国际教育硕士（简称汉硕）专业考四门：政治、英语一、汉语基础、汉语国际教育基础。专业课参考书目一般学校官网上都会公布，但有些学校官网不公布参考书目，这就需要我们广泛搜罗考研论坛的信息或求助上一届的师兄师姐，因为参考书目的搜集是复习的第一步，这一点千万不可以忽视。我还记得看第一遍书的时候特别痛苦，平时自己学习不是很认真，虽然是科班出身，但几乎是从头开始。

现代汉语：重中之重。专业课一汉语基础考的几乎全是"现代汉语"的内容（"古代汉语"考查古文标点和翻译只占15分，我几乎没怎么准备）。我的经验是，第一遍先看书，以理解为主。第二遍一定要做笔记，然后把所有不懂的概念都要搞清楚，不知道的尽量请教他人。因为汉硕对"现代汉语"的内容考查并不深，但是范围非常广，很多细小的知识点都会考。所以第一遍看书的时候一定要非常仔细，每个角落都不要放过。看完第二遍且做完笔记后可以慢慢试着做题了。我想声明的是，不管考哪一科，题目一定要做，背书的时候可能感觉良好，但到了实战，你会发现还有很多知识点记得并不牢固。网上有很多"现代汉语"的题，也可以自己去买。另外，书上的课后习题也要认真做，有些学校会从中抽题考试。

中国文化：这是汉硕考试的第二个大头，占65～70分，非常重要。因为我平时就对历史和文化比较感兴趣，所以这部分对我来说基本没有什么压力。参考书目有《中国文化要略》和《中国文化概论》，前者更为重要，汉硕考试的知识点基本是在前一本书里面出，但后者对于完善个人知识体系也是有帮助的，所以建议两本都看，以前者为主。对于文化的复习，一定要多看其他方面的书，因为常考的多是一些文化常识。对于基础知识的复习，建议还是把书上的小知识点，以填空的方式总结在笔记本上，用零碎的时间多记几遍。

教育心理学：这门科目占30～40分。当时我只看了刘珣的《对外汉语教育学引论》，这本书很厚，看的时候花了很多时间，上面的知识点琐碎且枯燥。我的建议是先厘清体系，然后自己做一份笔记，把书上琐碎的知识点以题目的形式总结下来，这样复习的时候会一目了然。

案例分析：我是在考前两个月才开始练习案例分析写作的。个人经验是，你不需要花太多的时间在这方面，但是一定要练习那么两三次。"案例分析"一般都是有套路可循的，总结几个案例分析模板，练过几次之后，考试就不会慌张了。当然有些学校会考自由命题写议论文，还有些学校要求写教案，这三种形式都要准备。

关于真题：浙江师范大学的汉硕真题在网上是可以找到并下载的。汉硕有国家大纲，大部分学校都是根据国家大纲规定的题型来出题，浙江师范大学也不例外。我在 10 月的时候和几个考汉硕的同学一起买了 2013 年和 2014 年的 40 个学校的真题。这些真题没有答案，需要完整地做下来，然后自己翻书核对。汉硕的知识点就那么多，在做其他学校的题目时，你会发现很多知识点是重复的。一旦发现不懂的知识点，立马记下来，回到书中去查找，下次就不会犯同样的错误了。在做真题的时候一定不要边翻书边做题，应该做完一整套真题后再翻书，而且错的题要画出。在遇到不懂的问题时，虚心请教别人，多和研友讨论。事实证明，孤军奋战绝对是不可取的。

英语是考研路上的"拦路虎"。汉硕专业对英语的要求比较高，在复习的最初阶段，重心应放在英语上。在考研英语复习中，单词和真题的复习是必不可少的。可以买本新东方的考研单词书，每天规定背一个 Word List，大约花一两个月时间背完一遍，之后再循环背单词，巩固记忆。记忆单词的过程是很枯燥的，但一定要坚持，直至考研结束。另外，考研英语中，阅读占了很大部分，所以一定要把主要精力花在阅读训练上。可以买本阅读专项书集中练习，每天完成四篇，主要是练习英语语感和英语阅读速度。真题至少要做三四遍，保证不遗留任何一个盲点。

政治在大纲出来后才开始复习，不需要太早开始。考研大纲一定要买，因为政治大纲每年都会有变化。对于政治的复习，个人认为主要就是做题和诵记一些问答题热点，如风中劲草系列、《肖秀荣考研政治命题人1000 题》、《肖秀荣考研政治命题人终极预测 4 套卷》、任汝芬《最后四套题》、"20 天 20 题"，这些都是必买的参考资料。另外，真题也是很重要的，主要研究近 10 年真题即可，了解命题人的出题方向。政治的拉分主要在选择题上，所以一定要多做选择题！

关于看书时间，每天基本花八个小时左右时间看专业课和公共课即可，时间的安排依据个人情况而定。考研复习最好还是去考研教室，固定的教室和位置，每天按部就班地去复习，这样一直坚持到最后。

考研的路途非常艰辛，既是一场持久战，也是一场心理战，要想打赢这场战争，必须要保持良好的心态。考研是一件很辛苦的事，非常枯燥，在复习途中想要偷懒，想要放弃，这也是一种正常的心态，但是你必须告诉自己要坚持，最好是找个研友，相互鼓励，有些信息也可以及时沟通。

希望我的考研经验能给你们一些帮助。

在奋斗中行进

2011 级对外汉语　卢颖欣

努力和汗水最终结出甜美的果实，终于可以安下心来回顾一下这半年多来的经历和体验，与各位研友共享。

我报考的是华中师范大学的学科教学（英语），初试 380 多分，最终排名 20 多名，被幸运录取。我先介绍一下自身情况：我本科毕业于普通的二本学校，非英语专业，属于三跨考生（跨省、跨学校、跨专业），这里也可以看出华中师范大学只看中你的实力，不用担心本科出身或是否为英语专业，大胆去考吧！关于选学校与选专业，建议大家根据自身情况、兴趣、发展方向等进行综合考虑。

一、初试

我是从考试前一年的暑假开始准备初式，每天保持三点一线的生活，但周末也会给自己放假，放松一下心情。暑期每天学习 8～10 个小时，并没有强迫自己每天一定要学习 10 个小时以上，心态较为放松。背《新概念英语 3》一篇文章，然后看教育综合，下午研究英语一的真题，晚上再看教育综合。下面说说自己每一科的复习方法。

政治：从 10 月开始，报了个冲刺班，报完才发现华中师范大学政治不计入总分，只要过线即可，当时就觉得亏了。但是报了也就算了，毕竟报了班你就不用思考买什么书，只要用他的书，按时上课即可。到临近考试一个月左右做肖秀荣的最后四套卷，再背背答案即可，不用花太多力气，因为只要你政治方向没错，政治肯定过线。

教育综合：这是我花了大力气的科目，初试 120 多分，不算高，但也算对得起自己。我会大致定一个目标，即一个月完成多少任务，当然如果当中有几天未完成任务也是允许的，因为毕竟人不是机器，有时看多了真的会烦。到最后教育综合我大概过了 6 遍。可能第一遍你看的时候完全找不着方向，没关系，硬着头皮继续看，第二遍也没什么感觉，没关系，继续看，第三遍的时候才可能有一点印象，能前后连贯起来，等你看到第四、第五遍时就会越来越有感觉了。记得考试前的一个月要加快教育综合的复习步伐，争取多看两遍。我把各个学校历年真题制作成小纸条，一张纸条一个题目，每天去课室、去饭堂、回宿舍的时候就做一题，你只要在脑海里想一下思路，稍微扩展一下即可，感觉这个方法也有助于我记忆。教育综合的复习量非常大，建议大家要提前制订计划，并且计划要每日定时定量完成，不要拖太多，不然到后面就很难追上了。笔记可以方便日后复习，每个人做笔记的方式都不一样，可以结合实际，综合多种方式选择适合自己的复习节奏。

综合英语833：我考了110多分，对于非英语专业的我来说这一成绩还算不错，虽然当时考完感觉不太好，想想这可能与英语学习的积累有关系，首先我很喜欢英语，看了很多"书虫"（非常建议大家看，这套书中的英语用法及词汇都非常简单，而且故事有趣，可以培养你的英语语感和自信）。我平常看《21世纪报》和《广州英文早报》，背《新概念英语》（现在还在背），在家喜欢看明珠台，也会听VOA和CNN，所以我觉得英语真的要靠积累，所谓的厚积薄发用在语言学习方面很有道理。因为我是在10月才最终决定报考华中师范大学，所以当时我只看了舒白梅老师的《现代外语教育学》，但细心做了笔记，不断反复看书，最后做真题，写写文章，背背积累的好词好句就上考场了。

英语二：我考了70多分，考得不怎么差当然也不怎么好，因为竞争对手都是英语专业的学生，这样的分数真的一般。说说我的备考情况吧。我看了一遍词汇书，把不认识的单词记录在本子上。不断看，不断筛，保证多回顾。我买了一套真题集（建议大家把新的真题集多复印一两份，留到后面用铅笔做，多做几遍）和黄皮书，一星期左右研究一套，每天研究一篇真题，把文章翻译一遍，找出里面不懂的单词、短语，收录在本子上，当复习完第一遍后，就可以每天看本子上记录的词语并练习真题，总之就是不断重复看、重复练，一直到考试。英语二的真题由于数量不多，所以要格外珍惜，留下最后两三年的真题待到考试前每星期做一份，严格按照考试规定的时间做，模拟对复习很有帮助。

初试的那两天，我的心态就挺好，反正考上就读，考不上若不愿调剂就工作，每天过得充实就好。累了就休息听听歌，到外面散步走走，与朋友亲人聊聊天，总之别把自己勒得太紧。考试前一天，我们宿舍有两位考生还在挑灯夜战，而我睡得很安稳，这真的是我参加这么多考试以来内心最平静的一次，我想这是信仰给了我力量。总之，大家保持良好的心态来迎接考试是非常重要的。

二、复试

过年前知道了初试成绩，这一成绩进复试没有问题，所以就在师兄的建议下买了 Keith Johnson 的《外语学习与教学导论》边看边做笔记，但是时间很紧张，只看了一遍。我练习了专业八级的听力，还听了 BBC、CNN、VOA 的新闻，并且坚持背《新概念英语》，口语没怎么准备。但有一点请切记，复试时穿着要大方得体，回答问题时要注意语音、语调、语速等。

最后想提醒各位师弟、师妹一点：大家要有搜索问题答案的能力，要做个有心人，搜集资料也是一种能力，考研的成功不只依靠努力和汗水，还应该靠各方面能力的提高。祝大家都能考上心仪的学校！

大学最后的奔跑

2009 级中本 7 班　何纯卫

　　对比其他考研的考生，我算是一个另类，能考上理想的学校，也算是我的运气。我准备考研的时间不长，中途亦遭遇家人的极力反对，因而在备考中途便放弃了备考，寻找学校实习去了。然而实习结束之后，心中的那点考研的念想还没完全破灭，继续深造一直是我潜在的愿望，也是我向理想靠近的唯一途径。

　　实习结束后，离研究生的最后报名时间还剩几天，这是我最后的机会了。思前顾后，我决定利用这所剩不多的两个来月做一次豪赌。接下来便是对于报考专业的选择，专业的选择一直是我的心病。我的英语非常差，而且对于外语学习实在无多大兴趣：比如我一周能记下一本古代文学史的专业书，但是一个月却记不下一百个单词，这就是摆在我面前的严峻现状。如果我选择我心仪的古代文学专业进行报考，粗略估计一下，我绝对跨不过英语那道大关。若要增加研究生考试成功的概率，我必须挑选出对英语要求偏低的专业，但是所选专业不是我喜欢的专业，那么学来是否有用，对自己的将来是否会有帮助？这些问题让我很纠结。其实我更需要的是三年安静读书的时间，也许毕业之后我会处处碰壁，但是我好歹追求过，我的学识亦见长了。古人云："朝闻道，夕死可矣。"我只想提高一下自身的知识涵养，仅此足矣。由于以上原因，我选报了对我而言还算是颇具吸引力的美学专业。在国内大学，美学专业多设于文学院中，它与文学专业的很多学科基本相似，只是研究方向略有些出入。这一专业对于考生的英语要求不高，对于我而言不可不谓是一个机会。而且哲学较冷门，即使初试，只要分数过线，二次调剂的机会仍比较大。最终我填报了西南大学的美学专业。

　　为期两个月的复习时间，我无暇顾及英语，政治只是粗略地进行了一轮复习，专业课也只能勉勉强强算过了一遍。时间是备考最大的敌人，也是最大的朋友，当你准备充足时，你可以无处不从容。但是对于举棋不定者而言，将宝贵时间耗费殆尽之后，留给自己的只有无限的紧迫感与无力感。因而奉劝各位做决定要果断，有了梦想要能持之以恒。

个人成绩与国家线在大四第二学期开学初陆续出来，我的总分只有300多分，但是过哲学专业的国家线完全不成问题，而英语刚好过 B 区分数线，这好歹也给我留了一线生机。由于所报学校为 A 区院校，所以第一志愿落榜，只能往 B 区院校调剂，但我从来没有料想过，调剂是一件如此折磨人的事情。

对于总分与英语分数都能过 A、B 区院校分数线的考生来说，选择机会会大很多，而且被录取的概率也会较高，其实说到底就是考的分高了，就算调剂，机会也大。由于我英语只够 B 区的录取资格，所以选择院校的地区也相对偏远一些，能选择的院校也较少。而且恰巧我参加考试的这一年为最后一次招收公费研究生，考研人数创了历史新高，考分也因为这样的原因给拉上去了。当然，归根到底还是看谁更强，不过，能否成为强者，还是要看诸位是否努力了。

考研调剂系统于每年 4 月 1 日开通，为上了国家线但因各种原因上不了第一志愿院校专业的学生提供向其他心仪学校申请复试资格的机会。在调剂申请中，导师、学校与师兄师姐能够提供多方信息与帮助。在这里我要衷心地感谢我的导师赵志军老师，他给予我极大的帮助，在我接近心灰意冷之际，他仍努力帮我争取，询问符合条件的学校专业的招生要求和招生现况及关注其他院校的招生信息。后来我收到一个 B 区院校中国哲学的复试通知，当我由于该院校地处偏远以及办学环境略微弱势而对去参加复试的决心产生动摇之际，也是赵老师鼓舞了我，让我无所顾虑地去参加了复试从而有了继续学习的机会。能遇到这样一位好老师，也算是我人生中的一种福气了！

说到调剂，那真是一个耗费心力的过程，历时极长，而且学校老师等各种关系错综复杂。考生要对自己有一个准确的定位，没必要浪费太多的时间去填报那些基本不会接受调剂的院校，浪费调剂系统锁定的那宝贵的48 小时，48 小时意味着很多机会的损失。再者，对于学校的选择是很重要的，这首先关乎你能不能获得复试资格和未来就业的问题。但是对于决心要读研者，首先更应关注能不能获得复试资格的问题。若你成绩优异，你尽可以挑选那些热门的学校与热门的同类专业，因为考研本身就是一场高分的赛跑。但是，对于那些中低分层的考生，一定要把握第一次调剂的机会，争取能一击即中，因为很多时候选择与被选择的机会都是稍纵即逝的。对于同类型的专业，比如同类的文科专业在以文科为主的院校中要求会很高，但是在一些理科院校的要求则会偏低，这也是考生应关注的细节，所以对于自己调剂院校的选择和自己分数的定位要有明确的把握，并在此基础上做出明智的选择，如果你想继续深造，偏远地区的院校也无所谓，在学习的过程中，你要关注的是自身学问和修养的提升。老师能让你少走弯路，但是你首先要迈开腿脚走路！

因为我是一个调剂生，所以我更关注的是调剂方面的问题，调剂是一场艰苦的战役，我相信每一个考研者都是一个理想主义者，既然选择了，便好好坚持下去吧，趁你还有梦，而且处于还能追梦的时候。

试一下又何妨

2010 级中本 2 班　王雅慧

从 2013 年 6 月到 2014 年 4 月，考研这一路磕磕绊绊，终于走下来了。

当成绩出来的时候，所有人都很吃惊，包括我自己，因为相比大多数人来说，我付出的根本没有他们多，而且我心里非常清楚这点，当考完的时候我已经告诉我的父母这次应该是考不上了，可是结果出乎意料的好，这也算是一种运气吧。

大学四年，我几乎是一个"学渣"，每次考试排名都是倒数，奖学金一次也没拿过，"三好学生"等奖项均未曾获得。我在校外活动方面花费了大部分的时间与精力，对于专业课我只求不挂科。由于我本身英语底子就比较好，裸考过了四、六级，而且研究生考试时也是完全裸考。当然，现在很后悔，当时在考场上比较着急，因为好多不会做，出来之后估算最多只有 30 分，万念俱灰，可是成绩出来后竟然有 57 分，自己都感觉惊讶。

政治方面，我是在 12 月时才买了参考书，次年 1 月参加的考试，真正复习的时间不足十几天，但是我有个很好的优点就是办事效率很高。在政治复习方面，我有很多好方法，也很乐意与大家分享。首先，如果高中时候政治底子好，你会轻松很多，好多东西我们高中就学过。其次，你要研究每年的真题，就会发现出题是有规律的，特别是后面的大题。基本原理一定要好好背，政治题目自由发挥的成分很多，但是原理一定不能搞错。最后，要有条理，把五个大部分中每个部分的框架整理好，逻辑性要强。这样比无目的地背诵或整本书地背会清晰得多。

专业课方面，因为我报的学校考试科目不是大综合（我对中国文学不感兴趣），所以我复习的针对性一直很强。外国文学史我学的还是挺认真的。听课很重要，看名著也很重要，复试面试的时候，有老师就直接问你看过哪些名著，所以，看的书越多越好。我的专业课复习时间还是很长的，但也并不是每天都定时定点跑去教室，要注意劳逸结合。

选学校方面，对于我来说可谓一波三折。由于一些原因，我将目标学校由中山大学改为了扬州大学，其实我现在很后悔没有坚持报考中山大学，当时的想法是只要能上就行，所以改了个好考点的学校，可是没想到，个中辛苦一言难尽。扬州大学从来没有公布过招生计划，将近 4 月时还是我主动打电话去招生办咨询才得知复试分数线是 385 分，而且只招四个人。早在初试成绩出来时，我咨询了扬大的一位师姐，她说我的分数排名可稳进复试，于是那时我没想太多。可是计划永远赶不上变化，扬州大学的复试时间很晚，一些省份早已经结束复试，所以在为数不多的学校中我选择了几个，最后推掉了两个学校，确定为江西师范大学。以后的复试都挺顺利的。

其实通过我的考研经历，我只想告诉大家，不要害怕考研，无论大学成绩多好或者多差，你们在考研这件事上的机会都是均等的。其实越接近大学毕业越迷茫，有的时候我也在想，干脆还是工作吧，看到人家都找到了工作，觉得有工资拿很棒，但现在如果让我重新选择一次，我还是会选择考研。

最后，每一个经历过考研的人在一定程度上都是胜利者，希望每个人都能实现自己的梦想。

苦我心智，获我想得

2011 级中本 2 班　邝代德

为考研而考研成吗？这是我当年考研之前一直在纠结的问题，现在考完了，也有一些头绪了，写下来希望能帮助后来人。

每个人都有自己考研的原因，个人觉得不要为了考研而考研，要有明确的目标。如果是为了躲避就业，躲得过初一，躲不过十五。所以希望考生能明确自己的目标，有了目标接下来的工作才好做。很多考生一开始觉得考研好像很酷的样子，后来发现其实考研很苦，就不去参加考试。白白浪费了几个月的时间。

一、如何选择目标院校

明确自己的考研动机，确定自己的目标院校。目标院校和自己的动机一致，有什么样的动机就会选择什么样的学校。当然选择学校还是有一些小技巧的。

假如你觉得自己的专业课不扎实，基础不够牢，那你可以选择那种每年都考差不多题目的学校，只需把它历年的真题做熟了，拿到平均分是没问题的。

其实有些中西部院校的地理位置并不差，只是大家都盯着沿海的院校看。因此，一些中西部 211 院校的分数线反而会比沿海地区的普通高校低一些。

二、如何复习

选好目标院校的你，接下来便要全身心投入复习中去了。

英语和政治是两门十分重要的科目。你征服了这两门科目，那么考研你就成功一大半了。我的政治考试成绩不佳，这里给不出太多意见，建议看看网上的政治复习攻略。专业课主要依靠平日的积累，而真题对于专业课考试而言具有非常重要的参考价值，希望大家能重视。

三、冲刺阶段的困惑

复习到最后，希望你们能坚持。最后的时刻是最难熬的时刻，你会发现自己复习了大半年，知识水平好像还是和刚刚开始复习时一样，专业课好像一直看不完，还有英语和政治复习都会让你疯狂。这个时候请保持平常心，每一位考生都会有这种感觉。找个人倾诉一番，或者晚饭后去散散步，调整一下心情。不要轻易自我否定，要相信自己。

四、额外的费用该不该掏

再谈谈我当年比较纠结的问题——考研复习班该不该报，考研专业课的资料该不该买。

当初我没有报名考研复习班，但是我觉得最好还是报一个，毕竟复习班的课程比较系统，而且去那儿学习的都是准备考研的人，大家相互认识一下，相互鼓励。这不仅是一个学习的平台，更能给大家提供一个找寻研友的渠道。我曾买过专业课的资料，但是不久我就更换了目标院校，后面便没有再看那些资料。我也看到挺多购买了资料的同学在使用后反馈尚佳，个人觉得经济条件允许的话，买一份也是可以的，但要择优购买。

五、要不要提前考研

提前去感受是很好的，可以为你的考研做准备，感受一下考场氛围。如果你复习过再去考试，那你考完之后，心中便会懂得下一年在哪个阶段该做什么事情，做到心中有底，这很重要。毕竟有时候大家还是会担心自己在某个时候做这个不适合，做那个也不适合。考过一次，可能会有所收获。

六、关于调剂

我的成绩没有达到学校的分数线，因而只能选择调剂。国家线出来后，便可预测自己能不能上了，不能的话就要去找接受调剂的专业。这个时候，考研论坛之类的信息平台作用可能就小一些了，因为关注调剂信息的大多是需要调剂的学生，大家相互间是竞争关系，一般不会把已掌握的调剂院校的资源放出来。因此，这个时候你需要把自己感兴趣的院校一一列出来，然后浏览这些学校的官网，学校放出调剂信息的话，你就主动联系校方。若此校不接受，你就另换学校。

七、关于复试

不同学校复试方式各有不同，我的复试首先是笔试，然后是英语口语测试，最后是专业课面试。

专业课面试官为讲授相应专业课的教授。一位教授问我心仪的方向，我说东汉研究方向，因为我喜欢蔡文姬的诗作，特别是她的《悲愤诗》。他又问我可以背诵吗？然后他问除了这位诗人，还喜欢哪位？我说："曹植，他的《洛神赋》也很喜欢。"然后他又问我是否可以背诵。随后又叫我说出宋朝三位词人，并介绍一下他们的代表作，最好能背，就这样一步步地深挖。建议大家在准备复试时能背诵古代文学史中的名篇佳作。

心之所向，素履所往

2011 级中本 2 班　尤柳曼

　　早在大一入学之际，就时常从师兄师姐口中听到"考研"这个词语。当时也没想太多，总以为它离我还太遥远，也不免暗暗对自己嘲讽：考研的人应该是学习成绩很优秀的啊！就这样，大学生活浑浑噩噩地过了两年多。升上大三的我们，开始频繁耳闻各种实习、考研、毕业等相关信息。慢慢地，考研又开始出现在我的生活中，甚至有些同班同学也已经着手准备提前考研了。此时的我，内心还在不断纠结：考还是不考？考虑到父母的不易，原本我是想大学毕业后马上就业的，而家人也难抛开陈念，觉得女孩子再继续学业深造，耽误了时间。顾及种种，我还是迟迟下不了决心。于是，一边看着别人为实现自己的目标充实地忙碌而心生羡慕，一边又在内心痛苦地挣扎着。有时候上网看到相关考研的信息，也会情不自禁去点击浏览，心里在对自己说"不"的同时，却也在留意各类信息。直到大三第二学期末，学院开始组织并召开考研动员大会，所有的考研话题一下子铺天盖地地呈现在我们面前。我明白已经不能再拖了，如果要考研的话必须现在下定决心。经过和几个同班研友的交流及与家人的沟通，最终，我还是决定朝着我心之所向出发！

　　接下来，面临如何选择目标院校，这又成为一大问题。首先，我很清楚个人的实力，所以我不会考虑太炙手可热、往年招人较多且学术太过精深的学校（当然，这一切都是依个人情况而言）。当时觉得上海、武汉等大城市经济发达而且学术氛围浓厚，是研究生攻读的热门选择，所以就未考虑，现在想想还是挺后悔。在这里，我建议师弟师妹不要受平时专业成绩的影响，要敢于选择高层次的院校，要谨记：在考研的路上，是会有奇迹发生的。即使最后你不能通过所报考院校的分数线，只要你过了国家线，那就具有调剂的资格。所以，只要你够积极认真，还是有考上研究生的机会的。经过一番谨慎思索之后，我最终选择攻读福建师范大学学科教学（语文）专业的硕士研究生。在专业的选择方面，我个人觉得兴趣最重要。如果你只是因为这个专业好考或者就业率高而选择这一专业，而对这个专业一窍不通或是没有好感，那么就算考上了又如何？耗费两三年时间研究自己不喜欢的知识，简直太痛苦了。当然，一切都因人而异，这纯属个人看法。

紧接着，就是至关重要的考试书目、辅助资料的准备工作，可以联系往年考取该校的师兄师姐。有些人说，考研的成功不在于你死记硬背，往往在于搜集资料、整理往年真题的能力。对此，我也表示些许认同。但是，就我个人而言，我其实是一个很懒的人，缺乏自觉性，所以在准备考研资料方面，基本上只是在图书馆借了文学理论教材，上网购买了指定书目。在整个考研复习阶段，专业科目的真题我极少接触。在此，我希望师弟师妹们千万不要学习我这种不好的做法，多向有经验的师兄师姐们请教，上网研究相关学校学院的出题取向，通过一些正当渠道获取报考学校专业的笔记。若能在前期做好这些准备，在考研复习中后期就会轻松一些。关于专业课、英语二、政治科目的复习，我建议分两种情况：一种是英语水平较高在大学期间通过四级、六级考试的同学，通过英语二的考试对于他们来说不是难事（英语一难度相对较大，但基础好的同学稍加努力，也是能通过分数线的）。而对于政治考试，只要把相关的知识点答上，超过国家线基本上没有问题。如果你想获得高分，应当把重点放在专业科目的复习上。另一种是英语基础较差的同学，很多同学最担心的就是英语考试了，那就必须做到多练、多记。俗话说，勤能补拙。高考都挺过来了，相信研究生考试也是可以通过的。当然，经济条件宽裕的同学，也可以选择报班，掌握做题技巧。

大家都说，考研是脑力与体力兼具的一件事情，一开始其实我也挺担忧，因为我深知自己不是典型的勤学者。经历整个考研之路后，我觉得只要自己的心态平稳，统筹安排，调整有度，其实作息照样可以有规律，生活照样可以丰富多彩！

其实，对于考研筹备、复习阶段，我的经验并不是很多，也不足以起到借鉴作用。但是，在考研的过程中却有一段特殊时期，让我倍感煎熬，那就是调剂申请阶段。调剂申请工作是在第一志愿学校复试之前进行的，那时候我不确定自己是否能进入福建师范大学的复试，甚至一度以为无望了。在听完学院老师、师兄师姐的动员大会后，我才重燃了希望，着手调剂申请工作。调剂申请，真的很需要积极主动地多方打听。我记得当时我是根据自己的成绩，一遍遍在电脑上查询有望调剂学校的相关信息，然后一个个在笔记本上做好记录，最后在调剂系统未开放之前，挨个打电话给心仪学校的招生办老师。当时也没想太多，就是抱着一个念头：这是我最后的机会了，我必须争取，必须努力！当我终于得到第一个肯定答复（来自闽南师范大学）的时候，心里那份激动久久不能平息，真的就好像中了彩票一样。正是因为第一次这么努力地去做一件关乎自己命运的大事，也是第一次经历调剂申请工作，那种感觉甚至无法用言语表达！

此刻，我即将本科毕业，将要踏上闽南师范大学的研究生求学路途。一路走来，真的感觉良多！很感谢一直默默支持我的亲朋好友，也庆幸拥有这么一群为学子们着想的老师！

在此，我也想对师弟师妹们说一声：只有掌握自己，才能掌握未来！

考研调剂路

2009 级对外汉语　潘晓君

如果你不向前，你永远不知道下一秒会发生什么！

——题记

过年前两天，我知道了自己的考研成绩，我知道自己报考中山大学没有希望了，心好痛，梦想和现实毕竟没有统一起来，这是一个灰色的新年。从悲伤中走出后，我问自己：难道就这样放弃了？难道就这样向自己的理想说再见？难道就让过去的种种努力成为过去？难道这就是我想要的？——不！现在还不是向考研说再见的时候，我的分数相对于我们专业来说并不低，在广东省内，除了中山大学，其他的学校都可以上，也就是说，只要我不放弃，只要我积极调剂，还是可以考上其他学校的。

于是，过完年后我就去了学校，做好了迎接调剂的准备。

由于对调剂没有任何经验，我一回校就上网搜集各种资料，了解调剂的流程。同时，上网搜索国内有我们这个专业的高校的联系方式，试着与他们取得联系。可是由于刚过完新年，很多高校都还没有开学，多半都联系不上，我只好等待。在等的同时，继续上网搜集资料，看看各高校的情况，研究哪所高校调剂成功的机会大，并抽时间写好自荐信，心想这又是一次千军万马过独木桥的大战，只有自己将万事准备好了，才有足够的机会冲到最后。

到了开学之时，试着联系调剂的学校，每天都会打很多的电话，每打完一个电话，可能都会是不同的心情。有的老师会温柔礼貌地告诉你："现在还不确定调剂名额，可能要等国家线出来才能定。"有的老师则不会那么有耐心。每天一起床，第一件事还是打电话。而调剂成为我唯一的希望。每天就是这样子小心翼翼地过着，这个时候的梦想就像是捧在手心中的鸡蛋，怕用力太大了，会捏碎；怕用力太轻，捧不住，会摔落！

直到陆陆续续传来一些学校调剂的消息：浙江大学、福建师范大学、重庆师范大学、华南师范大学、广西大学……我好像被重新充满了电，充满了活力，从而开始新一轮的定位。我的导师告诉我，我必须集中战斗力，选出前三所学校。

选出学校后，要有针对性地开始复习了，由于我选的三所学校复试的参考书目都不同，所以有一定的难度，我要看很多的书，甚至看的书比初试还多。但幸运的是，三所学校复习的内容还是有交叉的地方，如英语、现代汉语、小语种，这样就明确多了，于是，我每天抱着书去图书馆，一边复习，一边等待着复试的通知。

这段时间，每天都过得忐忑不安，学校会联系我说可以准备复试了，进入复试的机会还蛮大的，也有的学校会联系我说今年可能不接收调剂生了……总之，那个时期就像坐过山车，起起伏伏，每天都是煎熬！

收到的第一个复试通知是广西大学发过来的，那时我还在广州前往湛江的路上，导师叫我立刻回去好好准备复试。从收到复试通知到参加考试不到三天，看书的时间已经所剩无几，幸好，之前自己在图书馆已经看完一轮，比较从容。另外，我还要解决食宿与交通等问题。其实事情也不算特别多，只是在特别的时期，会觉得特别敏感，可能有一些事情也难免会被放大来看，所以要求自己每一件事情都要安排妥当才安心。在这个过程中，我要谢谢我的朋友们，其中有一位，当我向她询问购买火车票事宜时，她直接跟我说："这个时候你还理什么车票，交给我就行，你多点时间复习！"那时，我的心里暖暖的，因为真正关心你的人总会设身处地地为你着想！

就这样，我前往南宁市参加了广西大学的复试，从 4 月 1 日一直到 4 月 3 日。

4 月 10 日，收到通知，获悉自己通过了复试！

这一路走来，不容易！

想谢谢自己！谢谢自己，从来没想过放弃！谢谢自己无论多辛苦，总能找到坚持的理由，谢谢！

想谢谢我的老师们！从我知道成绩的那一刻开始，我的导师就一直陪着我，给我意见，给我鼓励——郑继娥老师，您辛苦了！谢谢叶老师，也谢谢主任，谢谢他们那么关心我的事情，在前往南宁面试之时接到他们关切的电话，我真的很感动。我曾认为除了家人，没有任何一个人有义务对我好，但是我的老师们对我都很好，所以我很知足。在此，谢谢书记，谢谢院长，谢谢张老师，谢谢所有帮助过我的老师！

也谢谢我的朋友们！我知道我的朋友们也为我付出了很多：有一位朋友在我最难过的时候从广州过来陪伴我；有一位朋友虽然不在我身边，但是常常在晚上打电话过来鼓励我，他支持我继续深造，继续进步；有一位朋友每天陪在我身边，在我烦躁的时候还会过来陪我吃饭……点点滴滴，早已铭记在心！考研调剂路，磕磕碰碰，前后经历了两个多月。一方面是让自己学会了有耐心和思考；另一方面是更清楚地看到了身边之人对自己的关心，从而学会了感恩和珍惜！

　　不知道你相不相信：只要用力呼吸就会看到奇迹！

　　我相信！

调剂，调出不一样的精彩

2010 级中本 5 班　王柳茵

我不曾想过会参加考研调剂。

我报考的第一志愿是暨南大学的中国古代文学专业，并不是如今录取的贵州大学的中国古代文学，只因初试中英语一分之差，连 A 区的国家线都没过，更别提暨南大学的复试分数线了，而即使是调剂，可以选择的院校也并不多。刚得知这一结果时，我曾埋怨造化弄人，但冷静下来想一想，都是自己种下的果，又能怨谁呢？如果自己再努力一点，多做对一道选择题，也许结果会大不一样。

调剂，是一个很折磨人的过程。在准备初试的过程中，再苦，再迷茫，我都不曾想过放弃，因为心中始终有着那个暨南梦，而且这一过程中至少我知道我该怎么做。但是，面对调剂，真的是无从下手，一开始根本不知道自己该做什么，能做什么。调还是不调，都是个问题。如果要调，能调去哪里，哪所学校比较好、把握较大……太多的问题压得自己喘不过气来，何况还未完全走出初试失败的阴影，面对一连串的问题真的是心无余而力也不足，更别提安心复习了。所以这一过程中我想过放弃，不想再做无谓的挣扎了，或许，考不上，就是我的命吧！

还好，我还有他们——朋友、家人，还有学院的领导、老师。在调剂中，最想感谢的是学院的领导和老师，是他们，在我最无助、最迷茫的时候，拉了我一把，告诉我该怎么做，告诉我，我其实并不比别人差。在他们的支持、鼓励还有引导下，我找回了信心，重新调整了自己的心态，告诉自己，调剂是考研成功的另一条路，并不是失败者落荒而逃的华容道，而且事情还没有到最坏的地步，我的分数也还不至于要选择放弃，坚持住，好好准备，再努力一下，或许还能调剂到一所不错的院校。

各位亲爱的领导、老师，你们知道吗？如果没有你们，或许我还躲在初试失败的阴影里哭泣，根本没有勇气和信心走下去，谢谢你们！

调剂并不可怕，找准目标，把握时机，充分准备，调剂，也能调出不一样的精彩！

知己知彼，方能百战不殆

2011 级中本 3 班　湛宝枫

　　我考上的是广州大学汉语言文字学专业。经过一年多的努力，能考上自己理想的院校，这是一件很开心的事情。现在和大家分享一些我的考研经验。

　　确定要考研后，首先应该做的就是选择研究生院校，可以通过网上查找或者是咨询学校老师等了解各院校的办学情况要求和招生比例等。选择的院校应该是符合自己的实际能力和成绩的，不要将目标定得太过高远，否则往往得不偿失。我当时选择广州大学主要是因为自己的英语成绩不好，分析了自己的情况后，选择了符合自己水平的院校，最后就得偿所愿了。现在很多 985 或者 211 的学校在招生时可能带有"毕业学校限制"，在选择目标院校时，应该尽量避开这些学校。也可以根据自己要报考的专业选择院校，有些非 985、211 院校的某些专业实力也是非常强的。

　　在复习期间，要合理安排各科目的复试时间。英语是非常重要的一科，需要不断地记忆单词、重复练习真题，把不会的单词摘抄在本子上反复记忆，这样对提高考研英语很有帮助。我建议英语基础差的同学可以报一个英语辅导班，就我本人而言，觉得受益匪浅。专业科目的复习重点就是目标院校列出的参考书目，根据其参考书目也可以看一些辅助性书目。一般情况下，建议尽量找到该院校的历年真题。研究真题对了解该校出题方向和考试题型等大有帮助，甚至有些题目会重复出现。政治，我觉得可以晚一点再开始复习。我当时也是 9 月底才开始复习政治的，如果条件允许可以报个政治冲刺班，考研班的老师会教你审题、答题的技巧。到最后那段时间，你可按照老师提供的资料记忆知识点，无须自己整理。

　　复试，我觉得需要提前搜集该校前一年的复试通知文件，因为很多院校是比较晚才出复试通知的，你可以参考往年的复试通知，提前进行复试准备。像我就是复试通知发布了才知道要如何准备，时间上有些仓促，所以复试成绩并不太理想。

　　以上就是我关于考研的心得，希望能对大家有所帮助。谢谢！

风雨兼程

2011级中本4班　张学瑜

亲爱的师弟师妹们，相信你现在一定是想寻找一些有用的考研信息吧。一年前的我也和你们一样，奔走在各种考研经验座谈会上，焦急地寻找和考研相关的信息，因为我们知道从决定考研的那一刻起，时间对于我们来说已经是很奢侈的东西了。所以能又快又准地寻找到有用的信息对于我们能否考研成功有很大的帮助，但是考研的信息很多，却很难精准地分辨哪些是有用的。很庆幸那时候我找到了几位热心的师兄师姐，还加入了人文学院的考研群，在群里能够看到张家波老师对我们人文学子的关爱。一路走来大家对我的帮助和鼓励，促使我顺利地考入广州大学人文学院。所以一年后的今天，我也想回馈人文学院，帮助更多的师弟、师妹，让这份关怀能够不断地传下去。

一、关于公共课

当你决定考研却未想好要报考哪所学校时，可以选择先复习英语和政治这两门公共课。不管你报哪所学校、哪个专业这两门课都是要考的。对于英语，我一直不是很重视，所以考得也是马马虎虎，只有59分。感觉当时英语考试大概是英语六级的考试难度，所以大家不用太担心。建议大家在5—8月开始可以每天下午做两篇阅读理解，由于英语是下午考，所以要习惯在下午做英语。把阅读理解里面的生词记录下来，这样几个月后既练了阅读又积累了单词。我没有刻意去背词汇，但是阅读里面碰到的生词我会时不时地翻一翻，检验自己记住了没有。要是你真的想背单词的话，我建议大家不要按照词汇顺序记忆，因为词汇书很厚，如此记忆恐怕不能长久坚持下去，而且会打击你的积极性。我建议你每天晚上睡觉前和起床后拿五分钟左右看看就可以，随便翻开哪一页就看哪一页，看过的可以作一下标记，这样你会比较有成就感，可以增强自己的信心。学校考研室有很多的研友，大家一起学习也比较有气氛。我也建议大家暑假可以选择留校，这段时间是最佳的复习时间，可以全心全意地准备考研。暑假时，中午可以午睡一下，我们大多都有午睡的习惯，但是其实在真正初试的那一天，11：30 考完政治，13：30 就要进场考英语，完全没时间午睡。这时候如果精神不好，就很麻烦了，考英语是脑力活，那么多的内容在 3 个小时内答完，强度很大，所以平时午睡也要控制好时间，千万不能一睡一下午。真题可以早点做，多做几遍。关于做题的策略——得阅读者得天下！所以我拿到试卷时先做阅读题，把最大的分值拿到手后再做其他部分也更安心点。完形填空放到最后做，因为这部分分值最低，而作文则要多背诵。阅读理解与完形填空里面的单词、句子都要搞懂。英语基础差的可以报班。关于政治，肖秀荣的最后 4 套、最后 8 套，任汝芬的最后 4 套，这些是考前 1 个月可以做的试卷。政治也可以报一个辅导班，我当时是和同学一起报的班，一个同学去听课，把资料拿回来，我们就拿去复印，这样会很省钱，而且不用花太多的时间去听课。辅导班的老师们对考研题目的预测能力比我们强很多，不过也要根据每个人自身的情况选择是否报班。政治准备的时候也不能完全依靠押题，基础知识点一个都不能漏。政治，不但要背，而且资料消息要灵通，背诵的话可以参考文都考研的"考前必背"，里面全部是重点，你也可以向别的同学借来复印，每天背一点，不要推到最后才背。同时，要多和其他研友交流，切不可闭门造车，懂得分享才能收获更多。

二、关于专业

我报考是广州大学的学科教学（语文）专业，我们专业课考的科目是 333 教育综合和中学语文课程与教学论。初试时拿到试卷，发现试题量只有 A4 纸的一半，也就是说需要我们写的内容是相当多的，要多准备两支笔。2014 年题型刚刚改革，教育综合的题型有名词解释、简答题、论述题，没有填空题和选择题，比如 2015 年考的就是"学校制度"的名词解释等。两科合在一张试卷里考，不会考得很细，所以我们复习的时候一定要把大框架背下来。

中学语文课程与教学论考的也是简答题和分析题，一共只有 5～6 道题，比如请结合陶渊明的《饮酒（其五）》一诗，试分析陶渊明的诗文风格。这些我们上文学史课的时候基本都学过，所以大家不用太紧张，基础好的同学可以深入钻研一下。

总的来说，专业课考试是比较简单的，我一科 117 分，另一科 125 分。所以大家不用太担心，只要你敢写，就有可能得分，千万不可空着不填。

三、复试准备

进入复试阶段的你，相信一定会比之前更加有信心了！复试准备的时间还是很充足的，12月或1月考完初试，春节后大概就能出成绩了，但是相信春节期间大家还是会选择好好放松，享受生活。我的原则就是玩的时候尽情玩，学的时候认真学，大概到次年3月，就该收拾收拾心情回学校了。复试考的内容非常广泛，所以很难面面俱到。复试中专业面试占40%，专业笔试占40%，英语口语面试占20%。

接到复试通知后，大家就要着手准备食宿等问题了，因为一般从复试通知发放到进行复试时间紧凑，当得知初试成绩后你就能估计自己是否能进复试了。快到复试的时候你需要很多信息，比如住宿什么的，我当时是提前先订好房间，但是相对比较贵。其实大学附近有很多住宿的地方，要是你有同学在这学校附近最好让他带你去，你也可以与同学合住，这样有个照应而且还能节省一点。找到住的地方就要找考场了，然后找吃饭的地方，一切准备就绪之后，就等第二天以饱满的精神迎接考试了。

第一天是专业笔试。当时只有三道大题，如"请你结合文学作品分析文学语言的特点"，还有一题是"举例说说如何进行诗歌教学"。笔试完了下午就要进行专业能力面试。

这些流程看上去很烦琐，但是真正起决定性作用的是专业面试。大家务必要重视专业面试，它将会决定你的最终名次，所以如何在专业面试时让导师记住你并且选择你这是关键。不管你初试的分数多高，如果复试表现得不如人意，考官完全有理由刷掉你。有些同学初试考了370多分，最终却未通过复试。所以复试也很重要。我在备战复试时着重准备了专业面试的内容，比如介绍一本你最喜欢的书，并深入分析，到时可能会派上用场。

第二天的早上就是英语面试，分三个环节进行：第一个环节是自我介绍，第二个环节是听录音并回答问题，第三个环节是随机抽文章测试，总体而言，不会太难。

四、结　语

从整个考研的过程来看，初试的分数除以100再乘以0.5就是你初试的成绩，而复试的总分乘以0.5后再和初试的分数相加就是最后的得分。所以说，初试和复试是一样重要的。除了复习，我们还要注意劳逸结合，这样才能有好的状态来迎接考试。考研说到底就是坚持，只有坚持才能胜利，既然你选择了远方，便只顾风雨兼程。

最后，祝大家能考个好成绩，有付出总会有回报的。

执着，向梦前行

2012 级中本 2 班　黄秋艳

2016 年 4 月 1 日，暨南大学研究生拟录取名单公布。手机屏幕上Excel 文档的数据一行行地从眼前晃过，直到看到我的名字，忐忑的心情逐渐恢复，这四年以来的付出都得到了最大的回报。

2012 年秋天，我带着高考留下的创伤，独自一人来到学校，没有父母的陪同，也没有伙伴同行，像那孤零零的落叶，飘落到这个陌生的地方。我知道，大学四年，将要在这一片土地上度过，而这不曾是我的梦想。从决定了来岭南师范学院读书开始，我就默默地下定决心，要用四年时光重塑一个全新的自己，让自己那不幸坠落的梦想重新展翅翱翔——考取重点大学的研究生，也正是这一决心让我在后来曲折的考研之路上越走越坚定。

大学新生活的开始总是充满了新鲜与乐趣，有着令人眼花缭乱的学校社团生活和新鲜的人与事。2012 年 9 月—2013 年 6 月，我加入了校武术团，勤练武术锻炼身体，我还担任了班级体育委员，加入了图书馆管理员这个大家庭……一切新鲜事物刺激着我的神经，同时也消费着我的时间。在繁忙的社团活动中我尽量抽出时间泡图书馆。大一整个学年，我过得忙碌且充实，也拿到了学校二等奖学金。2013 年 9 月—2015 年 8 月，在家人的反对声中，我依然坚持考研。尽管我知道父母反对我考研而让我去考公务员是为了我好，但我深知，考研是我一直以来的目标，甚至可以说是我大学的梦想，一旦放弃，最终承受这一痛苦结果的还是我自己，而我也一定会因为放弃考研而后悔不已。在这期间，我断断续续地搜集考研的资料，磕磕绊绊地前行，也曾因父母的反对而心灰意冷过，想过放弃，但每当想到这是自己长久以来坚持的梦想，就再次充满力量坚持走下去。

2015 年 9 月，考研复习的序幕被正式拉开。9 月上旬，我一个人到学院的考研教室复习，习惯了早起去吃早餐、背单词，习惯了一个人坐在教室里静静地看书，习惯了一个人傍晚跑步锻炼身体，生活突然变得重复、单调，甚至无聊。9 月中旬，我找到了一位考研的同伴阿金，并跟随她搬到了她所在学院的考研教室开始复习，从此在那里度过了单调、漫长但充实的考研时光。考研教室里，有陪我一起去饭堂吃饭的研友阿金，有暂时属于自己的宽敞的学习空间，有各位体育科学学院的小伙伴的陪伴。这里的每一天都很相似，却又因每天有不同的目标而显得特别。国庆节之后，我开始忙于教育实习，直到下旬才回到考研教室认真复习。此时，已进入考研倒计时阶段，随着时间的流逝，我更加珍惜在此复习的每一天，不敢有任何的松懈。每一天，我都为自己安排满满的复习计划，敦促自己坚持跑步，以积极的心态去考研。这一年冬天是个暖冬，能够为自己的梦想如此脚踏实地地努力着、坚持着，还能遇到一群和自己有着同样追求的伙伴，这一切都让我倍感幸运。

2015年12月26—27日，这两天的时间似乎就凝聚了我这三年多的努力和心血。在考完最后一科走出考场的时候，我知道自己已经为梦想交了一份还算满意的答卷，现在能做的就是继续前行。

2016年1月中旬从鼓浪屿回来，我重新开始了专业课的复习，复习阵地也从四号教学楼转移到了图书馆，在书海中我寻到了学习的宁静与乐趣。2016年3月21日，我出发前往广州，到梦想已久的大学里展现自己。复试结束，我的考研之路这才真正结束了。

对于考研，面对师兄、师姐们的各种经验传授，我始终觉得每个人都是不同的个体，尽管大家都是朝着同一个目标前进，但每个人必定有不同的路要走。考研教室里每个人的生活、学习节奏不同，我不会因为看到某些同学从早到晚坚守在教室而心慌，也不会因为看到潇潇洒洒的晚到早退的同学而心生羡慕，我始终按照自己的节奏前进着。在考研复习的过程中，我觉得心态最重要。从9月开始，我都坚持运动和坚持有规律的作息，因为我相信一个好的身体和好的心态，可以为自己加分。

大学四年，我实现了当初对自己的承诺，用四年的时间努力成长，学会自律，收获了良好的生活、学习习惯，也收获了自己梦想的果实。面对即将结束的大学生活，我没有遗憾。大学四年的学习生活，让我的视野变得开阔，思想也逐渐成熟，我将带着自己的梦想去迎接新的学习生活。

"港硕"之梦

2013 级中本 5 班　廖子瑜

　　刚进入岭南师范学院的时候，心中是各种"怀才不遇"的愤懑，参加学校校干、院干的选拔活动，我总是第一轮面试就被刷下来，唯独雷雨话剧社向我抛来了橄榄枝，从此点亮了我的大学生活。雷雨人话剧社给我的影响是潜移默化的，特别是"work hard, play hard"的态度，培养了许多优秀的"雷雨人"。大一的时候，偶然听说东亮师兄赴泰国实习教授中文，心中便勾起了去泰国当汉语教师的无限遐想；大二又闻慧芬师姐去台湾当公费交换生、景洋师姐赴美国圣约翰大学学习交流，于是我才下定决心，要开阔自己的视野，积极参加学校的国外交流项目。而我的"港硕梦"则源于 2015 年 1 月，我赴美国圣约翰大学学习交流，活动中我结识了 2012 级人文学院的蔓萍师姐及 2012 级外语学院的东慧师姐，还有与我同级的战友一豆，她们都是目标很明确的学生，来美国当交流生是希望把这次海外学习经历当作自己申请境外高校研究生的加分项。国外读研相比国内读研最大的优势是时间短，大部分研究生只需读一年即可毕业，而且能够提升自己的外语水平和独立能力，家庭经济条件允许的话，绝对是一个提升学历的不错选择。学历是块敲门砖，来自广州的我，要想在广州中小学当老师，若只拿着普通二本院校的毕业证，是不具竞争优势的。因此，在赴美的那段时间，我便决定要申请境外高校的研究生。由于香港距家乡广州较近，且两地同享粤文化，所以我对香港的高校很是向往。

　　我的申研路始于大二第二个学期，以下我会谈一谈境外留学需要做的准备工作：

一、英语成绩

　　英语成绩可谓境外留学申请的"重中之重"，英语成绩决定了申请者能够申请哪一家高校。所有境外高校都要求学生的英语成绩达到一定的水平才会审阅该生的申请材料。大多数学校认可托福和雅思考试成绩，只有少数学校认可大学英语六级成绩。例如香港教育大学要求雅思全线达到 6分，香港城市大学要求雅思 6.5 分或者大学英语六级达到 430 分及以上方可申请。我大一和大二考大学英语四级、六级都是一次性通过，暑假在雅思培训学校上课，并于 2015 年 9 月参加雅思考试，获得了雅思 6 分。由于觉得雅思提高分数较难，加之考试价格昂贵，就没有继续。鉴于这一点，我通过搜索论坛、微信公众号、贴吧上的信息，整理了与自己英语分数相匹配的学校以及专业，根据成功率并综合经济条件（每次投递一个申请需要 300～400 元港币），我最终投递了 4 个申请，拿到 3 个录取通知，75% 的成功率也算令我满意了。

二、学习成绩的保持

除了英语成绩，本科在校成绩也是选拔学生的重要标准。大学四年的平均分起码要达到 85 分以上，也就是 GPA（绩点）3.5/5.0，有些学校甚至需要申请者提供班级排名证明。为了保持绩点，建议申请者选课的时候要慎重。我大四最后的绩点为 3.6，也算是比较满意。唯一的遗憾就是我大四忙于积累实习经历，没能拿到奖学金。若申请者大学期间每年都能获得奖学金，便是学习成绩优秀的最好证明。

三、个人简历（CV）、个人陈述（Personal Statement）以及推荐信

个人简历的撰写要简洁得体，要符合个人未来的发展方向。个人简历包括学习经历、社会实践、干部经历、荣誉以及专业技能等信息。而个人陈述要着重写自己申请该学校以及该专业的原因，为了这一目的自己所做的努力，要结合自己实习经历中的具体事例来陈述，通过事实显示出自己的品质、学习能力和适应能力。除了个人简历和个人陈述，还有一项比较重要的便是推荐信了。在这里，我不得不感叹海外经历的重要性。海外经历最能够体现学生对非母语环境的适应能力和英语水平。我的两封推荐信都是在海外经历中获取的，第一封推荐信是委托美国圣约翰大学传播学系教授所写，另一封是委托当时泰国素攀府莎完莹中学的校长帮忙撰写。推荐信通常都是两封至三封，有些高校认可有学校公章以及推荐人亲笔签名的推荐信，有些则需要推荐人按照该校推荐信的模板填写，建议推荐人应为申请者的教授或学术界知名人士，以及实习单位的直属领导。海外经历之所以重要，还有一个原因就是，以母语为英语的外国教师资源可以帮助你完善个人简历以及个人陈述的撰写。

四、加分项

惭愧的是，本人的简历中没有什么加分项，奖项虽然多，但都是杂七

杂八的院级小奖，除了"椰风新韵"，也没有在知名的平台发表过文章。可能唯一的闪光点是曾参加四个月的赴泰教育实习、两次大学生"三下乡"社会实践、联合国教科文组织旗下的志愿实习这些教育类实习活动。有一个很重要的加分项是：当申请系统开放的时候，就尽快投递申请，因为港校除了看重综合能力，还会考虑申请者申请的时间，按时间分批进行录取，而不是看完所有申请者的资料再作决定。系统一开放，我便投递了申请，并迅速上传了相关文件，相信这也是我能成功的一个重要因素。

在申请港校研究生的这条路上，其实我也做了很多艰难的抉择。从大三开始，我便决定全国研究生考试备考与港校研究生申请同时进行。暑假期间，我留在学校复习研究生考试，但是太涣散了，实在忍不住又回到广州尝试教师工作的应聘，希望能进入体制内，同时，还在广州进行实习。最终，我放弃了全国研究生考试。想起在临近大学毕业的繁忙时刻，我们紧张地备考，那段时间对于不定性的我来说是个不小的挑战，在等待录取通知的那 3 个月是我人生的怅惘期，不断听到身边同学就业的好消息，而我却在初试结束后忙着诸如撰写毕业论文、参加各地的教师应聘、参加广东省省考等各种事情，感谢的是我的坚守等来了好的结果，这一步步走来其实也不算辛苦，我甚至觉得很充实、很快乐。现在的我在别人眼中是轻松自在的，但为了前途，我还是在做教育类的相关实习，周六、日有教师招聘的笔试也会去参加，平淡中也足够充实。最后，感激父母对我的全力支持，感谢文学与传媒学院对考研学子的大力支持，也十分感谢一路上给我提供帮助的良师益友！

他山之石，可以攻玉

痛并快乐着

2011 级对外汉语　梁楚榆

从考研复试结束到现在已过了一个多月了，这篇心得一直拖到截稿时才开始动笔撰写。这段时间，学弟、学妹们问过我最多的是湖南师范大学的录取情况以及专业课的备考方法。下面，我将简单说说我个人的复习建议、复试流程和考后感想。

一、备考专业

1. 333 教育综合

333 教育综合的复习主要涉及了三本资料——《教育综合大纲解析》《333 综合教育掌中宝》《历年真题解析》，这些都是凯程机构编写的，淘宝上均可买到。我前期主要使用的是《教育综合大纲解析》，以理解为主；《333 综合教育掌中宝》是中后期要用到的，至少需要背四遍；至于《历年真题解析》主要看各高校的出题规律，历年真题多次重复，要重点复习这些考点。我是到了复试结束后才知道湖南师范大学的 333 教育综合有自己指定的参考书目，而我却用了国家统考的指定参考书目，所以备考前一定要做足准备，以免看错书。

经过分析，我总结出湖南师范大学 333 教育综合的出题规律：教育心理学占 60 分，中国教育史、外国教育史、教育心理学各占 30 分。湖南师范大学每年必出超纲题，这次的名词解析题来自中国教育史，简答题则来自外国教育史，而这些题都是超纲题。案例分析题与教育心理学无关，但与教育学原理有关，这些案例都非常"接地气"，所以我们应多关注时政新闻。出乎意料的是 2015 年没有考案例分析题，而论述题中首次考了法律法规的相关知识。据我所知，除了四川大学，全国很少有学校在学科教学中出此类题，这说明湖南师范大学开始重视国家出台的相关政策与法律法规，出题灵活多变，已不再局限于书本知识，所以 2016 年考生应该多关注教育网。重点推荐《教育基础改革动态》这本期刊，此期刊为半月刊，在一些图书馆中可供借阅浏览。

2. 语文教学论 951

语文教学论 951 复习起来比较轻松，我于 9 月底才开始看这一科目的相关书籍，主要将周庆元老师那本书背得滚瓜烂熟，不要放过任何知识点，因为语文教学论 951 指定的参考书目较少，所以考得很详细。至于课标则年年考，义务教育阶段和高中阶段的知识点都要背，2010—2015 年未考过高中阶段的知识点，所以 2016 年必须引起注意。再者，语文教学论 951 不用复习得太早，用 3 个月时间足矣，在这期间不仅要看书，而且要多留意教育热点问题，多去知网找论文看。语文学科虽然是专业型硕士的考试内容，但是湖南师范大学偏重此学科的理论深度，所以答题时一定要有条理性，多引用著名教育家的观点，并且提出自己独特的见解。10 月时，我每晚看 4~5 篇论文，并记录感想（教育方面的感想），规定自己必须在半个小时之内完成。坚持下去，考试的时候才能得心应手。

二、复试流程

湖南师范大学的复试比例为 1∶1.2，复试成绩比重增加，总成绩 = 初试成绩 + 复试成绩。这意味着复试不再是走过场，而是真真正正的"较量"。学科语文的复试大纲上注明复试内容为语文教材研究，但是 2015 年出了一道诗歌鉴赏题。复试笔试为 120 分，一共两道题，都是要写 1 500 字以上的小论文，限时 3 小时。笔试的第二天下午就是面试，英语面试和专业面试是分开的，英语面试主要是简单的自我介绍及用英语回答问题，占 20 分；至于专业面试，我以为会问很专业的问题，但其实老师不会刁难我们。一个考生面对三位老师，与其说是面试，不如说是闲聊，不过从谈话中可以看得出他们很看重学生的英语水平，可能这与日后需大量阅读外文书籍有关吧。总体来说，复试是很有可能逆袭的，像今年初试排名第三的那位同学，复试就逆袭了，一跃夺冠，非常厉害！所以复试也很重要！

三、考后感想

一年的考研生活结束了，初试、复试第二名的成绩足以对过去这一年的付出做出肯定。回想大学的四年，就这一年过得最为充实，也最有意义，痛并快乐着，每晚睡觉睡得踏实，每天起床起得有动力，因为这是为了梦想而奋斗，为了弥补高考的遗憾而拼搏！说真的，在备考的过程中，或多或少会受到身边人的影响，有鼓励，有陪伴，也有嘲笑和挖苦，而这一切冷暖自知。我们都在追梦的路上顽强地走着，所以一定要从容不迫地面对一切，既然选择了考研就一心一意准备，不要受过多的干扰。

最后，预祝各位师弟、师妹们考研成功！加油！

路在前方，路在脚下

2011 级中本　曹珊珊

不知不觉间，考研已成为过去式。前段时间用舍友的借书证借了复试的参考书目，今天舍友催我去还书时才惊觉考研复试已过去将近一个月，但总感觉才刚考完不久。考研对我来说就好像做了一场很长的梦，也仿佛在田径场跑了十几圈。

我是一个容易健忘的人，到复试的时候已基本把初试是如何复习的忘得七七八八了，偶尔翻起初试复习时写下的日记，会觉得很是有趣，虽然当初写日记纯属是为了一吐各种不快。

我的考研之路和别人的相差无几，从选择学校和专业开始，紧接着是搜集专业参考书目，制订复习计划，好好复习，然后参加初试与复试，最后等待录取通知。这样的一个过程，经历的时候没有觉得有太多的惊心动魄，回想起来才发现青春原来是那样的动人。

一、选　择

大学生涯走到大三，我们开始对自己未来的走向做出选择：准备考研或是寻找工作。这些都可以去尝试，考完研后我也尝试过去考教师。个人觉得无论做什么都好，调整好心情，好好准备很重要。

我选择考研，一方面是想继续学习，寻找一个更高的起点；另一方面也是为了实现我最初的梦想。在选择的过程中，你也许会觉得很纠结，会有各种各样的担心，不知道如何是好；你也许怀有雄心壮志，目标明确。无论怎样，首先要摆正心态，未知的未来也许会带给我们一定的恐惧，但更可怕的是现在不努力，得过且过。如果你真的遇到了需要做出抉择的难题，也请你不要太惊慌，你可以寻找比较信任的，或者你觉得比较有经验的师长，寻求他们的帮助；也可以向自己的亲朋好友倾诉，寻求家人朋友的支持；或静下心来思考未来。只有把心中的疑虑消除了，遇到困难时才不会轻言放弃。决定考研只是第一步，接下来还要选择学校和专业。我选择华中师范大学的汉语言文字学专业，是因为华中师范大学是教育部直属的师范类院校，大学期间我立志将来当一名教师，且对语言文字类专业很感兴趣，而华中师范大学汉语言文字学专业招收人数较多。总的来说，选择院校和专业时应该考虑学校师资、兴趣爱好、就业前景、录取比例等因素。

二、复 习

复习是整个考研过程中最为关键的阶段，复习效果如何会直接影响初试成绩，进而关系到你能否顺利进入复试。

专业课复习第一步：搜集所考学校的参考书目和真题。关于这一点，我觉得有三个比较快捷的途径：一是直接到学校官网搜索；二是在百度或考研论坛搜集信息；三是咨询往届的师兄、师姐。我报考的华中师范大学文学院没有提供参考书目，我在考研论坛上找到了一份参考书目，保险起见，我也向本校的师长进行了核实。对照书目，我在孔夫子旧书网上购买了一些自己没有的，又无法从图书馆借到的书籍。至于真题的搜集，我建议大家上淘宝，淘宝上有许多已整理好的真题出售。考研论坛上每一年都会有许许多多的回忆版真题，只是我觉得要逐个翻贴搜集，实在太费时，所以我在淘宝上买了一份笔记和真题（真题不单独出售，被迫买了笔记）。个人觉得笔记还是自己做比较好，可以多淘几家，找到单独出售真题的商家。书目找好了，便可以结合真题了解专业课考试科目、题型，制订专业课的复习计划。华中师范大学专业课考的是大综合，共有两门考试科目，分别是中国语言文学基础和语言理论与文学理论，参考书共有 18 本，如果加上作品选，要看的书就有 30 多本，如何在有限的时间内完成复习任务是一件令人头疼的事。虽然我最终考上了，但是要看的书其实到最后也没有看完，笔记也没有做完。临考前，我安慰自己这么多书别人也看不完，就这样上了考场。所以到最后即使参考书没看完也不要随意放弃考试，坚持下去总会有意想不到的结果。

如果从一开始你的专业课复习就毫无头绪，我建议你可以采取真题复习法。真题复习法是指把往年真题分类整理，再在相应的参考书目上找出对应的考点，做到在看书的时候有的放矢、突击重点。以古代文学中的先秦文学部分为例，华中师范大学古代文学所列的参考书为袁行霈主编的《中国文学史》。复习时，我先将华中师范大学 1999—2014 年真题中关于古代文学内容的考题按名词解释、简答、论述等分类列出，再打开《中国文学史》先秦编的目录，把已考过的章节重点圈出。整理下来，便有了惊人的发现：先秦文学除了绪论共有五章，分别是：第一章上古神话，第二章《诗经》，第三章《左传》等先秦叙事散文，第四章《孟子》《庄子》

等先秦说理散文，第五章屈原与楚辞。而华中师范大学15年来从未考过上古神话和《左传》等先秦叙事散文的内容，其余各章则均有涉及。这样整理过后，会对书籍目录的框架以及历年真题有一定的印象，在看书的过程中可以把握重点，不考的章节可以只看一遍，笔记可以做得简略些。2015年华中师范大学中国语言文学基础卷的古代文学题考查了汉赋的知识点，而汉赋在2003年的试题中就曾考过。

至于公共课的复习，我当时报了个考研辅导班，但两门课考得都不怎么好，没有太多的心得。在此总结两句：英语学习要持续，重视真题，多练习；政治学习要灵活，该记该背的不要偷懒。英语复习推荐张剑的黄皮书，政治复习推荐肖秀荣系列。对于报班，个人看法是如果已有了明确的计划，喜欢自己复习的同学可以考虑不报班，因为报班学习有时会过多占用你的时间。但如果有一颗考研的心而不知如何下手复习，担心自己会放弃，报班也许能带你走上复习的道路，督促你学习。

复习时要注意的事项：

俗话说："行百里者半九十"，复习过程贵在坚持。"一个人走得快，两个人走得远"，最好找个研伴。

按时作息并且计划地进行复习，保持充沛精力，注重学习效率。

保持平和愉快的心情，多锻炼身体。

（调节心情：散步、跑步、与朋友聊天、写日记……）

走过了生机勃勃的春和魅力缤纷的夏，来到多愁善感的9月。9月中旬考研开始预报名，10月正式报名，注意不要错过报名时间。报名后要抓紧时间复习，做好最后的冲刺准备。等到可以打印准考证的时候，抓紧时间查看自己在哪个考场，做好计划，考前去考场踩点，避免考试当天找不到考场担心迟到而慌张失措。如果不在本校考试，为了方便可以在考场附近与同学或研友一起订房。我去年不在本校考试，而所在考场附近的房都被订满了，所以订房要提前。要准时到达考场，去年我所在的考场据说有个考生因下午迟到被取消了参加该场考试的资格。考研好不容易走到上考场一展身手的这一步，千万不要因为一些小事阻碍了前进的步伐。考试安排在12月底，天气比较冷，考试的时候可以额外多带一条披巾或外套，盖在膝盖上以保暖。

三、复　试

考研复试在考研初试分数公布一段时间后才开始进行，34所自主划线高校的复试一般在3月中旬展开，其他的学校一般在国家线出来后就会陆续在网上公布复试细则。复试一般于细则公布一周后陆续开展，如果等到复试细则出来之后再去准备复试，时间紧迫，很容易出现紧张、准备不足等情况。

在查到考研分数后，参照往年的分数线估算一下自己能否进入报考学校进行复试，如果估算分数较高就可以开始着手准备复试了。可以通过院校官网或者百度文库查阅往届该院校的复试细则，了解复试的大致流程和复试分数的构成。如果估算分数较低，但单科分数均过线，那么就要着手准备联系调剂学校的事宜。

2015 年华中师范大学文学院的复试细则于 3 月 20 日公布，考生在 3 月 27 日便要到校报到。因为英语考得不理想，我不确定自己能否过线，故我是等到 3 月 12 日国家线出台后得知英语可以过线才能着手准备复试，当时倍感时间紧迫。华中师范大学文学院的复试分数由三大部分组成：专业笔试（占复试成绩的 40%）、外语测试（占复试成绩的 20%）、综合面试（占复试成绩的 40%）。最后的总成绩由初试成绩和复试成绩按比例计算得出：总成绩 = 初试成绩 ×70%/5 + 复试成绩 ×30%。由于我在复试细则公布后才知道华中师范大学文学院的英语测试一改往年的文章翻译题，变为口语和听力题，所以在准备复试的那段时间每天都觉得很紧张。在准备复试的过程中，专业笔试方面最好能了解复试的参考书目和往年的复试真题，这些在考研论坛上都可以搜索到，但可能要费一番功夫，最好能联系上已通过考试的师兄、师姐，直接询问他们。华中师范大学文学院初试考的是大综合，复试的专业笔试则按专业进行，但参考书目仍和初试一样，复试考查的专业知识的内容比初试更为详细。外语测试方面，可从几个方面着手准备：自我介绍、本科院校介绍、家乡、家庭、报考本校的原因、未来的读研计划等。我在报到的第二天中午 12：30 参加了专业笔试，一直考到下午 2：00，3：00 开始抽签按序号进入考场进行外语测试。考生进入考场，得到老师的允许后就座，然后开始做自我介绍，自我介绍完毕开始抽取桌面上的题目，然后把抽到的题目交给老师，老师念完题目，考生根据自己听到的内容进行作答。我当时抽到的题目是：What's your impression of Wuhan? 听到问题后，可以先微笑回答：Thank you for your question. 然后再复述一遍英文问题：Well, my impression of Wuhan, to be honest, I think...这样可以争取到更多的思考时间，组织答题思路。我回答完对武汉的印象，考官顺着我的回答要我说说我的家乡，这些在之前有所准备，所以外语测试很顺利地结束了。那天考完已经是下午五点多，深深感到考试不仅要靠脑力，而且要靠体力。非常感谢那天下午一直在文学院门口等我的月梅！综合面试在专业笔试完成的第二天早上进行，我们专业人不多，很快就结束了。大致的流程是：一位老师把我们所有考生叫进面试的会议室，向我们分别介绍了在座的老师，大概有六七位。然后告知我们入场的顺序，事后才知道这是按照考生报名号来排序的。叫入的考生进行面试，其余人在门外候场。我是倒数第二个面试的考生，进去先进行了简单的自我介绍，在座的老师便开始轮流发问，问的问题大致有：家乡的方言问题、指示代词的用法、读过哪些与本专业相关的书籍、对哪些方面感兴趣等。整个过程用时不长，气氛并没有太严肃，就像平时闲聊一样。综合面试比较灵活，但也可以稍作准备，比如：自我介绍（一分钟）、罗列读过的书籍（整理出自己的观点和心得体会）、对本专业的看法、为什么要选择这所学校等。

初试即使高分通过，复试也不可掉以轻心。看论坛、逛贴吧便会发现复试中也不乏考霸级别的人物被淘汰，所以还是要认真准备。虽然在武汉待了将近一周，但是直到最后复试完才有想要去游玩的时间和心情。即将返程的前一天，和朋友一起去了武汉大学，虽然不少樱花已经凋谢，但仍有许多游人慕名前来，也许每年络绎不绝的游人来武大不仅是为了看樱花，更是为了看看百年老校的风貌，感受这里的人文气息和历史底蕴。

回顾考研走过的路，很感谢自己能坚持下来，相信你也可以！在众多考生中，我并不出众，英语只比国家线高出一分，但是没关系，能过就好。即使没过，我也很感激考研带给我的机遇。在这个过程中，我有很多次在看书看累时冒出想要放弃的念头，和一起复习的朋友笑言"不考了"，却又总是一次次安慰和鼓励自己，告诉自己要加油。考研是一场自己同自己的较量，它可以让你克服惰性，遇见更好的自己。在考研过程中，也很感谢家人的支持、老师和朋友们的陪伴与鼓励。

路在脚下

2010 级中本 1 班　林　纤

决定考研应该是从我卸任学生干部的那刻起，那时有缘参加了"文都"何凯文老师激情澎湃的讲座，一冲动报名了考研辅导班，把好不容易通过家教挣得的为数不多的钱一分不剩地交给了"文都"，从此，我义无反顾地走上了考研的道路。

复习的一年多来，虽然有过失落、迷茫，可我从没有过放弃的念头，因为我下了决心，绝不会半途而废。当初试成绩出来后，我得知已与湖南师范大学擦肩而过，便毅然选择了调剂。那时国家线尚未公布，是最让人摸不着方向的时候。调剂是一场信息战，是硬实力和软实力等多方面的较量。一天的时间里，我会花两三个小时上网查找往年相关院校的调剂信息，了解我所读专业的调剂缺额情况，根据收集好的数据，再分析哪所学校的调剂可能性更大，以便做好充分的准备。

除此之外，我主动与学院的书记、老师、辅导员进行沟通，听取他们的建议。人文学院的老师对我们这些考研的学生，特别是需要调剂的考研学子，给予了很大的支持与帮助。他们的热心与关怀，让走到考研分岔路口的我，看到了方向与希望。在调剂系统开通前，我提前收到了闽南师范大学的复试通知，最后，我顺利通过了复试。在春回大地的 4 月，我回到了家，翻开我一直很喜欢的这一首诗——汪国真的《热爱生命》："我不去想是否能够成功，既然选择了远方，便只顾风雨兼程；我不去想能否赢得爱情，既然钟情于玫瑰，就勇敢地吐露真诚……"我想每个人都有追求梦想的权利，请不要辜负了这青春年华，因为，路，就在我们脚下。

一路风景， 一路歌

2011 级对外汉语　董海芹

2015 年的考研已经落下了帷幕，每次看到校园中师弟师妹们匆匆前往考研教室的背影，总能回想起去年此时的自己。那时我想，一定全力以赴，未来的自己定会感谢如此努力的自己，还好，岁月没有辜负了我这个有心人。也许你和我一样，曾经有过迷茫，也许我们都一样，为了梦想而努力。马克思说过："学习是这世界上最难的事。"我想说，如果你想尝试改变自己的思想，那么请选择考研吧。

诚然，考研不是唯一的出路，但考研必定是获得美好未来行之有效的方式。考研的结果一半是天堂，一半是地狱。一位老师曾这样说过，经历过考研的人更成熟、更稳重，更能吃苦、坚持、坚守。无论成败，这都将是我们未来最美好的回忆！

我在这里浅谈一下自己的经验，希望对后来人有所帮助。

一、考研前——关于学校和专业的选择

关于学校和专业的选择，是很多人考研前都感到头痛和纠结的问题。选择名校，难考；选择普通的学校，复习起来没有干劲，将来找工作也没优势。至于选专业，则更令人头痛，热门的专业难考不说，往往自个儿也不感兴趣；冷门专业就业不易……让我们回到起点，思考一个问题：你为什么考研，弄清楚了这一问题，那么关于学校和专业如何选择，都不应是难题。首先，我本科学的是对外汉语专业，而我的职业规划是当一名优秀的语文教师，但从往年对外汉语学生在国内应聘语文教师的尴尬现实出发，只有考研才能更好地帮助我实现这一职业规划。其次，选择学科教学（语文）是对自己兴趣的一种坚持。我喜欢做语文教师，而我觉得本科所学到的知识还不足以让我成为一名优秀的语文教师，研究生阶段是积累知识的阶段，在这个阶段，我相信自己可以获得更好的发展。再次，我是应届毕业生，选择考研是对大学生活的一份眷恋，是要求自我进步的体现，更是实现人生价值的一条途径。正如我父母所言：多读点书，总不是坏事。最后，是因为时代的需要。现在很多学校的教师招聘都要求研究生以

上学历，所以我选择了考研。关于学校，要从自己的实际情况出发，量力而行，不要盲目追求 985、211 名校，要谨记：适合你自己的才是最好的！换句话而言：名校固然是最好的，但前提是你要确保自己能考得上，考不上，再好的也不是你的。所以从这一点出发，请结合你的实际情况与未来的职业规划再做打算，思考是否有必要冒风险报考名校。若你确实想挑战名校，那么则可以选择一个折中的方法：选择两个学校，而且这两个学校所考的专业科目接近，其中一个可以冲一冲，另一个则留作保底。经过一年的准备，待确认报名之时，再根据你自身的复习情况确定最终报考的学校。

二、考研中——如何复习

很多人说，复习的过程枯燥难熬，对此我并不认可。尽管每天都是宿舍—饭堂—教学楼三点一线的生活，但复习自己所喜欢的专业知识，劳逸结合，心中会存一份踏实的幸福。每晚闭上眼，回想起白天书页的翻转闭合，就感觉离梦想更近了，苦从何来！哪怕将来考不上，一年看书所积累下来的知识，也会变成职场竞争的有力武器，所以从踏上考研征程的那一刻起，我就知道：无论结果如何，我都是赢家！

复习时请按时吃饭，保持身体健康，你可以玩命地学，但请不要以牺牲自己的健康为代价，身体是革命的本钱。另外，请尽量少参加娱乐活动和聚会。人们都说考研的人是疯子，没错，我们承认，我们的目的就是考研成功。当然偶尔也要休息一下，复习一段时间后可以去学校附近的公园透透气，劳逸结合。

考研辅导班包括基础班和提高班等几种类型，我认为不需要参加基础班与提高班，除非你的英语和政治基础很差。一方面，我校开设有英语和政治的考研课程，不仅全程免费，而且老师的上课质量也很好，唯一的不足之处是开班时间较晚；另一方面，我校的考研机构都是视频班，这些视频网上都有，就更没必要再支付额外的费用去购买。但后期的冲刺班，建议有条件的还是应报名参加。另外，报班的时候也是充分发挥考研友谊精神的时刻，建议几个要好的研友分开报班，然后资源共享，这样才能最有效地接近真题！英语一和英语二还是有很大差别的，如出题思维和答题思维的不同，所以如果一直听英语一的课，可能就会出现思维僵化，间接影响英语二的答题思维，答题思维不对，往往会是致命的！因此，总的来说，真要报班，要看准了报！

关于英语和政治，先说说英语吧。学科教学（语文）考的是英语二，但英语二真题量少，只有近5年的，所以复习的时候我还把历年英语一和MBA的真题都拿来练笔。8月前我一直都是用英语一的真题来练习，主要是训练自己的英语语感和解读长难句的能力；9月开始则是研究英语二的真题出题思维和答题思维，并结合历年MBA真题来练笔。我的语法基础很不好，但语感不赖，所以语法差的同学也可以试一下我这个方法——反复练真题，抓考研思维，锻炼语感，练出思维定式。考研思维有了，答题的时候自有一番润物细无声的效果。在这里，不建议大家用模拟题复习英语，因为模拟题是不完全贴合真题的出题思维的，做多了模拟题，练出来的若是模拟题的思维定式就糟了。

其次是政治，对于文科生来讲，政治考高分应该不成问题。暑假时先做一个初步的了解，尤其是了解马克思主义基本原理的相关内容，到了最后一个多月就多关注时政热点，多背政治考试的重点和难点，形成自己的知识体系。最后几天的"肖四"和"任四"一定要看，还有启航的"20天20题"，都很不错。

然后就是333教育综合了，我用的是考研机构分发的资料。333教育综合的应试要诀就是背，反复记忆，然后通过做真题来巩固。因为333教育综合的参考书目很多，所以背书计划一定要制订好。上半年我基本将考研机构分发的有关333教育综合的应试解析像看小说一样看了一遍，暑假期间开始结合真题背诵。最开始的时候真的很难，一天背不了多少，最痛苦的还是背了就忘。很多次都快要放弃了，最后还是拿起书来继续背，大概一个半月背完一遍。其实也没记住多少，没办法只有不断重复，还好，效率越来越高。状态最佳时，我可以一天把书看一遍，然后对薄弱环节进行加深记忆。但是，我的333教育综合考得并不理想，关键是我没有严格按照前期制订的计划来背书，最后由于复习时间不足，从而跳跃背诵，结果发现那些我背得滚瓜烂熟的没考，没背的反倒考了个彻底。所以在这里告诫师弟、师妹们，333教育综合要及早背诵、反复背诵。最后在这里说一下，死记硬背也是不行的，要注意根据真题总结出题人的思路。

关于专业课语文教学论，湖北师范大学的出题很灵活，但是出题的目的主要是考察考生的语文教学理念和精神。所以除了要看周庆元老师的《语文教育研究概论》，还要多去图书馆的报刊阅览室浏览各种语文报刊，了解语文教育研究的前沿和热点问题。我前前后后看了4遍参考书，重点也看了很多遍，报刊室看到的也一笔一画地做了笔记，然后结合自己的理解，慢慢地记忆这些专业知识，晚上睡觉的时候，脑子里会将当天记忆的知识回放一遍。其实语文教学论的很多内容是与333教育综合相通的，只要把握了语文教育的精神所在，答题自然也就水到渠成了。

三、考研后——关于调剂

考研成绩出来的那天，看着电脑屏幕显示出来的成绩，泪水无声地流了下来，我的内心充满彷徨和无措。漫漫调剂路，我将何去何从？但有一样我很确定：我从不后悔考研！所以毅然走上调剂路。

调剂的路，说真的，很不好走，因为里面有太多的不确定因素，从而使你能掌握的信息微乎其微，最终使调剂者很被动。但我不准备二次考研，所以只能走积极调剂路线，化被动为主动。首先要主动地与学院的老师和领导取得联系，获取有效的调剂信息，其中最主要的是要和你的导师保持密切的联系，把自己的最新情况告知导师，有效利用导师手中的资源。其次，积极联系历年调剂的师兄、师姐，打电话咨询，获得他们所在学校的最全面的调剂信息。最后，要积极关注网上的调剂信息，积极拨打调剂学校的调剂专线，及时跟进最新调剂资讯。以上所做的这些都是为了给自己争取一个复试的机会，没有复试机会，就一点希望都没有了，所以，考研调剂要主动出击，积极为自己争取机会。

关于调剂生的考研复试复习，在复试学校未定的情况下，要通过比较往年数据，找出比较有希望调剂成功的学校，然后复习大类。所谓大类，就是这几所学校都考的书目，这样就可以以不变应万变，不至于到最终确定了复试学校时，却复习不完相关的专业书。

最后，祝同学们能考上自己理想的学校，实现自己的人生价值！

奇迹每天都会发生

2011 级中本 1 班　王文杰

关于考研有很多可以说的，经历过的点点滴滴其实是讲不完的，这里主要介绍一下自己的复习心态和一些复习方法。首先要知道自己想要什么，要有一个足够强大的信念才可以支撑自己，无论考研还是生活亦如此，信念、信仰在任何时候都要有，才可以使自己屹立不倒；其次，要明白"不积跬步，无以至千里"的道理，一切梦想都是一点一点积累起来的，不要让梦想变成白日做梦。考研亦如此，背好每天的单词，每天保持进度，七天一个阶段，要循序渐进、有条不紊地复习，而不是朝三暮四、三天打鱼两天晒网；还有，要耐得住寂寞，只有耐得住寂寞、坐得住，才能把握住时间，进行有效复习；最后，最重要的是坚持，要知道做好一件事情靠的是坚持，考研要一步一个脚印，从复习的第一天开始到考试结束坚持下来，要对得起过去的每一天，如此一定会取得好的结果，上天总是会眷顾每天努力的人。

专业课方面，因为我是跨专业考法学硕士，所以我的经验对于考文学专业的同学来说，可能帮不上什么忙，但是我对于跨专业的考生还是有些建议：跨考复习要趁早，要付出比别人多一倍甚至是几倍的努力才行；要有人生规划，要知道硕士毕业后自己会从事怎样的职业；跨考要多和研友交流，对于跨考者来说，可能平常与同专业考生没什么专业课学习的交流机会，此时一定要上论坛与报考专业的考生进行学习方法、心得的交流，不要闭门造车，这样在后来才不会变得很被动。备考的心态也很重要，跨考考生的心理压力会很大，但是要保持好的心态，无论别人怎样看待你，自己要做到心中有数，一定要知道自己想要的是什么，从而为之默默奋斗。

政治想要考高分是很难的。在开始复习时，要先看一遍大纲分析，然后再做些配套练习题，复习当中要花功夫多做选择题，在大题上要试着自己归纳观点，然后再同正确答案进行对比，从而提升自己的做题水平。冲刺卷、预测卷也是必须要做的，最重要的是最后的那几套冲刺卷，最好能把大题背下来，因为历年来，预测卷都会命中几道考研真题。

　　最难复习的是英语，每天背诵单词是必需的，单词是英语复习的基础，要一遍又一遍地背。刚开始背单词是很枯燥的，要每天多背，第二天再复习，这样循环往复地记忆效果更佳，直至最终看到单词就能翻译出来。真题单词会重复出现，记忆真题单词是背单词的核心。可以找一个本子把真题阅读当中不认识的单词都挑出来，每天重复记忆。在阅读理解方面，以历年阅读真题为主，要一遍一遍地做，理解每一个句子，找到解决每一个问题的方法，这样才能达到最佳的复习效果。在作文复习方面当然是先背范文，然后再背一些模板，这样才能突破模板，在作文上取得高分。作文一定要背些考试前半个月推出的预测话题，有时候你背的话题也会在试卷中出现。

　　其实，文科类的考研复习主要是靠背，考的是我们记忆能力，理解也是建立在记忆的基础上的，一定要耐得住性子，静下心来反复记忆，记忆几遍过后收获会很多。如果过不了记忆这一关，英语不行，专业课就更不行了。在学习方法上，每个人的方法都是不同的，不要拘泥于别人的经验，一定要在借鉴的基础上，找到适合自己的复习方法，因为只有你自己最了解自己，只有你自己才知道自己想要什么，别人的方法只是参考，不能起到决定性的作用。

　　一定要坚持下来直到考研结束，不管结果如何，你会发现收获的不仅仅是成绩。在考研期间，你能培养很多优良的品质，这些品质在以后的人生道路上会让你受益匪浅。每一个人都付出了自己的努力，都为自己的梦想付出了汗水，每个人该有的收获肯定会有的，只是时间问题，要相信自己一定能够做到。奇迹每天都在发生，也许下一个就发生在你身上。

心态高于一切

2011 级中本 1 班　王月梅

　　还记得 4 月 1 日那天早上，我和两个同学从武汉搭火车回学校，复试结束了，整个考研的旅程也终于到达终点。在等待结果的时间里，我们内心都有些忐忑。从复试结束那天就有许多同学打听，到底什么时候可以出结果？要等多久？大家都很着急。想不到华中师范大学文学院就刚好在愚人节这一天公布了复试成绩，谢天谢地，老天没有和我们开玩笑。那天，我们都挺兴奋的。

　　关于考研的一些经验，我很乐意分享，因为同是考研人，惺惺相惜，而且从前也是听了师兄、师姐们的经验从而取得了成功，希望我的经验分享对将要考研的同学有所帮助。下面，我就从几个方面说说学科教学（语文）专业的一些备考经验。

一、参考书目

　　学科教学（语文）专业属于专业型硕士，为两年制研究生。考研初试科目有政治、英语二、333 教育综合、专业课。英语二比英语一简单，这也是许多人选择考专业型硕士的原因。333 教育综合包括中国教育史、外国教育史、教育心理学、教育学原理几个板块。专业课各个学校要求有所不同，我报考的华中师范大学考的是语言文学基础（古代文学史与现代汉语），西南大学考的是教育心理学，华南师范大学考的是语文课程与教学论……值得注意的是，大家要清楚报考学校要求考什么样的专业课，怎么考，有时这些信息也能影响你对学校的选择。

　　关于参考书目，政治复习可使用肖秀荣全套资料，我个人觉得他的资料比较合适。另外我还听了蒋中挺的视频课，觉得这位老师讲得也不错。关于英语二，一开始我是拿着英语一的资料来复习的，包括文都的核心词汇、长难句、历年阅读真题。到 11 月，我买了蒋军虎的英语二历年真题和作文，这套资料用起来实在太方便了，因为书中对每一道真题都进行了解析、翻译，省去了许多查单词的时间。在复习 333 教育综合时，我参考了许多前辈的经验，没有买教材，而是买了一本 333 教育综合解析，厚厚的一本，足有 400 多页，把四大板块的知识都汇总到一起了。至于专业课的参考书目，大家要自己弄清楚所报考的学校考的具体内容及使用的参考教材。

二、备考阶段

有人说，考研并不是准备得越早，把握就越大，这话是有一定道理的。有的人一开始准备得很早，狠狠学，但有可能太早就把自己逼得太累，导致到中后期就疲惫不堪、力不从心了。考研复习的强度也要把握一个度，当然，也不要以此为理由让自己偷懒。复习时间的长短要因人而异，有的人过完年就开始准备了，有的人到了暑假才做好考研的打算，开始着手准备复习。不过，早准备总是好的，尤其是英语。有的人曾开玩笑说，早知道要考研，高三毕业的暑假就好好复习英语了。

就我个人的经验而言，考研可以分为四个阶段。

第一个阶段：3 月开学到暑假之前，这是打基础的最佳时期。大家可以先复习英语，每天背 75～100 个核心单词。背单词这件事是每天都要做的，直到你考研复试那一天，不要间断。我当时还趁着走路的时间，戴着耳机听英语单词朗读。长难句最好在暑假之前弄懂，保证遇到长难句无太大障碍；英语真题也可以适当练习。英语二的复习，我建议第一阶段用英语一的资料来复习，用英语一的难度要求自己，这样到后期做英语二的题正确率会高很多。333 教育综合可以先翻阅一遍，了解基本的知识框架。专业课可以开始研读教材、整理笔记。政治可以到暑假才开始复习。当然了，这个阶段是大三第二学期，还需要上课。大家该上课就上课，可以利用课余时间安排复习。只要合理安排，不会影响复习。

第二阶段：暑假，即传说中的考研复习黄金阶段。暑假的所有时间可自由安排，不受各种事情的困扰，因此效率也会很高。这一阶段，可以开始复习政治了，先把知识点看一两遍，然后做选择题，把知识点记牢。多关心时事新闻，可以下载一个新闻 App 来看。其次，此时要开始做英语真题了。英语二的真题只有 6 套，是不够的。个人建议先做英语一的近 10 年真题，做不完也要做近 7 年的，目标就是做到在做过的真题中没有一个不懂的单词，没有一句不懂的长难句，没有一个不知道答案的题目，没有一个选项不知道选或不选的原因。不懂的单词可以用一个笔记本记下来。另外，333 教育综合的相关内容在暑假要开始背诵了。到初试之前，背个四五遍是最好的。背诵也讲究方法，可以用"关键词法"，一个知识点肯定有重要的关键词（包括专业术语），开始背时，用笔记本记下来，等做完了这本笔记，就可以拿着它来背诵了，很方便。最后，专业课也要抓紧时间继续做笔记，整理好知识点。越到后期，笔记的作用就越大。到了后期，考生一般都不怎么看教材了，因为笔记简明清晰，所有知识点都整理、罗列了出来，如此能提高复习的效率，对以后的复试准备也有帮助。

第三阶段：9—10月。这个阶段离考试越来越近了，前面巩固基础，笔记也做得差不多了。个人觉得，9月中旬就可以进行各种背诵了，特别是专业课。政治可以按着肖秀荣建议的进度来复习。英语就是做英语一的真题，以及进行相关笔记的整理。

333教育综合的内容是从暑假就开始背诵的，到这个阶段笔记应该要做好了。

第四阶段：冲刺阶段。到了十一二月，离考试越来越近，考生也会比较紧张，这个时候，一定不要太慌，否则会影响复习的效率，沉住气坚持到最后就行。坚持最重要！这时候政治开始有各种背诵材料卖了，大家可以买来背背，准备政治的大题。政治大题答题方式比较讲究，要研究一下。在冲刺阶段，可以拿起英语二的历年真题练练手，每星期做一套。还有，千万不要在冲刺阶段停止对英语的复习。333教育综合和专业课也要继续背诵，想方设法记住，特别是重点知识。借助笔记，在脑中形成知识框架，如此，一直坚持到初试结束。

三、复习技巧

其实复习没什么技巧，就是每天要完成规定的计划。首先，考研复习是要做一个全面的计划，包括长期计划和阶段性计划，从而有序地安排自己的复习。否则这么多的科目，这么多的参考书要看，没有计划就很容易乱了阵脚，会影响复习的效率，也容易迷失方向。其次，要有比较科学的方法，复习方法可以在网上多搜索，或者多请教师兄、师姐，也可跟一起考研的同学多交流，借鉴好的复习方法要比自己盲目摸索好得多。再次，建议大家多关注一些考研论坛、学校官网、考研帮App等平台提供的考研资讯，获得一些及时有效的信息和复习资料，这对备考也是很重要的。最后，大家要保持一个平和的心态，从容面对，不要因为一些事情而变得情绪化，因为这也会影响考研复习，得不偿失。

考研贵在坚持

——考研经验谈

2011级中本1班　谢美君

这几天有好几个师弟、师妹向我请教考研的经验，如果有同学要考福建师范大学现当代文学、古代文学、古典文献学、外国文学与比较文学、民间文学以及文艺学这几个专业的，看完这篇文章可能会对你有所帮助。

一、总建议

（1）重要性和时间分配：英语＞政治＞专业课。

（2）心态大于一切，信心大于一切。

（3）做之前想清楚，做了就不要放弃，必要时，掐断一切后路。

（4）信息搜集是备考过程中相当重要的一环。

（5）该念书的时候狠狠念书，该玩的时候狠狠玩，劳逸结合。

（6）别人的经验和方法始终是别人的，我们要按照自己的实际情况抓重点。

二、院校选择

对于考研学校的选择，需要关注以下几个要素：城市、专业实力、考试难度。报考前把这些情况弄清楚很重要，因为同一个专业，每个学校的研究方向、发展情况会相差很大，要按照自己的兴趣选择。例如古典文献学，浙江大学主要进行的是敦煌学研究，山东大学主要是版本目录研究……至于考研难度上应该选择一个自认为难度较大的学校，等你复习到最后其实就已经具备这个实力了。毕竟是考研，应该选择一个好学校，这对以后的就业和读博都有帮助。再三权衡之下我选择了福建师范大学，因为相较来说，福建师范大学的考试难度小，专业实力也很不错。

我觉得考研复习最好是在学校大家一起复习，这样相互之间会形成监督，避免懒散情绪，而且也能更及时地获得各种消息。

三、复习安排与方法

我的考研复习是从暑假开始的，专业跨度大、报考学校竞争激烈的考生最好再提前两三个月开始复习。具体安排上，专业课和英语从一开始就应该着手复习，政治可以等到八九月考试大纲出来后再开始。

政治的复习个人觉得只要不忽视就行，考试大纲出来后买套大纲解析全面地看一遍。在此，我推荐肖秀荣的复习资料，他的资料重点很突出，线索也清晰。另外再做一套选择题，考前做两套模拟题大概知道客观题的答题方法即可。政治只要不是裸考，过线都不会太难。我那时就因为复习时间太少了，没有好好背该背的知识点，所以考得并不理想。若政治考分低，在总分上是很吃亏的。

英语对于很多人来说是个坎儿，根据我的经验，英语最重要的是熟悉真题。近10年的真题是最好的复习资料，很多人认为真题既然考过了就无多大作用了，其实不然，相较于其他的复习资料，真题能最直接反映考试的范围和难度。复习真题时应该用精读的方法，力求读懂每一句话，理解每一篇阅读理解的意思，了解每一个问题的设题逻辑，同时应把真题中出现的所有生词背熟，这样基本就不需要另外单独背诵单词了。我复习时把真题反复做了四五遍，其他资料基本没怎么看，只是偶尔做几篇阅读理解。对我来说，这样的复习效果还是很明显的，最后英语考得不错。英语最拉分的就是阅读部分，这是平时复习的重点。到考试之前可以背诵一些作文模板，熟练地运用里面的句子。另外，考试时每一板块做题时间的安排也很重要。我采用的方法是先做完形填空，再做阅读理解，然后写作文，最后做翻译题。万一时间来不及，最后的翻译题可以大概地翻译单词的意思，总能够得几分的。在考前最好按考试时间模拟两份试卷，找到考试的感觉。

从2011年起，福建师范大学文学院的专业试题做了不小的调整，但之后一直没有什么变化，所以我复习的前半段时间主要是看袁行霈主编的《中国文学史》和朱东润主编的《中国历代文学作品选》，如果能把这两套书仔细地读透就基本不需要看其他资料了。这两套书内容非常丰富，需要细致深入地阅读，包括文学史中的注释（例如以前考过《红楼梦》的版本问题，以及《诗经·七月》）和作品选中的注释，理解这些问题对古代汉语的知识积累很有帮助。考试时会考一篇作品赏析，虽然考得并不难，但想拿高分真的需要好好用心，所以作品赏析应该重视起来！最后一段时间的复习可以依靠笔记记忆和理解。时间充足的人最好把作品选中的一些重点篇目背诵一下，答题的时候如果能适当地引用原文对于拿高分很有帮助。

福建师范大学的专业课相对来说考试难度不大，没有偏冷门的题目，所以要重视对大的知识点的串联理解，答题的时候最好能够对考查的某个文学现象或作品进行横向的展开，论述它处于文学史视野中的位置和作用，这样有助于拿到高分。

对于《中国历代文学作品选》的复习我当时也感到很棘手，个人觉得还是应该将它通读一遍，重点了解名篇的内容、思想和古代汉语的知识，重点篇目精读，其他的泛读即可。对每一篇文章应该做到心中有数，这次考试考了不少篇章的赏析，重要的诗词一定要背诵。尽管历年考到的都是最有名的篇章，一般人都能背诵，但也不排除往后会考一些稍显生僻的篇章。

关于初试大概就这些，总之，福建师范大学的研究生考试难度并不大，公共课一定不能拖后腿，专业课争取拿高分。做到这个并不难，贵在坚持！

复试内容是预先告诉考生的，就是介绍自己喜欢的作家和作品，大家应该都会回答。福建师范大学的复试成绩在总成绩中所占比例不大，最终的排名跟初试排名差别也不大。另外，请切记你面对的都是学术领域的专家，态度上应该做到诚恳谦逊。

最后还得说一句，考研贵在坚持，努力总会有回报，祝大家考研顺利！

无惧失败

2009 级对外汉语　骆文浩

　　我的考研经历犹如坐过山车，起起伏伏，曲曲折折。这场考试于我而言是一次历练。

　　我自上大学以来就一直坚持自学英语。对我来说，学习翻译是一种乐趣，我经常乐在其中，由于这份热爱，我决定报考广东外语外贸大学的翻译硕士专业。这是我从大三就确定的目标。广东外语外贸大学的高级翻译学院是许多翻译学子梦寐以求的圣地，报录比每年都维持在 10：1 以上。今年的竞争更为激烈，达到了 13：1。可以说，对于跨专业的我而言，这是一次巨大的挑战。

　　为了摸清广东外语外贸大学试题的深浅，我在大三的时候就跨专业考了一次，我们班还有好几个同学也参加了各自心仪院校的考试。这是一次轻松愉快的考研经历，恐怕考场上没有一个人像我们这几个"打酱油"的小鬼头那般淡定自若的了。如今回想起来，还真是为当初自己那种不知天高地厚感到汗颜。因为那年我们人文学院有九个大三的同学考上了研究生。其中就包括我们班的一个女生，看着别人提前毕业，我心里既羡慕他们又记恨自己。我的专业课考得比较好，如果能够再提高一下政治成绩，肯定可以过复试线。但是，悔恨也来不及了，下一轮的考研马上就要来临，复习的时间也越来越少，必须马上进入复习状态。这一次再也没有任何轻松可言，必须真枪实弹，全副武装，打好复习仗、初试仗还有复试仗。

　　我的复习战略部署得有条不紊，不紧也不慢。练习翻译，背诵百科，训练写作，该复习的都尽力去复习。我非天赋异禀，也不是拔萃之才，但我从来不妄自菲薄。整天自我怀疑会形成一种羁绊、一种无形的负担，这是万万要不得的。积跬步至千里，积怠惰致深渊，一步一步地走，总会到达终点的。备考的心态决定了你能否坚持下去，只有坚持了，才会有奇迹发生。

　　很快，备考战线已延伸至年末。12 月的南方，阵阵寒风足以让人流涕。但我很开心，因为大考在即，我终于可以从这场艰苦的拼搏战中脱身了。不为考试而学英语，是种惬意、奢侈的享受。当然，如果考上了，就可以多享受两年美好的校园生活了。毕竟对于在职场上摸爬滚打的人而言，读书和青春无疑是珍贵的奢侈品吧。

最后这一个月，我决定猛攻政治、百科和公文写作。因为基础性的东西，像是翻译、写作之类的都已经形成脉络，贯通入你的大脑了，很难再取得实质性的进步。所以这时候就要注重一些技巧性或死记硬背的知识。百科我看得早，只需冲刺一下巩固记忆。公文写作则是复印了一个同学的新东方公文写作教程，也下笔练习了各种公文格式。到了12月中下旬，"20天20题"还有"肖四"也可以购买了，这两本都是绝佳的政治背诵资料，一定要好好利用这两个星期的时间猛背。

离考试还有一个星期的时候，家里发生一些变故，措手不及的我最后还是上了考场。我只能说这场考试我尽力了，但没有发挥出最佳水平。最终成绩在意料之中，我考得很一般，以这样的分数恐怕比较难进入报考院校的复试，所以我开始着手准备调剂的工作。广东外语外贸大学虽为我最爱，但现实让我必须割舍。我更希望争取到一个自由自在的读书机会，不为工作就业，只为纯粹地学习。我毅然决然地做好了上二本院校的心理准备。关于调剂，我可以为大家提供一些建议：

首先，多浏览考研论坛的MTI（翻译硕士专业学位）板块，看看报考各个学校研友们的分数如何，以判断今年的调剂形势，尽快为自己定位。例如，2013年的考研形势就非常严峻，380分左右被刷下来的情况比比皆是。由于报考人数过多，导致最后接受调剂的学校也出奇少。我的成绩属于中等，不适宜往沿海发达地区调剂。

其次，搜集往年的调剂信息，整理出一份自己心仪学校的名单，在国家线出来前几天逐个致电询问各校调剂的情况，再进行一次筛选，重点关注两三所希望较大的院校。

最后，一定要清楚调剂学校复试都考些什么，及早做好准备。复试问题是可以提前预测到的，因为翻译硕士的复试问题（全英面试）大同小异。你可以把问题都整理出来，自己把答案写一写，然后抓住关键词和句式稍微背一下，但要注意切勿让面试老师觉得你在背模板。

在经过一系列的准备工作后，我选择了调剂去广西，这可能是B区里最好的省份了。虽然我的调剂工作准备得比较妥当，但让我意想不到的是，我竟然擦线进入了广东外语外贸大学的复试，幸福来得太突然，但也太残酷了——我调剂学校的复试时间与广东外语外贸大学的复试时间相冲突。我又面临一个重要的抉择：去广东外语外贸大学是我的梦想，但是希望渺茫；去广西，较稳妥，希望很大。或许心里面还是有些不甘心吧，思量再三，我最终选择拼一下广东外语外贸大学，放弃调剂到广西。为了保底，我只好再找一所学校。这时调剂系统上接受申请的学校已经所剩无几了，我就选择了云南民族大学。几经周折，我也获得了该校的复试机会。

我同广东外语外贸大学的口译和笔译专业的同学一起复试，复试的内容也一样，全程英语面试（英语专业研究生复试都是全英交流），复试共分为两个部分：一为笔试，二为面试（汉英视译、源语复述、回答提问）。

笔试内容为一篇设有干扰项的选词填空、一篇英译汉（马里兰大学简介）、一篇汉译英（南方宾馆简介）。难度一般，但是内行人都知道，越是简单越难翻译，要译得出彩着实不易。考试时间为两个半小时。笔试我发挥得不是很理想，浪费在英译汉上的时间过长，导致最后时间有些不够，差点没能完成试卷。

进入面试考场后，桌上有中文的视译材料，是关于中国与东盟经济合作的，下面会有术语注释。你有五分钟时间看材料，然后监考老师会回收。紧接着发给你一张白纸，再放三分钟英文采访录音，内容是关于全球饥荒问题的。你再用发的那张白纸做笔记。我觉得不难，但因为是跨专业，没有系统地学过口译笔记的记录方式，笔记做得很差。听完后，带上笔记，去另一间办公室进行面试。

每个办公室有两位面试官，我的面试官是两位女老师。我看过导师简介，稍年轻一点的那位老师研究同声传译，这让我不自觉地紧张起来。两位老师都很专业。办公室桌子上会提供刚才的中文视译材料，你要进行汉英视译。紧接着根据你所做的笔记源语复述一遍。

复述完后，老师们会对你提问。我被问了几个问题，如为什么要选择MTI？你有过什么翻译实践？你本科就读于哪所大学，专业是什么？你知道什么翻译理论？你知道哪些中外翻译名家，你看过他们的著作吗？这些都是我准备过的问题，但因为太紧张，发挥得不太理想。

考完后，我一刻都没歇息，连夜搭飞机赶到了云南，准备第二天早上的复试。这所学校的复试流程是上午面试，下午考交替传译。云南民族大学老师的水平还是非常高的。面试老师中还有一位是上海外国语大学会议口译专业毕业的高才生，这着实又让我在面试的时候紧张了一把，感觉那位老师一眼就能把你的英语水平看个透。下午考交替传译，中译英、英译中各两段录音，语速较慢，内容不难。但是因为跨专业考试，没学过做笔记，所以这一块我还是做得不好。

几天后，查询了广东外语外贸大学的复试成绩，得知没有过，伤心了好一阵子，有些不甘心，也有些无奈吧，毕竟自己的实力还是有所不足，初试成绩不高，复试发挥得也一般，自然也就落榜了。当时对调剂学校也不抱希望了，只是没想到，第二天我就收到了调剂录取信息。说实话，当时感觉挺兴奋的。即使最后的归宿是个二本学校，但也是用自己的努力和汗水换来的。无论如何，我都会好好地珍惜这来之不易的机会。

回首考研这一年多来，我失去了很多，但所幸的是，我也并非一无所获。我尝到了切肤之痛，也因此学会了珍惜身边的人；我经受了挫折，也因此成长了许多。我不甘心，但也不灰心。感谢上天，如此眷顾我，使我再次拥有美好的读书时光；感谢哥哥和妈妈，如此支持我，给了我坚持下去的勇气；感谢爸爸，无私地为我奉献了您毕生的心血；感谢自己，不惧怕悲伤，不放弃追逐。我为曾经意气风发、努力优秀的自己而骄傲。即使最后未能如愿考上广东外语外贸大学，但是译路漫漫，吾将上下而求索。

勿忘初心

2011 年中本 2 班　曾敏仪

考研结束后，陆续有不少师弟、师妹向我请教备考经验。其实经验谈不上，只能说是谈谈自己的备考经历。在这里，我想多谈一谈关于考研过程中选书、报班等问题。每个人的情况不同，我只能尽力介绍自己的情况，对于所谓的"经验介绍"，大家一定要结合实际情况做出调整，这样才能制订出一套适合自己的备考方案。

一、考研院校、专业选择问题

其实对于院校选择这个问题，每个人都会有不同的答案，因为我在择校这一问题上带有自己的偏向性，我不想出省读书，不想选择广东省以外的院校，所以在这里并没有太多发言权。但是，后来发现，选择出省或许能让我们未来的择业之路更宽广。所以，如果想考研的师弟、师妹们心里面还没有选定好自己心仪的学校，建议还是先结合自身情况锁定几所目标院校，了解近年来相关的招生计划，如招生人数、报录比、推免人数等信息，再下载这些学校的真题权衡一下自己是否有能力通过初试等。

至于相关信息的获取，可以上研招网、目标院校官网、考研论坛等平台了解，或者通过各种渠道认识目标院校的师兄、师姐等。但我建议还是自己花时间搜索相关资料，这样来得更加直观，如果全当伸手党道听途说，也不利于信息的获取，毕竟在整个考研过程当中，很多信息的搜集、分析、整理都要靠自己。

我选择的专业是学科教学（语文）。当时选择这个专业，主要是自己想报读专业型硕士。与学术型硕士相比，它的分数要求比较低，另外，考虑到自己读研出来后也还是会面临就业问题，专业型硕士学位尤其重视对学生的技能和实践能力的培养，所以当初我非常坚定地选择了它。学科教学（语文）虽然发展起来也才短短数年，但是，从 2015 年开始，这一专业在文科生研究生考试当中，已经逐渐增加热度，师弟、师妹们不要抱着无所谓的心态去复习。考研毕竟是一件苦差事，在备考过程中我们虽然不提倡过度紧张，但也是需要引起足够重视的。

二、关于要不要报班的问题

大三的时候我曾抱着"打酱油"的心态跟着 2010 级的师兄、师姐们参加过一次研究生考试，在那时，我报过英语的全程班和政治的冲刺班。对于报班问题，在此我谈谈自己的看法。

关于英语，先问问自己，自制力是否足够，看到别人都报班，自己会不会感到心慌。如果是自学能力强的学生，其实不报班也可以，辅导班的效果是有，但也并非那么强大。能在辅导班上获得的信息大多是对考研英语难度的一个把握，让自己心里有底，但真正想提高自己的英语水平，最关键的还是得靠自己课后的苦练和对真题的理解。而且现在网络上资源丰富，从网上下载资源也是一个很好的方法。

关于政治。很多同学会觉得政治内容多而细，靠自己并不能复习好。其实，师弟、师妹们不需要害怕，因为在研究生考试中，很少有人会败在政治上，只要你在复习过程中不懈怠就可以了。我所知道的考 75 分高分的同学，有报启航的，有报文都的，也有不报班自学的。对于报班，政治的冲刺班我觉得还是有价值的，一般那些辅导机构的老师都会押题，这对于冲刺阶段的考生很有用，老师们押题的命中率还是挺高的。

三、心　态

心态问题在整个备考过程中都是很重要的。在当年的考研中，我或许就是败在了临考前的心态上了。从多年的考试经历来看，其实有压力真的是再正常不过的事，重视一场考试才会有压力，而且适度的压力也有助于平时的复习和考试的发挥。我觉得，最重要的是，当感到压力大时，不要拼命地去压抑与抵制，直面你的压力，不要逃避，试着慢慢放下。减压的方式有很多，找到适合自己的就行。而我觉得每天做适量的运动会提高一天的学习效率，就我自身而言，只要我下午跑步了，晚上的复习效率就会比较高。另外，心理暗示法也是比较好的方法，无论遇到好事还是坏事，都要在心里跟自己对话，不断给自己正能量。也可以准备一个记录心情的小本子，想要发泄时，在本子上随便写上几句，这样，不仅对当下的复习有积极的影响，而且在考试结束后还可以回味自己这一路都是怎样走过来的。

考研能真正坚持到最后的人不多。各个阶段都有人因为各种理由放弃，比如到了招聘季受身边同学、朋友影响，觉得还是先找工作比较好而放弃；最后冲刺阶段觉得自己压力太大受不了或者没复习好而放弃等。或许其他的路也是走得通的，但如果你决心要考研，只有坚持下去才能够一步步地靠近目标。

四、复习安排

我是从 8 月才开始复习的，由于我有在大三备考一年的经验，所以前期搜集院校、找资料等这些环节就已经省去了一点时间。下面我将具体讲讲自己的复习安排（这部分讲述的是我自己的经历，仅供参考，师弟、师妹们要按照自己的实际情况制订复习计划）。

我是从大三第二学期的中段，也就是 5 月左右就开始准备英语了，那时候只是简单地看看单词，没有做题，也没有钻研长难句，但这个过程感觉背单词的效果并不是特别好。直到暑假开始，我才慢慢接触真题。现在想想，英语还是应该时常复习，就算不做题，时间充裕的时候看看英语文章也好。

我使用的英语单词书是红宝书，比较实用。现在关于英语单词的记忆方法很多，其实我个人感觉是无论用什么记忆方法，只要能帮你记住就好。在整个备考过程中，我每天都坚持在规定的时间内背单词，比如每天下午到教室后，就必须先背 20～30 分钟单词（到了 12 月前后，虽然很多人说背单词没什么用，但也还是会坚持，只不过时间会缩短，有时 15 或者 10 分钟，一般都是看那些在一、二轮圈出来的和真题中记录下来的不太熟悉的单词），我觉得如此复习效果不错。抱着单词书背诵单词的效果比不上利用阅读来记忆单词，后来我做真题，都会把不熟悉、不认识、有多种意思的单词记下来，然后重复看那些真题里出过但自己总是忘记词义的单词，这对于考研词汇的积累而言极其重要。当然，也有人喜欢一次性背诵以快速增加词汇量，即一个星期或者更长一段时间都在背单词。方法各有不同，适合自己就行。

这里要特别指出的是，无论是英语一还是英语二，吃透真题都是最重要的（特别是对阅读理解这一板块），可以说真题的分析是整个英语复习过程中的重中之重，它直接决定了英语考试的成绩（有的师兄、师姐基本不用其他资料，就是钻研真题，做真题的次数甚至达到 10 次以上）。我当时做英语题目时，一开始并不是整张试卷去做，而是分板块训练，根据自己的实际情况，先复习好阅读理解，然后复习完形填空与翻译题，最后才是新题型与作文（请注意，在整个复习过程中，阅读理解的复习是最为重要的，因为其分值所占比重实在太大了）。到了 11 月前后，我才开始训练掐表完成整张真题试卷，最好是头一天做完某年的真题，第二天再对答案、分析研究试卷中存在疑问的地方。虽然题目都是做过的，但仍有些地方会不懂或者做错，这很正常。但经过前面的训练，思路已经较为清晰了。需注意的是，无论做多少遍，都不要死记答案，要按出题思路来分析文章。

12 月的英语复习主要还是做真题和背作文。每天抓紧时间背作文，看看热门话题，自己也要动笔训练。另外，因为模拟卷的质量参差不齐，也不需要太纠结答案。我是严格按照考试时间来做的，做不完也不会为难自己再做下去。核对过答案，看了答案解析就差不多了，没有过于纠结，因为模拟题始终不同于真题。

我是从 9 月才慢慢开始复习政治的，复习之初我对这门科目还挺抗拒的。我用的是文都的教材，感觉它能缩窄一点看书的范围。而做题，用的就是肖秀荣的 1000 题，每看完一章就做相应的 1000 题的内容，我主要做选择题，大题一般不看。

而在复习过程中，我看书的习惯顺序是：《马克思主义基本原理概论》—《中国近现代史纲要》—《毛泽东思想和中国特色社会主义理论体系概论》—《思想道德修养与法律基础》，而这与一般的考研资料编写的顺序不同。我认为《中国近现代史纲要》和《毛泽东思想和中国特色社会主义理论体系概论》内容有重复之处，先看《中国近现代史纲要》可帮助厘清发展脉络，再看《毛泽东思想和中国特色社会主义理论体系概论》会更容易理解其"论"的含义。

关于政治真题，其价值不如英语，有些时效性的题目也已经失效。进入 12 月，我主要用文都冲刺班的讲义，反复看辅导班总结的重要知识点，同时这一个月也要开始背大题题目了，背诵主要用的是"启航""20 天 20题"、"肖四"并将"任四"也大致翻看了一遍。谨记冲刺阶段最好结合几个老师的押题，重点看重合部分。在考试时，尽量要多写，最好写满。

政治的选择题很重要，是前期的复习重点。虽然到了 12 月中下旬，我做模拟题还是会出现选择题仅得 20 多分的情况（选择题满分 50 分），但我还是坚持下去了。在冲刺阶段，应保持信息的畅通，和研友互相讨论背诵的资料是很有意思的事。

我考的专业课是 333 教育综合和 902 教育专业基础。

关于专业课的复习，主要是背诵记忆。这科有六本参考书，而我用的是凯程 333 教育综合的复习资料，里面已经浓缩了这六本书的复习重点，而且是比较全面的，我感觉这本复习资料对于报考一般的学校已经是够用的了。如果复习过程中觉得只看别人总结的资料心里不踏实，也可以将原书找来翻一翻。当已经翻看一遍后，会觉得内容多而细，无从下手，心情会比较急躁，这个时候，你可以去网上买个凯程 333 教育综合的视频，这比自己看书效果会好一点，而且价格也不贵。记忆时，要注意用关键词记忆法，这会大大提升效率。

关于 902 教育专业基础，在这次研究生考试中，我这科考得特别差，所以也没有很好的经验传授给师弟、师妹们。个人觉得还是应该多关心最新的教育点评、教育期刊和学科语文教育相关的报纸，同时，还要注重各类教案书写的要求，最起码看看初中和高中的语文教科书，多翻翻关于语文教学的参考用书。另外，我在复习这科时，一直暗示自己"这科考得活""没有标准答案"，所以就翻了很多课外的书，反而没有很好地利用并且吃透它的指定用书，所以在答题时，用的很多观点都是我在课外积累的，结果考试成绩不理想。

能通过研究生考试，做到当初答应自己要做到的事，这种感觉真的很棒。不忘初心，方得始终。借此机会向身边之人表我深深的谢意。感谢每一位帮助、支持和鼓励我的人，在此也送上我诚挚的祝福！

一只 "烤鸭" 的回忆

2010 级新闻 1 班 周海茵

其实对于申请国外院校研究生的同学来说，雅思成绩或是托福成绩是最基本也是最重要的一项测评标准。所以对于考研，我最主要的学习任务就是准备雅思考试。

我在广州新东方学校报了一期雅思培训班。每个周五，一上完王国珍老师的课，我就赶去东门坐下午 4 点半从湛江前往广州的车，有时候来不及只能搭乘 5 点多的车。每次到广州，都已经是夜幕降临，就这样，在这个陌生的城市我一个人背着背包走在前往酒店的路上，到达酒店也必须匆匆洗漱完上床睡觉，并于第二天一早赶去学校上 8 点的课。等到上完周日的课我又在暨南大学西门搭车回湛江，并准备自己周一的专业课。后来，在校门口开票的那个小伙子都认识我了。现在回想起来，那段时间真的特别累，特别是夜深人静，自己一个人看着窗外的路灯时，倍感落寞。妈妈说以后工作中像这样的出差也是常有的事，于是我把这段经历当成一种锻炼，也就不觉得苦了，更何况在那里我结识了很多志同道合的伙伴，我们戏称自己是"烤鸭"，每次上考场就叫"屠鸭"，大家互相加油鼓劲，交流学习心得，分享每一个好消息。哪怕只是练习的时候将最难的阅读题做对，都会让我们甚是兴奋。

这样的一段经历就像是人生中又一次高考，累并快乐着。我们时常会在经历的过程中抱怨辛苦，但回头看又会无比留恋。考雅思、申请研究生的这段经历让我的青春更加完整！

坚持就能稳操胜券

2011 级中本 2 班　陈桂云

其实考研考的就是你有没有一颗耐得住寂寞的心，只要你可以坚持做到把专业书反反复复看三遍以上，再背一两遍，你基本上就稳操胜券了。这条定律无论在初试还是在复试时都是适用的。还记得那时，我说我要考研，我的毕业论文导师一直说："你看多几遍书就好了。"他还向我举了例子：他女儿看了四遍考上了，上一届某位师姐看了六遍考上了（师姐是书上哪怕有一句话看不懂也会跑去问老师的人）……现在再加上一个我，我想你没什么理由不相信这个定律了吧。

经常，有人在纠结志愿问题。我只想说说自己的看法。如果你不是为了工作（为了工作直接考专业型硕士就好，没必要花三年时间读学术型硕士），那么首先考虑的应该是自己的兴趣，确定好报考的专业。像我，对方言感兴趣，所以文字学是我选择的专业。之后再选学校，可以搜索一下哪所学校的文字学专业较出名，也可以考虑自己喜欢哪座城市。家人希望我报考离家近一些的学校，所以我报考了华南师范大学，其实我自己更喜欢上海师范大学。在家人的影响下，我确定报考院校时没有犹豫，暑假回家后就立刻开始搜集资料，准备复习。

搜索资料时，要善于利用网络资源，基本上每个学校都有自己的考研论坛，里面有用的信息还是不少的，最好能在论坛认识一两个同专业的在读的师兄、师姐。另外要多去图书馆，搜索和文学史、古代汉语、现代汉语有关的书籍。如果你不是跨专业的考生，本科的时候肯定有很多期末复习资料，可以拿出来看一下。最后当然是向认识的师兄、师姐，或者是和你一起考研的同学借用公共科目的资料。我那时没有找研友，但依靠舍友还是获得了不少资料。英语是我的一个痛处，大家看看我的分数就知道了，53 分，只比分数线多了一分（真的挺幸运的）。出分数线之前的一个月里我都在担心，没有心思去干别的事。所以，在这里我要提醒你们，英语复习必须是最早开始、最迟结束的一科，而且要保证每天都有一到两个小时进行复习。对于英语的复习，我开始得太晚了，那时我甚至占用了英语的复习时间来复习专业课，到后来才感觉时间不够用。

至于政治，不用太早开始复习。我是10月才开始复习的，不过后来时间有点赶，但最终成绩尚可，建议复习在政治考研大纲出来之后开始。大纲一般会于9—10月公布，请考生们及时关注。

英语和政治两科我都没有报班，因为当时偏向于自己复习。但然后我英语基础太差，又没有足够的自制力，所以如果觉得自己自制力不够，可以报个辅导班。

每个学校的专业课都不一样，所以在此我就不详细说了。对于专业课而言，大家必须花很多时间去复习，基本上需要复习三遍以上。我复习的时候第一遍是一章章慢慢看，在书上标出自己觉得重要的内容，书中哪怕有一句话不懂，我都会在旁边打个问号。第二遍主要是做笔记。我到图书馆借了与专业课程配套的练习，对着习题和书做笔记，其中，文学史是按照考试的题型做笔记，汉语基础则是按照章节做笔记。之后我又用红笔标注了历年的考点，这样会很清晰地看到每年考试的内容和重点。第三遍时，我重点回顾了之前标注了问号的地方，还不懂的就将那一页折起来，积累到一定数量之后我就会去教室向老师问个清楚。第三遍复习结束后，书上的内容就可以基本掌握了，这时可以开始背诵了。文学史其实重点不在背，而是在赏析，所以可以针对考点去知网上搜索相关的论文，了解别人是如何进行赏析的。而汉语基础则重在分析，所以除了背诵，我还会拿习题来练手，碰到不懂的就去问老师。提醒大家，最好在手机中保存科任老师的联系方式，遇到不懂的问题可以及时向老师请教。

还要说一说时间分配的问题。我从初中开始就喜欢分配时间，尤其喜欢交差学科进行学习，总觉得一个上午都在学一科很累，容易产生厌烦的情绪。比如上午我会先背英语单词，之后复习专业一，一个小时后复习专业二，再后来复习政治。下午时间较短，一般我只复习英语。晚上时间较长，前半段时间我会复习专业二，后半段则复习专业一。

每个学校的复试形式可能会有所不同，华南师范大学的复试是笔试加面试的形式。在这里提醒大家，不要只重视面试，虽然面试也很重要，但是笔试毕竟占了一半的分数。我的复试就是靠笔试逆袭的。我初试时专业排名是第八，加上复试笔试成绩是第一，最终总排名为第二名。在我们进入复试的12个人中，面试成绩都在92~89分，有一个女生初试成绩比我还好，面试成绩也不错，但笔试不合格，最终不幸落榜。然而，也不用太畏惧面试，面试的考官们都非常友善，若遇到无法解答的问题就诚实地说不会即可。英语面试主要是考查考生的英语发音，所以如果问到没有准备到的问题时，也不用太担心，只要把自己会的说出来就可以了。英语面试事先可以准备以下几个方面的内容：自我介绍、家庭介绍、家乡介绍、参加考研的原因、未来的学习计划介绍等。

还有人会问初试之后要不要和导师联系，我觉得联系与否对是否能考上关系不太大，能联系上也可以试着联系一下，没有联系方式也无须太过担心。由于华南师范大学此专业导师的信息未在官网上公开，所以我一直没办法联系上导师，甚至导师队伍中有谁我也不清楚。后来还是和张家波老师取得了联系才知道了其中一位导师的信息，所以大家也可以借助学院老师的帮助。希望我的这些经验对你们有所帮助，祝你们能考取自己理想的学校！

你，出发了吗？

2011 级中本 4 班　陈丽桂

考研是场马拉松赛，过程漫长，特别考验一个人的耐力和毅力，能坚持到最后才能取得胜利。你，出发了吗？

首先，简单说说我初试复习的整个过程：3 月开始选专业、学校和购买资料，背英语单词（英语单词要天天背，直到考完试）。但正式的复习基本上是从 7 月开始的，这期间我初步拟定了个人学习计划。7—9 月，我继续背英语单词、做英语真题并翻阅政治书。个人觉得这一段时间的复习至关重要。因为这段时间是暑假，我们精力充沛且能心无旁骛地复习，所以往往也是复习效率最高的时候。9 月开学后，在总结了前段复习情况的基础上调整复习计划，并开始复习专业课。这一阶段我把专业课作为复习的重点，同时保证要预留一定的英语、政治的复习时间。11 月，主要是根据前两个阶段的复习情况进行补充和强化（同时参加学校组织的实习）。这时我得知考试时间提前了一周，便调整了原先的复习计划。这个月重点复习政治和专业课，同时保证英语的复习时间。这样一来政治的复习时间就不够了，这是我初试备考的最大失误！12 月，紧张感和压迫感随之而来，一边是看不完的书，一边是飞逝的时间。这是最考验一个人心态的时候，其实走到这一步，只要能够坚持按照计划复习，胜利就在前方。

以上是我个人的复习过程，看似简单，但其中的酸甜苦辣只有经历过考研的人才会知晓。如今回顾，这段时间收获很多：巩固和补充了大学所学知识，提高了自身能力，如自学能力、时间安排能力、人际交往能力等，最让我感到开心的是认识了一些志同道合的研友……这都将是我受用一生的宝贵财富。

接下来是我根据考研经验给师弟、师妹们的几点建议：

一、写一份学习计划

考研计划不必过于详尽，但一定要有明确的时间目标和任务，清楚自己什么时候该做什么。我把我复习的时间分为几个阶段，安排好各个阶段的目标和任务。当然，计划是可以根据具体情况和问题进行调整的。

二、找一两个伙伴

考研是一个漫长的过程，孤军奋战不是最好的选择。我特别感谢陪我一起度过考研时光的伙伴，我们相互鼓励、相互督促。学习之余，我们一起散步，一起讨论遇到的问题，彼此分享学习方法和心得，最终我们都通过了考试。现在回想起那段日子，真的很美好且值得怀念。

三、懂得搜集和选择资料信息

资料不在多，在于精。懂得选择和利用有用的信息，能让复习事半功倍。英语方面，我参加了考研英语辅导班，用的是他们提供的资料，但其实很多资料都是自己可以买到的，个人觉得不是很有必要去报班。政治方面，除了后来买的肖秀荣的历年真题和最后四套题，我没有买其他的资料，只是自己在网上买了一些视频课程，打印了他们的讲义。专业课方面，除了指定参考书外我觉得最有用的是历年真题，仔细研究和分析真题你会发现命题人的命题思路是很相近的，有时甚至会有重复考的试题。

如果有机会能拿到学长的专业复习笔记，对考试会很有利，说不定可以为节省很多时间。我的专业课复习的时间不多，但也取得了理想的分数，很大程度上得益于这些笔记。

四、合理安排时间，注重效率

复习时间要根据自身的特点灵活安排，不要盲目追随别人。在时间安排上，我的原则是一定要保证每天有足够的睡眠时间，这样才不至于看书时昏昏欲睡。我一直觉得学习的时间不是越长越好，而是要注意提高效率。

五、重视复试准备

首先不管你的初试排名有多好，都一定要好好准备复试。初试分数高的也有可能被刷掉，而那些初试排名靠后却成功逆袭的例子也不少见。不同的学校，复试的流程也会不同，但都大同小异。我们的复试分为三个部分，笔试（专业知识）、专业面试和英语口语听力测试。笔试考查范围广，更多的是靠平时的积累，而专业面试和英语面试就要认真去准备了。

正视自己， 步步为"赢"

2011 级中本 2 班　化红丹

　　距离考研复试结束已经近一个月的时间了。回顾我的考研历程，觉得有必要写下来，一来纪念我生命中那一小段孤独而坚强的岁月，二来希望我的经历能给师弟、师妹们指点迷津。

一、前期准备

　　那时还是大三，对考研一无所知，看到人文学院的考研光荣榜，内心对他们充满了敬仰之情。我班请了考上研究生的师兄、师姐们做考研经验交流，从他们的话语中我对考研有了一些了解，但真正促使我下定决心考研的不是外界的宣传，而是我内心想要追求进步、挑战自我的想法。因为我知道：虽然考上研究生并不一定能够比直接就业的同学发展得好，但是考上研究生意味着我能进入一个更高的平台，发展的道路和机会将更多。再者，父母非常支持我考研，他们更是以长远发展的眼光来教导我，而我也希望能成为他们的骄傲。于是，我便不再犹豫彷徨，紧锣密鼓准备接下来的事情。

　　在学校选择上，我可谓费尽了心思，前后找了十几所学校，通过对比、查询、了解，刚开始选择了四川大学，在网上又结识了一位四川大学的研二学生，并且通过她了解到初试的考试范围和重点，后来我还在网上买了复习资料。但即便如此，在 5 月时我还是更改了目标学校，选择报考河南大学。因为，在一次人文学院的考研动员和交流大会上，学院领导和老师特意对院校选择做出了强调：选择院校要结合自己的实际情况，不可好高骛远，也不要迷信名校。而我当初选择四川大学，也只是看中了它的名气、实力，却并没有考虑自己的学习能力和情况。于是，经过几天的思考，我便决定报考河南大学，究其原因，一是它在我的家乡，而且其文学院实力比较强；二是它相比其他名校要好考一些，每年只要过了国家线基本都有机会进入复试。

　　确定好院校后，我便想方设法寻找复习资料。由于本院几乎没有师兄、师姐考过河南大学，所以在寻求资料方面遇到了各种阻碍，我就通过网络，花费了大约半个月的时间，搜集到了近 12 年的专业课真题，这也算是我那段日子最大的成就。搜集齐真题后，我便把参考书准备妥当。由于网上卖的专业课笔记及复习资料太贵，因此，我放弃了购买资料，自己整理笔记复习。

二、初试备考

初试英语我考了 55 分，虽然并不高，刚过线，但我已经很满足了。在 4—6 月，我把复习重点放在了英语上面，因为一直以来英语都是我的硬伤，四级考了四次才过，口语和听力差得没话说。因此，我很早就开始复习英语。首先是采用了词根记忆法，5 500 个单词我也只是记忆了一半而已。进入 7 月，我就开始做英语真题了。刚开始做真题，真的很受打击，英语短文几乎读不懂，而且阅读速度很慢。后来，我就做一篇阅读、翻译一篇，把文章中所有不懂的单词都圈出来，标上释义，然后把这些单词背诵记忆，每隔几个小时就复习一遍，一天下来，一篇文章我要反复记忆五六遍。第二天再复习一下，等到完全记住后，这篇阅读我就会隔三天再拿出来看看。就这样，英语除了真题，我没有买任何其他资料，整个英语的复习资料是近十几年的真题，我把真题做了一遍又一遍，反复研读，思考出题人的意图。在英语复习方面，对我帮助和启发甚大的还有朋友给我的 2012 年的新东方英语阅读真题讲解视频，从这些视频中，我领悟到做英语阅读理解是有技巧的，我运用了视频中老师传授的方法："顺序法"和"对应法"，能够不阅读完文章便可较快选出答案且正确率比较高。经过长期的训练，我的英语阅读由开始的 20 个错 13 个到 20 个错 7 个，这对于我已是很大的进步。由于英语复习得比较慢，所以我没有时间再做其他英语练习题。英语除了五篇阅读题还有完形填空、新题型、翻译题和大小作文。新题型的题一般都不难，平时把真题上的新题型做了，就没什么大问题。翻译我训练得比较晚，11 月才开始，因此初试翻译部分做得不是太好。对于大小作文，平时有时间就自己写写，训练一下，虽说作文有很多模板，但是平常也要练练手。在 11 月时，我就开始准备自己的模板了。而小作文要提前分好类，例如考研英语一小作文部分为应用文，分为三类：书信类、告示类和摘要。其中，书信类包括私人和公务信函、备忘录、报告。信函主要包括邀请信、感谢信、道歉信、祝贺信、介绍信、申请信、建议信、投诉信、咨询信、辞职信、请求信等。大作文整体可分为"正面话题""反面话题""正反对立论证话题"。准备好大小作文的模板后就要开始背诵记忆了，这个过程一直要坚持到考试的那天。

对于政治的复习，我是从 9 月开始的。刚开始买了肖秀荣的近十年真题，很多人认为政治没必要买真题，但是我认为真题的参考价值是比较大的，通过做真题，我能够感受到出题的偏向和难易程度，能够测试出我真实的政治水平。于是，刚开始，我每天做一套真题，连续做了五套后，才开始看书。政治的复习要有总体计划和阶段计划，如每天看多少章，计划用多少天把书看完。而且，政治复习更重整体把握，对于各个章节，脑中要有个清晰的框架和轮廓，在做题时要能够准确定位题目要考的知识点。在复习的前期，我总容易把内容弄混，所以很苦恼，后来通过反复梳理知识点，才对政治内容有了整体把握。政治的复习资料我买得比较多，用了肖秀荣的一系列书。在 11 月和 12 月，分别做了"肖八""肖四""任八""任四"，由于题比较多，所以最后只能选择部分大题背诵。而政治得高分的关键在于单项和多项选择题，平时要加强对选择题的训练。初试政治考完后，我感觉还是有点难，政治的选择题有很多不确定选项。但是，结果出来后，我感到很惊讶，因为我考了 74 分。后来对了答案才知道是自己的选择题做得比较好，所以才能考这么多。

我报考的是河南大学现当代文学专业，专业课考的是大综合（包括现代文学、古代文学、现代汉语、古代汉语、文学理论、文学批评和写作）。由于需要复习的内容较多，我只能粗略复习了大体框架。也正因如此，在初试考试时，古代文学部分总共五道题我竟然都没有复习到，幸亏大学本科期间曾经学过，所以还有些印象，但最终还是拿不到多少分。现代文学我复习得较细致，因此，初试的五道题我都曾重点复习过。但总体说来，我专业课的成绩考得并不高，专业课一 120 分，专业课二 107 分。在考完初试后，我对专业课复习的最大体会就是复习要紧贴课本，要坚持把书本吃透，不要到处找资料、背资料，自己根据真题总结课本上的知识点、重点，这样才能掌握得更牢固。

三、复试

对于复试，我可能要作为一个反面教材提供给大家了。在国家线出来，我认为自己初试 356 分可能没有什么希望进入复试，因此，在那一个月里，我没有准备复试。待到开学，国家线公布为 345 分，我比国家线高了 11 分，很有可能进入复试，这时我才开始准备。但到复试时，由于只考现当代文学，因此考点很细很灵活，所以复试笔试我考得并不怎么好，纵使面试的分数比较高，但是由于初试成绩和别人相差太多，我的最终排名还是比较靠后。结果，我被调剂到文学院文艺学专业（报考河南大学现当代文学和古代文学专业的学生是可以在本院内调剂的）。所以，我想告诉师弟、师妹们，初试结束后，应尽早准备复试，即使初试成绩刚过国家线，也不能放弃准备，因为也许还有很多机会在等着你。

在学习方面我的经验大致就是这些，除此之外，考研期间更要注意锻炼身体和调节自我情绪。考研复习是一个漫长的过程，如果你连续每天坐10个小时而不锻炼，那么你的身体迟早是要抗议的。所以，复习了一天后，不妨跑步半个小时或者跳上半个小时的健美操，你会感觉到一天的劳累都融在了汗水里，疲劳感也会消除。考研期间情绪波动可能比平常大些，当你对自己的能力产生怀疑时，不要沮丧，这些都是正常的。因为，面对未知事物，人类更容易产生恐惧的心理。这时，我们所要做的就是相信自己、鼓励自己，让自己的内心更坦然些，踏实走好自己的每一步，尽力就好。

最后，还是希望每一个有目标的人，既然已经给自己确定了目标，那么就要勇敢坚忍地走下去，最终你会发现其实这条路并没有你想象的那么难走！

无悔前行

2009 级中本 4 班　邓志玲

我的考研之旅从大三的暑假开始，备考了半年，然后经历了 1 月的考试、2 月焦急的等待、3 月国家线的公布、4 月复试的通知直至最终参加复试。这实在是一个漫长的过程，一个磨炼心智的过程！最后结果的好坏我无法预知，只知道在这个过程中，努力才是我能够做的。我庆幸自己参加了这场考试，因为在这个过程中我收获了许多，关于学习，关于生活，关于亲情，关于友情……那都将成为我人生中宝贵的回忆。感谢所有给予我帮助的老师，一直陪伴着我的舍友，以及一直支持我的家人和朋友。

坚持在某种程度上等于胜利，很多考研成功的例子告诉了我们这个道理。有一个朋友参加了两次考研，他不仅仅背负着第一次考研失败的压力，更背负着沉重的就业压力，但他依然在考研之路上勇往直前。功夫不负有心人，老天最后还是眷顾这位执着的勇士。在最终结果出来之后，他和我说了一句让我印象深刻的话：坚持在某种程度上来说等于胜利！是的，我的考研经历也证明确实是这样的。

在备考过程中，我们常常会遇到很多关于舍与得的选择题，这就是人生的哲学。无论在生活方面还是在学习方面，我们在做出选择前都要考虑清楚自己想要的是什么，因为既然选择了，就要为自己的选择负责到底，坚持到底。大部分参加考研的应届毕业生都会被就业和考研这两个选择一直拉扯着。我们会想，如果在考研失败之后再加入就业招聘大队伍，是否会错过许多，落后许多？在听闻身边的同学都陆续签约而自己却只能一直等待着考研成绩时，各种焦虑扑面而来。很多时候，正是在漫长的等待中，人才会慢慢忘记自己最初想要的东西是什么。现在想起来，这份录取通知书正是我所追求的。

就业，其实不仅仅是毕业生自身的归宿问题，更是一份责任，对家人的责任。我们都希望在历经多年求学之后能找到一份自己喜欢的工作，成为家里的支柱。不管是因就业竞争大而带来的压力，还是来自家庭责任的那份压力，都让我们在面对就业这个难题的时候变得焦虑。在全国硕士研究生考试初试结束之后，我感觉考研的路可能就此结束了。在就业压力面前，我开始准备教师招聘考试，但是只要考研的初试成绩还没有公布，我就不会彻底对读研死心，就像在等待着奇迹出现。年前，初试成绩终于公布了，这时又进入了另一个纠结期。分数过了国家线，却处于危险地带，我不确定这样尴尬的分数能不能为我争取到一个复试机会。根据目标学校以往两年的复试录取情况，再结合现在的发展趋势，我似乎还能看到一丝希望，但在严峻的就业形势面前，这一丝希望到底值不值得我去坚持？这样我会不会又错过即将到来的春招。是为研究生复试做准备还是为教师招聘做准备？我又再次于岔路口彷徨。最后，冒着可能会因"贪婪"而变得一无所有的风险，我选择了做两手准备。每天的复习除了准备教师招聘考试，还安排了一部分时间为那未知的复试做准备。在复试的一个星期前，我得知自己的名字出现在了复试名单上，那时的狂喜至今难忘。复试结束之后，我再次开始备考教师招聘考试，在拟录取名单公布之后，我还参加了一次佛山的教师招聘考试，也许有人会纳闷为什么我考上了研究生还要花精力去参加招聘考试。因为我想告诉自己，获得了继续进修的机会并不是给自己找到了逃避就业的借口，而是为了让自己能找到更广阔的一片天地，让未来的自己能飞得更高，承担起属于自己的那份责任。

大部分人都不是天才，大家的学习能力不分伯仲，好的心态才能保证在复习过程中不断积累实力，培养好的心态得到的是一种安定的幸福感。好的心态加上自己的努力，那么成功就离你不远了。

备考研究生入学考试初试分为六个阶段，每个阶段有不同的复习侧重点，大家可以结合自身的学习基础，制订更适合自己的计划。

预备阶段：从年前到 2011 年 3 月。主要工作是确定考研目标，明确报考院校专业等基础信息。基础比较薄弱的考生也可以将基础阶段的部分复习内容提前到预备阶段。

基础阶段：2011 年 3 月—2011 年 6 月。本阶段需要全方位、多角度夯实复习的根基。英语复习的重心在于牢记语法知识和记忆词汇，同时建议精读英文篇章，整理出重要的生词、固定搭配以及分析核心长难句。

提高阶段：2011 年 7 月—2011 年 8 月。本阶段要在基础阶段的基础上进行深化。英语除了继续记忆单词及巩固语法，还要加入真题研究，总结重点、难点，以了解命题规律及把握考点。同时，该阶段要开始政治的全面复习，结合课程来看书，尤其对于马哲、政经的理解记忆非常重要。

强化阶段：2011 年 9 月—2011 年 10 月。本阶段是对于考研复习的一个全面提升过程。英语要继续记忆单词研究真题，并且加入阅读理解训练以及作文训练，要细致研究范文，整理词汇运用、固定搭配及篇章结构的安排，并且要坚持练笔。政治则需要看书与做题相结合。

冲刺阶段：2011 年 11 月—2011 年 12 月。本阶段是前期复习效果的一个全面总结及应试能力的培养阶段。英语需要开始一定量的模拟题训练，坚持写作训练，并且总结前期复习中的好词好句。政治需要有比较清晰的框架体系，掌握知识点，并且开始模拟题的训练。

临考阶段：2012 年 1 月。本阶段主要是心态调整及全面回顾阶段，要结合前期的复习笔记等进行知识点的查漏补缺。

最后简单说说专业课，我报考的专业是学科教学（语文），专业课包括 333 教育综合和语文课程与教学论。其中 333 教育综合包含的内容比较多，以下主要和大家分享一下复习 333 教育综合的心得。

教育学原理部分是 333 教育综合的重点，它所占的分值最大，大家一定要抓住这一块，它也是所占分值最大的，在背诵的同时也要能够结合现在的教育形势、课程改革等内容进行分析。

中外教育史的内容比较繁杂，背的时候一定会吃不少苦，我在备考时也对中外教育史感到很头痛。但是心急吃不了热豆腐，同学们在全面复习的同时一定要抓住重点去背诵。那么什么是重点呢？其实重点就在历年真题里。纵观历年真题，大家是不是觉得有些知识点总是反复考、来回考呢？例如苏格拉底法，这样的例子很多，教育史部分有，原理和心理学部分也有。只是教育史部分的主次更加分明，因为在教育史里有太多不重要的东西了，有些内容只要有个大概的印象即可。由于 333 教育综合题型的限制，它能考到的内容就只有那么多。

关于心理学，它有的内容比较抽象，没有具体的实例是较难理解的。我的经验是起初我对照课本解析看了一遍心理学，因为看得比较细致，所以内容都理解了。接下来就是整理笔记然后背诵的过程，慢慢地，我发现我以前理解的也都忘记了，但是这并不影响我的背诵。也许你在理解了以后更好背诵，但是我想说，在时间不多的情况下，就不要纠结于是否理解，死记硬背，反复背，都是可以背下来的。333 教育综合考试不会给你出一个教学案例然后让你用心理学的方法来解释，它的问题总是很直接、很死板，这就方便了我们备考。曾有没考过 333 教育综合的同学说，考过的题目不会再考，其实恰恰相反，你们目标学校的真题也是复习的重点，有些学校就喜欢重复出历年的真题，所以同学们要好好利用目标学校的真题！

无论选择哪一条道路，在你前进的过程中都不可能总是一马平川，拿出勇气去坚持到底才可能看到最后的风景，加油！

世上无难事，只怕有心人

2011 级中本 4 班　黄晓媚

考研的时光离我已越来越远，但离想要考研的师弟、师妹们却越来越近了。备考的那段岁月很漫长，但一路都在收获。在这里，我愿意把我备考的经验分享给各位师弟、师妹，希望你们也能一路收获。

我要分享的经验有三点：第一点是关于专业和学校的选择；第二点是各科的复习方法；第三点是关于报班。

首先说第一点。专业和学校的选择使很多刚刚立志考研的同学感到困惑，有的甚至纠结一个多月，可见专业和学校的选择是值得我们重视的首要问题。我认为专业和学校的选择需要考虑两点：第一点是你的兴趣和未来的职业规划，也就是说你研究生毕业后想要从事什么职业。如果想要从事教育行业的话，报专业型硕士的学科教育也可以；如果想要从事其他的，则可以按自己的兴趣去选择。你们一定觉得我表达得很含糊，其实确实是这样的，没人能左右和决定你们的选择，毕竟专业和学校的选择对你们来说真的非常重要。但你们可以问之前考上研究生的师兄、师姐们，最好是在读的和即将毕业的，尽可能地多问，了解他们读完某个专业后的去向。无论你选择什么专业，最终面对的都将是社会，希望你们能够对未来有一个科学的规划。

第二点可能是你们更想要关注的。首先说英语。英语很容易成为我们考研路上的一块绊脚石，所以复习时我们要首先攻克英语。英语考试有完形填空、阅读理解、新题型和大小作文这四种题型。其中阅读理解是最重要的，要在复习的早期就开始准备，可以每天做一篇阅读理解。虽然是一篇，但你可能要花两个小时来完成它。为什么是两个小时这么长呢？因为你不仅仅要把文章看一遍，把题做完，还要：

（1）翻译全文。

（2）摘抄长难句并将其归类，理解每一个长难句的结构和翻译。

（3）查、抄不懂的单词。

（4）分析问题，自己总结问题的类型，然后总结出不同题型的解题规律。

　　按照这种方式来把真题中的阅读理解做一遍，你将会有很大的收获。同时作文也很重要，要把每一年的作文练一遍，总结出写作文的规律。我大作文是听新东方张伟老师的课程，觉得他教授的方法很管用；小作文则是自己看真题范文总结出来的。我把每一种小作文类型都总结出一个规律，那不管遇到什么类型的小作文我都不用怕了。至于新题型，这是很好拿分的题，但现在不用急，可以到10月再开始练习。最后是完形填空，可以买一本参考书进行训练。

　　关于政治，其实大家不用担心，虽然政治需要复习的内容很多，但是最终按照书本出的考题也并不是很多，大多数题目都是各主要知识点的变形，所以大家不用太担心。政治可以等到七八月再开始复习。我建议不报班的同学可以在网上购买课程视频，一天听几章，这样11月前就能听完，且有助于理顺复习思路。到11月就可以开始做题了，并背诵关键知识点。到了12月各大机构开始押题，这时可以去报个冲刺班。我觉得这样的计划是不错的。

　　最后是专业课。专业课的复习比较复杂，每个同学报的专业和学校各不相同。我当时在复习前先将所有参考书买齐，并了解了自己所报学校专业的真题类型。真题可以在百度上搜索，也可以去考研论坛上寻找，最好能拿到近十年的真题，这样会更有效率。因为学校不一样，考试方向也会不一样，复习的重难点和方式也就不一样了。因此一定要认清真题的重要性。

　　关于这些科目的时间安排，我是这样的：早上是政治和专业课，下午是英语，晚上是专业课。你也可以按照自己的作息时间和学习状态来进行规划，但我还是建议大家把英语放在下午来复习，因为英语是在下午考的，所以平时复习时要注意养成下午做英语习题的习惯。

　　第三点就是是否报班的问题了，我觉得学习不是很自觉和不善作计划的同学可以去报班，报班可以起到一个督促作用。但对喜欢按照自己复习方式进行复习的同学来说，我建议上网购买辅导班视频即可，这样比较划算。

　　这就是我考研的经验分享，最后我想对各位师弟、师妹说："其实，考研没有你们想的那么难，只要你肯坚持，明年你也一定可以站在讲台上对下一届的师弟、师妹们分享你的经验。大家都是有梦想的人，只要坚持下去，就一定会有收获。相信自己，我也相信大家。"

迎 战

2011 级中本 2 班　陆慧君

　　我是从大一开始就立志要考研，但是一直没有采取行动，浑浑噩噩，就这样，两年的时光一晃而过。当我真正意识到要开始行动时，才发现已经是大三了。有人要问，大三才开始准备考研会不会为时过晚，而我想对那些正在犹豫着的师弟、师妹们说，有梦想何时都不算晚。如若觉得时间不够，就要挤出更多时间来复习。考研真的是一场硬仗，如果没有足够的决心和毅力，是不能打好这场仗的。

　　下定决心考研，接下来就是选学校的问题了。我曾经决心考中山大学，也买了一些参考书。但在复习了两个月之后，我分析了自己的情况，也参考了老师们给我的建议，我觉得中山大学太难考了，能通过初试的可能性微乎其微。最终我还是决定更换了目标学校，报考华南师范大学。我觉得选学校是一个很重要的问题，只有方向选对了，才能沿着正确的道路走下去。每个学校办学的侧重点不同，所以考研首先要确定自己要考取的学校，不要盲目跟风，也不要执着于名校，根据自己的实际情况去选择适合自己的学校。同时，选择合适的专业也很重要。我选择的是中国古典文献学，这个专业比较冷门。很多人觉得此专业很枯燥，专业性太强。其实文献学中的很多知识点和古代文学史重合，所以喜欢古代文学的同学们可以考虑一下古典文献学专业，冷门的专业相对容易考上。

　　在英语复习方面，我采取了高中时的复习方法，每天坚持做一篇阅读理解和一篇完形填空，然后每天安排其他不同的复习内容。英语是很多人的短板，许多考研的人都败在了英语上面。所以英语越早复习越好。英语阅读理解最好的复习方法就是做真题。真题均是往年的题目，只有不断练习真题，上了考场才能从容应对。近些年来的真题难度起伏不是很大，根据往年的真题可以预测当年英语的难度。另外，利用真题去记忆单词也是一个很不错的方法，因为单词的意思不仅仅是我们从字典里看到的那么简单，我们通过阅读的语境可以推测单词的意思。只要学会了推测，就算遇到不懂的单词，我们也能大概知道它是什么意思。最后的两个月，我开始背英语作文。尽管有些人说背作文没什么用，但是我觉得背作文可以让我们写作文时更顺畅。

政治不适宜太早复习，大概 10 月开始准备即可。刚开始复习政治时，实在是复习不下去，因为有点枯燥，所以效率很低。后来我就做选择题，根据选择题来逐一复习知识点。这样一来，效率高了很多。12 月开始做冲刺题目，那么政治基本上就没问题了。

至于专业课，一定要复习至少两遍。12 月的前半个月将知识点回顾，后半个月再过一遍知识点。专业课的重要性不用多说了，在备考初试的时候复习得好，那么后面的复试就会相对轻松一点。

在等待初试成绩公布的这段时间，你可以练习一下英语口语并看专业课的相关书籍。成绩出来之后，要留意调剂学校的信息，为自己多做一些准备。在接到复试通知后，就要赶紧复习。复试的专业课不会太难，很多都是重要的知识点，所以复习重点内容就行，因为复试不会考得太偏。至于英语口语，要准备一下常考的问题。面试的时候不要过分紧张。

考研是一条难行的路，但我们必须坚持到底。在此，感谢所有在考研途中帮助过我的人。

这一路荆棘丛生，
回头望繁花似锦

2010 级对外汉语　周依依

大一时，我担任岭南师范学院第四期教育名师论坛的主持人，当时与台湾著名心理学家冯观富教授进行面对面访谈，他说的一句话让我印象深刻："人生最重要的不是努力，不是奋斗，而是抉择。""抉择"这个词在我整个考研调剂过程中非常重要。

在我的考研之路中，调剂这一关最让我印象深刻。2 月考研初试成绩出来时，我迅速地根据往年分数线和排名初步预估了我的排位，预测应该无法过第一志愿的复试线，当时我心里很失落，但是很快就平静下来了。面对众多可供选择的调剂学校，综合各方意见，我最终选择了广西大学。首先，广西大学虽然地处偏远的西南地区，但历史悠久，是全国知名的211 学府；其次，广西大学的孔子学院在泰国，该校汉语国际教育专业的研究生在研二时需要去那里实习一年，我之前有代表岭南师范学院赴泰交流的经验，又会一些基础泰语，这对于我申请调剂到广西大学以及参加复试都有帮助；再加上广西大学在省会南宁，那里与东盟十国来往甚密，有着对外交流的广阔舞台，对外汉语专业人才在那里很有市场。最终，我顺利调剂到广西大学并且通过复试，成功被录取。

从某种角度来说，我很感谢有这么一次调剂的经历，它比考研初试更能让人学会在逆境中击败那些可能将你击倒的挫折。我想告诉大家的是：第一，在面对人生重大抉择时，我们要积极主动地去获取信息，去联系、关注那些与自身关系密切的人和事，而不是消极等待；第二，遇到挫折时不要气馁，不要惊慌，一定要冷静分析，多和老师、长辈沟通，询问专业意见，做出最明智的选择。

每个人想到考研，都会觉得这条路荆棘丛生，但是当你成功后回头望，却也能看到繁花似锦。

感谢学院谢应明书记、钟明杰副书记对我的鼓励与支持，还有我的辅导员詹绍姬老师以及人文学院其他老师的教导，还要特别感谢人文学院的刘淑芬老师。之前我和刘老师素未谋面，但当老师知道我需要调剂时，她积极帮我联系自己的研究生母校广西大学，指点我复试时的注意事项，整个复试过程中她也一直关心我、教导我，让我万分感动！

回想考研这一路走来，学校、学院以及我的研友们给了我很多关怀和帮助，谢谢你们给我的这些正能量！日后我一定更加努力，不辜负领导与老师的期望！

收获温情的考研花朵

2009 级中本 3 班　李雪娴

考研已经告一段落了，初试、复试的场景偶尔还是会浮现于深夜梦回中，醒来，给自己的往往是两行别有意味的清泪，既是对自己所流过的汗水的清洗，也算是对自己这一路坚持的回应吧。

备考期间，本人把专业课本看了至少三遍，政治考点看了不下五遍，英语真题做了不下三遍，十五年的考研阅读全部翻译了一遍。经过努力，我初试考了 390 分，政治 76 分、英语 56 分、专业一 135 分、专业二 123 分，其他科目还算可以，就是英语考得不太理想，最终我成了高分调剂中的一员。本来我报考的是暨南大学的比较文学与世界文学专业，后来调剂到浙江师范大学的同一专业。2013 年 4 月 8 日，我在暨南大学复试完，也没等结果，晚上便用手机预订了去杭州的机票，准备参加调剂复试。2013 年 4 月 9 日早上，当我坐上了机场大巴时才发现身上只有一百来块钱，甚至连订了什么航空公司的机票也记不得了，手机只剩下一格电。经过在机场的焦急奔波，兼得好心人的让队和机场工作人员的热情服务，我终于在 9 日的中午登上了飞机。在飞机上，当我为钱包与前途感到无奈与伤感时，邻座的大哥了解到我的难处，出于同情，他告诉我该如何前往浙江师范大学，并在下机后帮我购买了机场大巴票。在机场充电时，我接到了妈妈打来的电话，我在机场为我的遭遇而感到悲伤，我妈在电话的那头也为我伤心难过，我甚至不顾仪态地大哭起来。可是值得欣慰的是，在机场问路时，出差回来的浙江师范大学的老师主动跟我打招呼，并让其夫人直接将我送到了学校门口。浙江师范大学最晚报到时间是下午 3 点，可是我从杭州萧山机场出发时，就已经是下午三点了，错过了报到时间。这时我只能怀着试试看的心态拨通了文学院的电话，说明情况后，对方答应等我，结果一直等到六点多。好不容易等到我来了，结果我除了政审表，什么都没有带。那位负责报到的老师启动了电脑，帮我打印、复印所缺的资料，还问我从哪来。见我背着大书包，又宽慰我慢慢来，请我喝水，要我赶紧去吃饭。为了使我顺利参加口语考试，连续为我拨了两次电话，请问这样的一份情，我能不珍惜吗，我能错过吗？

复试分为四部分：英语口语面试、政治思想考核、专业笔试、专业面试，所有内容分三天进行。15个考生中会录取9个，其中还包括3个自考生。很幸运，我笔试第一，面试第三（第一名为来自扬州大学以382的高分考取985名校的考生，第二名是考过了俄语专业八级的天津师范大学的学生）。不能说我有超强的能力，只能说上帝在我脆弱时，派来一群天使帮助了我，温暖了我的心，使我有能量坦然面对复试中的一切。

考研很累、很苦，但在这一路上，我收获的却是一份情、一份温暖，相信这些就是我苦心准备的考研树所结出的沉甸甸的果实吧。也愿正在努力准备考研的师弟、师妹们旗开得胜。

唯有行动才能消除你的不安

2013 级中本 1 班　龚家慧

我是在大三第二学期期末考试后才突然决定考研的，最终被上海师范大学学科语文专业录取。暑假回家学车，前后浪费了近一个月，书本也是8月中旬才买齐的，暑假期间勉强算进入了状态，但和那些早早做了考研规划或者参加考研辅导班的同学相比，我落下了一大截。为了减轻由对比产生的焦虑感，我选择在体科院的考研教室复习，一个人慢慢地琢磨适合自己的方法。接下来我将基于各科的复习，总结复习方法，希望对有意考研的同学有所帮助。

我报考的上海师范大学学科语文专业考试科目分为：333教育综合、947中学语文教材教法、政治、英语二。

对于专业课的备考，我建议精读参考书。通过分析历年真题，会发现上海师范大学的试题比较灵活，没有太多死记硬背的题目，即便有真题也找不到统一的标准答案。复习专业书本来会比较吃力，又不知道考点和答法，很多人在一开始会有点摸不着方向。我在向班主任陈斐老师请教时，请求她给我推荐尽可能多的书目，这或许和很多同学相像。陈老师反倒建议我不要看得太杂，争取把参考书吃透，万变不离其宗。事实确实如此，我在精读倪文锦主编的《语文新课程教学法》的基础上做好读书笔记，注重结合教学技能知识去理解知识点。精读两遍后，我就能着重处理自己不熟悉或者感觉难把握的章节和概念，根据书本的提示，自行补充额外的参考书目。譬如《义务教育语文课程标准（2011版）》、郑桂华和詹丹老师的学术著作等。怎样算吃透？这就是个见仁见智的问题了。只要你用心，当你踏入这扇门，你会知道接下来要怎么做，并且完全可以做得比我好。2017年考试最后一道考题50分（总分150分），考的是关于北宋著名词人晏几道的一首词的教案设计。如果你也想考学科教学方向，这道考题给了你一个很好的提醒：认真对待本科的课程，踏踏实实地打基础，尤其是教学技能和理论课程，切不可本末倒置，为了考研而逃课复习。我们本来就是语文学科的师范生，考语文教学方向的研究生是有一定优势的，由此我有理由认为：把课程学好就是走在备考路上了。

　　林清玄先生在《和时间赛跑》的文末写道："如果将来我有什么要教给我的孩子，我会告诉他：假若你一直和时间赛跑，你就可以成功。"和时间赛跑，是我复习 333 教育综合行之有效的方法。333 教育综合包括教育学原理、教育心理学、中国教育史和外国教育史四大板块。为应付考试而要将考点倒背如流，这绝对是一项艰巨的任务。要学会制订背诵计划，将任务细化，耐心地一步一步走下去。背了就忘是常态，千万不要气馁，要及时调整状态。我习惯在背书的时候带上小闹钟，每背一个知识点之前我在心里定时，假如我能在限定的时间内完成，那感觉仿佛赛过了时间，我会欣喜若狂，在心里为自己鼓掌。倘若未完成也没有关系，至少在限定的时间内我并没有分神。背书最容易走神和感觉到枯燥无比，把闹钟当成朋友，和时间赛跑，无疑会让自己保持一个较好的备考状态。要按自己的实际情况来定时，保质保量地完成背诵任务。

　　慢工出细活。关于英语的复习，我有话要说。我的英语学习成绩不好，大学也未认真学英语，英语四级仅是刚过合格线。7 月之前我没有半点考研的念头，自然对考研辅导不上心，所以我没有报考研辅导班。我浏览了一下考研帮上不少前辈分享的经验，大都是建议备考生早早背单词，可是我已经不具备这样的条件了，所以我决定摒弃先从单词做起、背完单词才做题的做法，而是静下心来一遍又一遍地钻研真题。我从阅读理解入手，利用词典查询真题中出现的不熟悉的单词并做好标注，从而攻破单词关；我尝试脱离解析材料，一句一句地翻译，从而攻破长难句；我将阅读材料和考题归类，每天早上读两篇阅读理解……一步步慢慢地磨。第一遍相当吃力，用去将近了一个半月的时间，但接下来速度就越来越快了。从 7 月中旬开始到考试，我前后做了 7 遍真题，最后英语考研成绩为 75 分。于我这种底子不好的考生而言，这算是比较满意的成绩了。一句话总结：慢工出细活。越是偏科越是要耐住性子，不轻言放弃。

　　当然，要是你不具备较强的自学能力的话，这种方法请慎用。对于英语底子差的同学，我还是建议早点做好准备。

　　认真制订可行的计划。诧异于我考上研究生的同学大都了解我：自制力不强，做事拖延，还是个典型的话唠。克服这些不良习惯，我的方法是认真做可行的计划。我每天早上到教室的第一件事必定是写学习计划。很多不执行计划的同学，包括从前的我都容易陷入"打鸡血—拖延—自责—打鸡血"如此无限循环的怪圈，这样的战术极为愚蠢。虽说计划赶不上变化，但也要尽可能去执行计划。既然决定考研，这条路是该好好闭关修炼的，要分清生活的轻重缓急，尽可能减少网络社交等娱乐活动。

专注才能高效。我起步比较晚，被誉为黄金时间段的暑假也没利用好，学车耗掉近一个月时间。再加上时任班长职务，要处理不少的班级工作；家就在学校附近，回家次数也比较多。每次碰到家波老师，我都会问同一个问题："我担心时间不够用，怎么办？"老师总会说："不会的，你够专注就好了。"事实确实如此，很多同学很早就吹响考研的小号了，但真正投入的时间和精力并不多，专注远比打容易疲软的持久战要明智。我从来不熬夜，作息规律，保证睡眠，一旦进入自习室就打起十二分的精神来。平时控制上网时间，不然容易犯手机迷失症。总而言之，我的方法是自己摸索出中规中矩的方法，不投机取巧，不抱半点侥幸心理，如此保证高度的专注，不需要来回复习好几轮。

老实说，成功是天时地利人和兼有的，考研也有很大的运气成分在。举两个例子，上海师范大学 2017 年拟招 29 人，实招 44 人，并且实行等额复试，而我很幸运地在扩招那一拨里；再有，考前一晚和佳佳互相抽背我最没有底气的教育综合时，所抽背到的考点基本上都出现在了第二天的试卷上！冥冥之中自有贵人相助，感恩考研路上大家给我的所有帮助。当然，运气是非决定性因素，不必过分考量，毕竟没有人可以估算得到。越努力越幸运，这个信念还是要有的。保持好心态，认真备考，问心无愧就好。

万事开头难。对考研处于观望状态时，我们会觉得考研很难，会像无头苍蝇一样四处讨教经验，这无可厚非。对各位有意考研的同学，我想说，站在岸上是不可能学会游泳的，不要光听别人怎么讲，重点要看自己怎么做，适合自己的才是最好的。我始终觉得，虽说有高人引路往往可以事半功倍，但心无杂念踏踏实实地做好自己的事才是硬道理。考研中主要的困难远不是时间不够、效率不高、底子不好，而是执行能力太差。无论学习计划做得多么完美无瑕，没有实际的行动也只能是废纸一张，毫无意义，只会徒增焦虑。梦想让你感到不安，唯有行动才能消除你的不安。如果你渴望，就要尝试去争取，做出了决定，就要心无旁骛地干一场。

说些题外话，不少师妹咨询我，考研和考教师冲不冲突？这个问题，我没有办法回答，但可以讲讲我的经历，仅供参考。12 月 25 日考试结束后，我紧接着参加了顺德区教师招聘，面试结果排名第四，进入笔试。回到学校后，我用了 4 天时间啃完近 700 页的教师招聘参考书，然后狂背狂做题，用了 10 天时间，每天学习 16 个小时，凭借笔试第一完成逆袭，顺利考上顺德区公办教师。除却 333 教育综合的复习对教招备考有所帮助，考研也磨炼了我的意志。倘若没有经历考研这一番磨炼，我想我没有办法在短时间内坚持着打赢这一场逆袭战。

路漫漫其修远兮，
吾将上下而求索

那些酸与甜

2011 级中本 1 班　韩　清

春天的风已经走远，炎炎夏日已然到来，在这个毕业的季节，或憧憬或不舍，每个人都将踏上新的旅程，而我也将开始研究生的求学生活。回首备考时光，更多的是收获，希望可以跟师弟、师妹们分享。

一、备考时间

其实我准备的时间不算很长，但也不算很短，大概就是大三第二学期开始选好学校并在没有课程安排的时候去考研教室感受一下，接着就到了暑假。整个假期我并没有留在学校看书，而是选择给自己放了一个月的假，7 月底才回到学校开始继续复习。也就是说，8—12 月才是我真正意义上的完整的复习时间。

二、备考计划

不用多说，英语绝对是考研道路上最大的拦路虎。英语必须要早早开始准备，譬如英语词汇复习。其实考研英语本身跟四六级考试的性质不同，其阅读理解中的词汇量是相当大的，而且很多义项也并不是常见释义，这就需要我们早些着手记忆。还有何凯文老师的每天一句也是很好的资源，如果你愿意，可以每天都记上一句，这样就可以日积月累，培养自己对句子的分析能力。后期的英语复习，你可以尝试把近十年的真题（主要是阅读理解）抄写一遍，并在每一句的下面标注汉语意思，标出生词，便于日后的复习。其实对于英语复习来说，最主要的就是练习真题，这些真题可以帮助你了解考研英语的难度，并锻炼你做题的感觉，所以英语真题一定要做 4 遍以上。

政治的复习相对来说比较简单，当时我报了政治考研辅导班，因为平日我比较懒，而辅导班的老师可以助我梳理知识架构，相对来说减少了我很多准备的时间。不想报班的话也可以买肖秀荣的一系列资料来看，这些资料分章节解析，比较清楚。政治的选择题将会拉开各位考生的分数差距，所以除了背书，多做一些选择题自然是必不可少的。另外，考前的最后四套卷也是很重要的，结合这些试卷可以总结出当年所有的时事要点，也有助于掌握大题的出题方向。

对于专业课，首先最重要的就是找到所要报考学校的历年真题，真题可以帮助我们找出考试侧重点，甚至是一些出题规律。然后便可以"对症下药"，有侧重点地复习专业课，这样更能提高复习效率。很多学校的专业课二是考大综合，中国文学史、外国文学史、现当代文学、古代汉语、现代汉语等都会涉及，这就要求我们具备统筹学习的能力了。对于文学复习来说，最重要的是掌握其中的框架体系，在复习时一定要先梳理一遍，这样才能便于以后的记忆。虽然你报考的学校可能与所在学校上课时的侧重点不同，但也绝不会差很多，所以，你可以根据以往的学习内容，结合真题找到重点。在专业课复习时不可心急，一定要一本一本地来，不要跟别人比速度，不要看到别人的进度就心急如焚，只有踏实地整理和记忆，这些东西才能深印脑中。

三、备考收获

曾经有师姐对我说，她很后悔当时没有考研而是直接去找了工作，当时我没能理解，现在想来，准备考研的那段时间确实学到了很多东西。大学前三年会渐渐变得懒惰，而备考的日子让我重新找回了学习的感觉，不再是考前两个星期的热度，而是一段持续坚持的快乐。虽然可能每天都在那间教室里对着眼前的书本复习，可是当你抬头看到别人在认真看书的时候，又会觉得自己好像不是一个人在战斗。我不赞同全天都待在教室里，有时候还是可以出去放松一下，傍晚去散散步，抑或是周末去逛个超市都是可以的，长时间的精神紧绷会降低学习的效率，所以偶尔还是需要放松一下，但切不可给自己太长的时间休息，这样会适得其反。

在这里也希望准备考研的师弟、师妹们可以放松自己的心态，考研不意味着全部，它仅仅是一个成长的过程，只要你保持着一个良好的心态，相信只要付出就会有收获，你们也一定会得到最满意的结果。或许过程会有一些辛苦，但当你回过头去看时，一定会为自己曾经的努力而感到自豪！

心中的曙光

2010 级中本 5 班　陈素贞

有人说，选择考研就等于选择了寂寞。对于我来说，痛苦的不是寂寞，而是难以控制自己的心理状态。

在备考过程中，我不止一次地怀疑自己，像我这种专业知识不扎实，对于文学作品的认识只停留在教科书上的学生，在考研道路上是否也能看到曙光，每一次走在从宿舍到考研教室的路上，我都在想，这条路是不是真的值得我去坚持，而我的坚持，能不能换来一个不伤心的结果呢？

2014 年的考研教室把很多学院的研友都安排在了一起，而这些研友都是一起追梦的同伴。那时候我想，那种自我怀疑的状态也许在他们身上同样存在着，但是他们并没有因此而止步不前。走廊上背书的身影、互相激励的言语，在向我传递着一种正能量，一种决心战胜自己的能量。

原来，通往考研教室的路，是一条通向成功的路。在这条路上，曾经滂沱大雨，曾经乌云密布，但也曾经阳光明媚。记得在 11 月刚开始做政治选择题时，我还经常只拿十几分，这些数字像晴天霹雳一般冲击着我的信念。那一天，眼泪伴随着恐惧流下来，还有不到一个月的时间，我不知道自己还能做些什么。我觉得看不到光明，但我的同伴安慰我说："有乌云又怎样呢，用手拨开阴霾，就可以看到阳光了。继续努力就好了，结果等考完试再想。"

是啊，那一年，有对自己的不信任，也有面对教材无从下手的彷徨，有面对做练习题时的力不从心，但是只要我们心中有信念，只要坚持不懈，不断努力，拨开阴霾就可以看到阳光了。加油，考研人！

欲与天公试比高

2010 级中本 2 班　刘冬琴

"待到明年三月山花烂漫时，我定要在丛中笑!"这是 2013 年 6 月 5 日，我参加考研学子颁奖大会后所立下的誓言。

在那次会议上，我倾听了各位师兄、师姐满怀激情的讲述。他们介绍了一路走来的艰辛与坚持，他们始终坚信，道路虽曲折，前途却是光明的。他们也表达了对未来的美好憧憬。

听了他们考研征途上的故事后，我更加坚定了我考研的决心。我想，研途也许很美，因为有诸多的同学、研友陪伴；也许会很孤独，因为考研需要放弃的东西很多；也许很痛苦，因为无数个日夜要在不断的自我怀疑中度过；但也许会很快乐，因为研途中不断地挑战自我，又在不断地接受挑战。总之，如果不给自己一个去尝试、去挑战的机会，那么研途的风光即使再美也无法欣赏，即使再快乐也无法体会!

师兄、师姐们在颁奖台上那挂满幸福笑容的脸庞，是他们用自己的努力换来的成功，用孤独煎熬的日日夜夜垒成的辉煌金字塔。而就在那一刻，他们给自己的研途画上了一个圆满的句号。而来年考场上"欲与天公试比高"的我们，脚下的研途已铺开。我想，即使这一路上没有鲜花，没有掌声，有的只是日日夜夜的孤独，有的只是无休止的奋笔疾书，有的只是一堆堆看不完的书，我也绝不退缩。我要勇敢地走下去，因为我坚信，只要给自己一个机会，我就是下一个奇迹!

如今，2014 年考研也完美谢幕，我也实现了去年所立下的誓言。经过一年的奋斗，我感触最深的就是，人的潜能是无限的，只要我们有"欲与天公试比高"的挑战精神，朝着正确的方向，勇敢地走下去，成功就在不远的前方! 新的一轮考研即将到来，希望待到明年三月山花烂漫时，你也定能在丛中笑!

自助者

2010 级中本 4 班　刘媛媛

"岁月铭刻着奋斗的艰辛，历史映射着真理的光芒"，走过艰辛的研途，回望来路的点点滴滴，曾经迷茫过，彷徨过，挣扎过，痛苦过……有苦有乐，但记忆中更多的还是平淡与充实，浮现在眼前的依然是校园道路上落寞的背影、坚定的步伐，以及教学楼四号楼的考研教室那个熟悉的座位。也许在考研的征途上，我并不是优秀者，但天道酬勤。我愿意付出，敢于付出；鄙视遗憾，抛弃遗憾；期盼收获，有所收获！

其实考研的道路上，会有遇到挫折的失落与无助，也会有学习到新知识的快乐与兴奋。但心中要始终坚守"既然选择了远方，便只顾风雨兼程"。

考研必须有一个清晰的目标，向着目标前进，那么学习就不再是痛苦的。当你的生活被一个实实在在的目标占据、充满时，你所能感受到的便也是实实在在的东西。有一些东西，你真正为之付出过心血，让它融入灵魂，那么它就不会随时间而流逝，而是会随你一起成长，被注入新内容。

考研的日子很单调，却在我的生命中留下了浓墨重彩的一笔。多少次奔走在各个考研讲座之间，只为选个适合自己的辅导班；多少个夜晚的坚持，只为能将英语单词记得更快、更牢；多少个晨间早早爬起，尽管半睡半醒，也只为多背几道政治题；暑假里多少个酷热的中午，汗水浸湿衣裳，只为能多看几遍专业书；多少次走出辅导班的教室，庆幸自己还可以继续未完的梦想；多少次趴在课桌上，却总会被未完成的学习任务惊醒；多少个漆黑的夜晚，漫漫长路留下自己孤独落寞的身影；多少次深夜无助，坐在楼梯转角大哭；多少次无眠的深夜，只因想着未来触手可及而激动不已……怀着一颗火热的心奋力拼搏，在一点点地消耗自己能量的同时，又一点点积蓄着自己的力量。在最后冲刺的那两个月里，我时常把自己想象成一块海绵，不断地吸收着各种知识点，背着各种理论，一遍一遍重复……那种马拉松比赛最后冲刺的感觉，甚至我以为自己站在上帝的面前接受审判。

那些日子里，我把所有心路历程全部记录在日记里。翻开日记，平静、紧张、忙碌、充实填满了整个记忆。随着精力的逐渐耗尽，压力越来越大，在最后的那段日子里，我常有坚持不下去的感觉，但心底的信念与亲朋好友的鼓励支撑着我继续前进。现在回想起来，它带给了我更加沉着平静的心态和一种信念：生活不是每一个阶段、每一个角落都是同样温暖的，寒冷、单调、疲劳也会伴左右。尽管如此，仍然要相信自己，坚持住，踮起脚尖就能更接近阳光。

走过艰辛的研途，收获了属于自己的成功。还是很感激母校，感激我的老师们，更感激曾经一起考研的那些同学们，感谢你们的鼓励与支持！我也会将感恩的心和深情的爱化作虔诚的祝福，祝福母校，也祝福自己！

我的考研路

2009 级中本 7 班　戴林若

大四之前，我的人生规划很简单，打算毕业后回到自己熟悉的小县城，找一份稳定的工作，然后在合适的年龄里经历需要经历的事，就此平淡地生活。在我看来，人生在世追求的东西无非就三样：平安、健康和幸福，在安定的环境中以健康的体魄尽力满足精神需求便是我此生所求。

考研一开始就不是我计划之内的事。自从 2011 年经历了那场插本考试后，我总觉得我再也没有耐力去备考任何升学考试了。况且，我的家人也不同意我继续上学，他们认为读完本科就足以应对现在的就业形势，回到小县城当个中学老师应该没有多大的问题。于是，我的全部精力都放在了实习和就业上面。

大三第二学期期末考试结束之后，我便迎来了大四生活。整个暑假期间，我都在为找实习单位而四处奔波。

9 月开学，大家开始为自己的前途忙碌起来，即将踏入社会的同学积极参加实习，确定考研的同学也早在暑假已经开始了复习。那时候课程相当少，闲暇的时间多了起来，然而我却一下子没有了目标，一下子就慌了神。虽然我知道该为实习做准备，但是总静不下心去做事，每天在迷茫中等待着实习日子的到来，当时间从指间溜走，我又为自己一事无成而懊恼不已，这大概就是大家所说的毕业焦虑症吧。这时，我深切地体会到，有一个明确的目标是多么幸福的事，至少我会知道自己每天需要做些什么，不会在迷茫中虚度光阴。

好不容易盼来了实习的日子。10 月初，我在深圳开始了为期两个月的实习，实习的忙碌暂时冲淡了毕业前的焦虑。实习的第三个周末，我去华南师范大学参加了深圳宝安区教育局的招聘会，第一次真正感受到了巨大的就业压力。招聘会现场排队的学生可谓人山人海，一个职位有几百人竞争，排队的人绕了一圈又一圈，每位面试官身后的简历都堆得像小山一样。招聘单位的招聘条件也有诸多的限制，"仅面向'211 工程'院校招聘""重点大学优先""研究生以上学历""有经验者优先"等。站在长长的队伍后面，面对着这些条条框框的限制条件，周围的嘈杂声在我耳边回响着，我只觉得没有了底气，觉得自己在这场招聘会中毫无优势可言。轮到我投递简历的时候，面试老师的第一个问题就是问我毕业于什么学校，等我回答后，就把我的简历放在身后的简历堆中，我的第一次面试就这样没有了下文。招聘会过后，我只觉得备受打击，心头总有种挥之不去的阴霾，不知自己今后的路该何去何从，我能看到的未来只是一片迷茫。

10月进入尾声，一次偶然的机会，彻底改变了我之前的所有计划。

实习学校里有一个师兄，是哈尔滨师范大学2008级的学生，他刚刚毕业来到深圳当临聘老师。一天下午，他跟我讲起了他毕业以来的求职经历，还谈了他在校时的考研经历以及现今的就业形势，只记得那天我们聊了很久，聊了很多。末了，他极力鼓励我趁着还在学校的这段时间，好好把握机会，努力考取研究生，提高自己的就业竞争力。接下来的两天里，他帮我一起在网上找学校，一起找专业，终于赶在网上报名截止之前成功地报了名。等到现场确认的事情完成之后，我便急忙结束了实习任务，准备回校开始复习。

由于较迟决定考研，再加上我清楚地知道自己做事没有条理、容易慌乱的个性，所以不敢浪费时间，根据复习内容给自己制订了详细的学习计划。这份学习计划在现在看来是非常烦琐的，里面的内容具体到每天上午、下午和晚上的每个时间段该完成什么，但是它有效地减少了我复习的盲目性和慌乱性，保证了我的学习效率。复习累了、烦了的时候，我就给自己放个假，寻找适合自己的方式放松自己。

第二年的1月我参加了初试，3月底收到复试通知，4月又参加了复试，直到收到考研学校的拟录取通知，我的考研才算正式告一段落。

回想考研这一路走来，当初决定的时候我并没有想太多，只是想给未来的自己多一个选择。在严峻的就业形势下，我认为考研并不是最好的逃避借口，就业压力是一直存在的，不管是现在还是将来，我们终究要踏入社会，面对现实。如今，我觉得当时匆忙的选择对我来说具有另外一种意义。考研的过程就是学习的过程，这是一个很好的独立学习的机会，通过独立思考，开阔我们的视野，让我们学会怎样去发现问题，解决问题，让我们关注以前被我们忽略的东西。读研未必能让我在三年后找到很好的工作，但是这三年将会是我对本专业深入学习的一个好机会。人们常说兴趣所在便是最好的动力，世间的很多事都是始于兴趣，而成功则取决于你是否敢去想并付诸行动，大胆尝试才能踏上梦想之路的列车。

我曾对自己说，希望在自己未来有更多主动选择的机会，而不是一直被选择。在我要做一件没有经历过的事时，我常会害怕，怕失败，怕困难，等到自己真正经历了，才发现很多事其实并没有想象中那么难。只要开了头，坚持下去，总会有收获。

趁时光正好，做自己想做的事，做自己不敢做的事，做自己想做但未能完成的事吧。心若在，梦就在，路就在。

信心、恒心、决心

2011 对外汉语 石 蕾

不甘心我的人生止步于此，所以选择了考研。很幸运能被安徽大学录取，这一年多的努力总算没有白费。

首先在择校方面，我定位于长三角区域，综合师资力量、办学条件最终选择了离家较近的 211 学校——安徽大学。确定院校后开始找寻与考研相关的信息，确定参考书目，购买历年真题，联系考上的师兄、师姐们。这一系列工作做好后，我就静心复习了。至于辅导班，我当时报了文都英语和政治全程班，觉得何凯文最后给出的英语作文模板很有用，对我帮助很大。备考的一年多很快就过去了，我每天早出晚归，复习的时候注意效率，不打时间战，并选择与我步调一致的考研伙伴，不单打独斗。

英语方面，"赢阅读者赢英语"。单词要从一开始便抓紧记忆，每天背诵一章单词表，背诵一次至少要用两个小时。我准备了一个厚笔记本，阅读真题时抄一句翻译一句，再把重要的词汇用红笔做注释，每一篇都要好好思考，切忌一天做多篇。阅读理解我前前后后做了五遍，后期真题做完了可以用一些模拟阅读题来练手。而作文则要在 11 月开始背诵。

政治可以等到 10 月政治考研大纲推出时再开始复习。背政治时一定要把答案解析熟练背诵。

专业课方面，除了学校规定的参考书，我还购买了 2010—2013 年的真题试卷。9 月开学开始题海战术，这个前提是对专业课的知识点必须很熟悉。淘宝上出售的历年真题答案准确率不怎么高，遇到不确定的答案要多和伙伴讨论、翻书查阅。考前一定要再把专业课看一遍，该背的背，一定不要偷懒。

既然决定考研就要坚持，要有信心、恒心、决心。很感谢一路上帮助、鼓励我的人，感恩一路有贵人相伴。

付出终有回报，愿你们成功！

晨钟暮鼓无时休

2010 级中本 2 班　张金梅

　　这一刻，思绪飘荡，四散于考研复习的一年里，回忆的触角也随之伸向各处，过往一年的时光被拉近，种种景象历历在目。

　　回顾过去的一年，最让我铭刻于心的仍旧是决定考研的那一刻，那是心被触动的一刻。在某日下午，我端坐于安静的图书馆一角，翻阅着手中的书籍，还记得那是干宝的《搜神记》，20 世纪 90 年代出版的线装书，页面泛黄，字迹古旧，很有一种久远的独特味道。目之所及，都是跳动着的古老文字精灵，它们在诉说着远古时代百姓们的种种生活情状。我快速浏览着，手指跟在书页上游动，口中亦念念有词，似一只贪食的饕餮，正享受着美味的大餐，就如我企图快速吞食、消化一切有趣的知识一样急不可待。但是，无论我如何快速翻动书页，即使一目十行也罢，那种对知识的渴求始终得不到满足。于我而言，每一本书籍的阅读、汲取，仅是在干涸的心中滴上一滴晶莹的水珠，这样要何时才能将干涸的心完整地浸润呢？我想：这是一段漫长并且极为坎坷的路途。求知的欲望将我推至这一路途的起点，而我在求知的众多分岔路里选择了这一条路——考研。

　　那一刻，求知的渴望在我心间轻触，触动虽轻，却似寺庙里的晨钟暮鼓般婉转流旋，自此即如陆游所书："晨钟暮鼓无休时"，余音缭绕于心间，长久不息。

　　人的一生面临着各种选择，我们无法提前预知对错，但请铭记：不忘初衷，坚持至终。

生命不息，奋斗不止

2010 级中本 3 班　韦日文

　　说起考研，这里不得不提起我们学院的劳承万教授和 2013 年暑假时我经历的一点一滴。

　　岭南师范学院文学与传媒学院的劳承万教授在我国美学界颇负盛名，他的审美中介论曾在国内外的美学界引起了巨大的轰动。我在进入大学之后，一直期盼着能有机会听听劳老师的课。在得知他虽然已过退休年龄，但仍坚守三尺讲台，讲授中西方文化的课程后，我甚是感动。一直到 2014 年毕业之前，一有机会便去听他的课。

　　有一次，他在课堂上讲到，现在众多的本科高校已然成为大型工厂，培养出的学生都千篇一律，没有个性与朝气，更不用说有什么人文气息。很多同学在大学里面浑浑噩噩地虚度了四年的青春，他希望听他课的学生能确立考研的目标，到一些真正的顶级高校去感受真正的学术氛围。

　　那一次课后，考研和学术这两个词语在我的脑海中挥之不去。在大学二年级伊始，我就上网找到了一份北京大学中文系的学生必看书单，按照书单上所列的书一本一本到图书馆去借阅。虽然有些书很厚，但都很经典，看到这些书的名字便会叫人爱不释手。从那时开始，读书和做读书笔记成了我最大的爱好。关于如何做好读书笔记，我还记得一位现在就读于北京师范大学的师兄说过的一句话："读书笔记关键还是多摘抄前人最经典的语录，而且时刻品味其中的奥妙，经过几轮思考再写下自己的感悟。"就这样，在师兄的建议下，我按照这种写读书笔记的方法过上了最充实、最美好的大学生活。

　　最充实是因为考研路上有书陪伴，最美好是因为有老师、亲朋、好友在背后对我们考研学子的默默支持和鼓励。

　　我还记得 2013 年暑假，我们学校的罗海鸥院长、李粤书记等老师考虑到考研学子复习比较辛苦，压力比较大，便要求各学院的领导、老师多去考研教室和同学们聊天谈心。另外，学校领导还特意拨出专项资金为我们在校复习的考研学子提供面包、水果、凉茶和牛奶等。此消息一出，广东省内其他高校一片哗然，均感叹岭南师范学院考研学子备考生活的美好。

从中我们可以看出领导与老师对我们考研学子的关心和支持，希望我们学校有更多的学子能考上研究生，为自己、为学校争光。

考研路上，有你们的相伴是我最大的幸福。生命不息，奋斗不止。希望有更多的同学可以梦想成真。

不要轻言放弃

2009 级中本 4 班　曾志小

尘埃落定，我终于看到了属于我的春暖花开。回想 2012 年，眉毛上的汗水与眉毛下的泪水在脸颊上交汇，留下一道道的泪痕，却最终消逝无踪，只余满怀的喜悦与激动难平。一年的备考，我经历过迷茫，经历过痛苦，甚至经历过身心俱疲，我也曾经想过放弃，却最终抱着努力试试也无妨的想法坚持了下来。现在想来，我所付出的一切都得到了回报，所承受过的一切都是值得的。

大二的时候，我一直在犹豫，到底要不要考研，如果考，考什么专业。最终下定决心是在听了人文学院院领导在考研动员大会上对考研形势及报考专业的分析之后。严格来说，那一天可以算是我人生的重要转折点。那天我得知了我从未了解过的专业型硕士。专业型硕士其实也称为应用型硕士，与学术型硕士偏向学术研究不同，专业型硕士更注重技能的培养与运用。西方国家多培养专业型人才，而国内目前仍以培养学术型人才为主。但从前几年开始，国内已经意识到了专业型人才的重要性，并开始鼓励培养专业型人才。因此，专业型硕士开始越来越受大众关注。

我选择考专业型硕士有几点原因：首先，专业型硕士人数不断增多是可预见的发展趋势；其次，我的英语功底较差，专业型硕士考的是英语二，相对于学术型硕士要面临的英语一而言要简单得多，我有较大的把握能够顺利通过国家线；更重要的是，学术研究并非我的兴趣，相比之下，我更想学习一些对将来所从事的职业有帮助的技能。况且，我认为我的专业技能还有很大的提升空间，而读研能给我一个很好的提升机会和平台。

既然选择了远方，便只顾风雨兼程。决定了考研和所要报考的专业之后，我便开始着手准备复习。准备的过程和心情无须我细说，有过多少迷茫，承受过多少孤独与寂寞在此难以言表。每一个周末，教室外面青春飞扬，欢声笑语，而教室里的我努力按捺住一颗浮躁的心，埋头苦读。热闹都是别人的，而我什么也没有。每一个晚上，深夜十一点多，路上几乎不见行人，只有我们考研人在路灯下匆匆而过的身影。热闹都是别人的，而我们只有难言的孤独和沉默的汗水。

2013 年 1 月 6 日，等待多时却又害怕到来的日子终于还是来临了。坐在考场上，我们没有时间思考太多，只能极力地翻找着脑海深处的记忆，机械地写下记忆中的答案。两天的考试很快就过去了，迷茫也好，孤独也罢，所有的一切都已接近尾声。2013 年 2 月，各校的成绩陆续出来了，我甚至没有勇气去查询结果。毕竟，一年来，我们付出过太多的汗水，忍受过无边的孤独，也放弃过太多的精彩，无论结果如何，我们都难以心平气和地接受。一起奋斗了一年的同学帮我查询了成绩，结果如我所料，并不太理想，仅过了国家线 25 分，没能考上我的目标院校。

我以为这大概就是结局了。然而，3 月，学院里陆续召开考研调剂大会，并邀请了一些考研成功和考研调剂成功的师兄、师姐们来给我们传授经验。当时 2013 年的考研国家线还未公布，学院里面把有希望调剂的分数定为前一年的国家线，按照往年的经验，我的分数虽然不高，但过国家线还是可以的。于是我便也怀着一点点希望参加了调剂大会。之后在国家调剂系统开通的一个月里，我每天必定查看三次，甚至是五六次中国考研调剂信息网上的调剂信息。

像大多数第一志愿失利的考生一样，我调剂的目标主要放在 B 区院校。然而有一天我偶然看到闽南师范大学的调剂信息，即刻向其发送了调剂申请，并与其中国语言文学系负责招生的王老师取得了联系。之后，我几次联系王老师，向她详细介绍了我的初试情况，尽可能地在他心中留下丁点印象。当然，他对于我的大多数询问并没有给出明确的答复，只是让我耐心等待调剂系统开通。即使是这样，我也并不灰心，因为我的目的只是让他对我的名字有点印象而已，我从未异想天开地想通过他获得更多的便利。

按捺住心中开始冒头的希望之芽，我耐心地等待调剂系统的开通，同时也不放弃寻找其他招收学科教学（语文）专业调剂的学校。毕竟，福建漳州地处 A 区，且位于沿海发达城市厦门附近，算是很不错的地区，而我的初试分数并不算高，因此我没有抱太大的希望。我只是纯粹地认为，无论什么地区、什么院校，试一试总没有任何损失。就是这样一种想法，让我很庆幸，那时我没有因为希望渺茫、遥不可及而放弃了调剂到漳州的机会。

说到这里，我想起了我曾经看到过的一幅漫画：一个人去挖井，第一次，他挖了五米，没有水，便放弃了；第二次，他另找了一个地方，挖了八米，还是没有发现水，于是他又放弃了；第三次，他又在另一个地方挖了十米，等不及挖到水便又放弃了，其实每一次他离成功都已很近，只要他再往下挖就可以采到水。看到这幅漫画时，我陷入沉思：其实很多时候成功触手可及，只是我们缺乏坚持的毅力，往往等不及成功便已放弃。

英国有一句谚语："一息若存，希望不灭。"我想这对于考研同样有所启迪。有很多人在即将胜利的那一刻放弃坚持，于是也就放弃了成功。很多时候，只要我们怀揣希望，坚持到底，生活终究会为我们尽现衷情。通过我自身的经历，我想告诉已经加入或者将要加入考研大军的师弟、师妹们：永远不要轻言放弃。初试成绩不理想不意味着战斗已经结束，再坚持一会儿，成功将会属于你！

机会留给有准备的人

2011 级中本 3 班　吴志婷

终于被录取了，看到拟录取通知时，我确实松了一口气。回想起从下定决心考研到复试结束那天，这一路上很是不易。

我报考的是广州大学的学科教学（语文）专业。我的初试成绩是英语 69 分，政治 69 分，专业一 137 分，专业二 125 分，总分 400 分，专业排名第五；初试成绩加复试成绩综合排名第十。面对这个结果，个人感觉不好不坏，最终我还是争取到了继续学习的机会，也算是可喜的吧。

考研毕竟多一条出路，对谁而言都是好的，况且连"狡兔"还有"三窟"，考研可以使我们有更多的发展机会。其实，令我下定决心考研的还是钟书记的多次讲话，他不断鼓励我们要多方位、多层次发展，为自己的未来寻找出路。钟书记的"吃饺子原理"：吃饺子时，要眼睛盯着一个，碗里放着一个，筷子上夹着一个，嘴里吃着一个，脑里想着一个。看起来好像很贪心，其实钟书记是想让我们在就业、择业方面多寻找出路，多层次选择。确实，就像钟书记所说的，在大四期间我们确实可以安排好时间，做好参加各种考试的准备：提前进行考研复习，1 月参加研究生考试；1—3 月复习公务员、教师招聘考试，3 月参加省考；3—6 月参加事业单位、教师招聘考试。只要能把握好时间，还是有很多机会的。不过个人觉得前提条件是我们要提前将毕业论文写好，只有那样才能更好地把握时间。

在确定报考学校的时候，还要结合自己的实际情况以及多听取老师、师兄、师姐们的意见，那样你可以得到一些意想不到的信息。在选择学术型还是专业型研究生时，个人感觉还是要结合自己的未来就业方向，多关注当下的就业形势自行选择，选择没有对错，只有是否合适自己。

广州大学的学科教学（语文）是在我们学院有许多学子报考的专业，因此我就在此说一下我的复习经验吧。说实在的，个人感觉广州大学的学科教学（语文）专业还是比较好考的，因为它的初试专业课题目灵活性比较大，需要自己在综合课本知识以及实际教学经验的基础上进行作答。因此我的建议是认真复习参考书目中所列之书，同时也可以参考教师招聘的相关书籍，看其中的案例分析。英语方面，学科教学（语文）是专业型硕士，考的是英语二，英语二比英语一要简单得多，难度等同于大学英语六级，复习时要多背单词，多做题。我个人的经验是多做题，在这个过程中摘抄一些单词去背诵，效果也是很不错的。英语二的作文是一块好拿分的板块，多背诵作文模板，你会大有收获。总体而言，英语二只要你肯花时间，是可以考好的。在考场上要抓紧时间做题，本人就是在考试时间上不够用，后面的小作文、翻译题都没做好。而政治复习，个人建议有条件的同学还是报名考研辅导班，但可以不用报全程班，报名冲刺班就好了。在决定报班之前可以去试听，看看自己喜欢哪个老师的风格再做决定。在政治复习的前期，我建议大家先去买或者借前一年的政治考试大纲，浏览一遍，了解大概的要点，准备好政治的选择题。为什么要这样做呢？因为每年的政治考试大纲都公布得比较晚，如果等到它出来了你的复习才进行的话，你将没有足够的时间去准备政治大题。而每年的大纲变化不大，大家先复习去年的大纲足够应付政治的选择题。等到大纲出来后，再去比较，更新知识点，会发现出入不大，此时就要有意识开始整理问答题等大题了。等大纲出来以后，报班的同学就可以按照培训班老师的指引去做，同时要背诵其他的政治参考书，整理大题，不断地背诵。而没有报班的同学则要注意多收集不同的政治参考书，主要是看它们的大题，以及它们的答题差异，明白答题的框架，找出答题的要点才是最重要的，没有重点地死记硬背是不行的。最后考研政治考的是同学们对知识的理解和运用，试卷上不会出现和参考书上一模一样的题目，只有考试知识点的重合，因此，平时的大题复习还是要看大题所运用的原理，记住重点。在考场上，用自己发散性的思维去思考可能考察的知识点，有条理地回答问题，运用专业术语，不留一丝空白，这样准备考研政治是会成功的。

最后，还是说一下广州大学学科教学（语文）的复试，个人觉得复试比初试要重要多了，本人就是栽在复试上。因为初试成绩还算理想，且广州大学学科教学（语文）的复试没有给定参考书目，因此觉得范围太广而没有信心去复习，同时也是倦怠了，所以没能很好地复习。在最终成绩出来以后，才发现复试是如此重要，因为我发现有不少本来初试成绩不理想的同学竟然能凭借复试完美逆袭而名列前茅。因为广州大学的复试成绩占50%，而且计算初试成绩的方式使每个人差距不会很大，所以综合来看，复试比初试重要多了。不可否认，复试的主观性会比较大，然而同学们不要灰心，努力复习，主要是复习文学概论和初试的书目，好好准备英语口语和听力，复试不会有问题的，说不定还能完美逆袭。

机会还是会留给有准备的人。加油吧，一旦决定了就要心无旁骛。记着，"兵来将挡，水来土掩"，没有什么是可以阻挡你前进的步伐的。

你总要去追

2009 级对外汉语　陈欣欣

我是一个平凡的女孩，是在人群中穿梭而过谁也不会特别留意的类型。也许，在你坐下来和我喝杯茶、聊聊天的时候，你会愿意去了解这样平凡的一个我。考研，是一条我认为不到最后关头我都不会去选择的一条道路。但是，大学四年，在岭南师范学院，却让我觉得，我应该走这样的一条道路，并为之付出努力。

大一的时候，总觉得自己以后也会像所有的人一样，平淡地过完大学四年，回家乡做一名教师，安安稳稳地，好似一眼可以看到人生的尽头，所以我一直简单地甚至可以说是乏味地过着每一天。其实我的心里还是在呐喊，我想要自由，想要了解更多的东西，去接触更广阔的世界。学校安排我们学习越南语，我有时候甚至觉得这是一切的开端，是一个未知的却让人不得不血脉愤喷的开始。第一次如此近距离地接触国外的一切，全新的语言、外籍老师、不同的思维方式，都让我觉得这个世界是那么神奇，那么让人值得期待。

韩国，是我第一次走出国门后踏上的另一片新土地，在得知我被选入学校赴韩进行短期韩国语研修的项目时，我的喜悦之情是无法想象的，之前付出的努力终于看到了结果。在短短一个月的准备后，在学校国际交流处和学院的全力帮助下，我踏上了韩国之旅，地点是韩国国立忠州大学，主要目的是通过这次短期的韩国语言学习在一定程度上提高自己的韩国语水平，同时切身地体会异国的文化和风情。由于时间较短，我还没有来得及好好地记录这一段旅程就要对它说再见了。在这个国度我经历太多太多的第一次：第一次出国、第一次坐飞机、第一次在国外生活、第一次结交了韩国的朋友、第一次品尝到韩国美食……这些第一次，都是我想努力珍藏的记忆，即使是离开了这个美丽而温情的国家，我也相信自己会为了能再来一次这个国家而努力。这里有曾经一起生活的韩国朋友，也有认真为我们付出的老师，那些干净的大街和可爱悠长的小巷，以及美丽的人儿，他们都深深地烙印在我的脑海中，久久不能消散。

这是我第一次有想要在国外求学的念头。

第二次，是我参加的赴泰国带薪实习项目，它让我再一次感受到了异国风情。人生的路途中总会遇到许许多多的机会，有的人抓住了，有的人失去了，但是无论如何，只要一直向前走，就不会留下遗憾。很感谢学校给了这个机会让我能远赴泰国学习。在泰国北部的彭世洛府，有一条绵长的河流穿城而过，城市雄赳赳的公鸡标志，让人感觉很有生气。我所在的学校是一所中学，里面有初中部，也有高中部，我负责教这里的学生汉语。之前一直在考虑，来泰国是不是值得的事情，是不是有这个必要，会不会给父母带来负担。现在想想，在这样的一个地方生活，每一句话、每一处风景，都和我原来生活中的如此不同。我在这里所听到的、所感受到的、所遇到的都是我在之前那个小小的世界里不曾遇到的，这就像是一个新的世界，一切都是新的，连自己都像是新生的。在这里的四个多月的汉语教学中，收获的东西也许比我学习几年的知识还要多，不敢夸下海口说来到泰国就一定是好事，陌生的语言、陌生的面孔，也许会让人不由自主地想要逃避、恐惧，但是这里奇异的风土人情、大胆热情的人们的关怀、学生们美丽灿烂的笑颜，让我懂得，有失必有得。人生总要经历一些风浪，才能看到雨后彩虹。所以，这次的赴泰实习，让我又一次成长。

　　这两次的经历坚定了我继续求学的心，我还想继续了解国外的生活、国外的教育，所以我决定了出国留学。当初做这个决定的时候，我的父母并没有那么支持，毕竟我的家庭是工薪家庭，没有宽裕到能让我出国留学。但是，在了解到我迫切的心情和得知去韩国留学有相关的优惠政策的时候，父母的态度也在慢慢转变，觉得去留学是件很不错的事情。虽然得到支持的过程有点艰辛，但是我还是很高兴看到的是好的结果。在这个过程中，我也做了很多准备。放暑假的时候我一直留在学校自学韩语，没日没夜地学习，最后在参加韩国语能力测试的时候，顺利通过了4级。据我了解，想要申请留学韩国，只需要通过3级就可以了。在得知成绩的时候，我也很高兴，这样的成绩，证明我具备了申请一些好大学的资格，接下来就是漫长的选学校、选专业、准备申请资料等的过程。由于韩国学校方面要求比较严格，材料准备的过程很复杂，所以那段时间特别辛苦，但是想到这些艰辛过后的结果，心里还是很满足的。

　　在得知我的材料和电话面试都通过了后，我心头的大石终于放下了，也对未来的生活充满了期待。也许我的考研之路并没有像别的学子那样艰辛并且一路荆棘，但是，这一结果同样来之不易。希望有更多的人和我一样，愿意去追寻心中的夙愿，并努力实现自己的梦想。

坚定的信念是通向成功的大门

——成功考取华南师范大学研究生有感

2010 级中本 2 班　龚　婷

6 月是一个收获的时期，曾经播下的种子已然开花结果。蝉儿卖力地叫着，似乎在为我的成功鼓掌；风儿吹拂着脸颊，给我带来无限欢愉；树儿温柔摇曳，意欲与我一起欢呼。伴随着这些快乐的思绪，曾经的点点滴滴不经意间早已浮现于眼前。

一、面向现实、规划未来

众所周知，目前大学生就业问题相当棘手。很多人说毕业了就等于失业，这句话并没有夸大的成分。而我没有就读 985、211 高校，也没有过硬的专业素养，有的只是一颗不断进取的心。所以我选择考研，希望自己可以通过研究生阶段的学习，不断提高专业素养，给自己一个更高的起点，为我的理想奋斗。

理想很重要，理想并不是空想，理想最好是实际可行的，这样才能更好地激励自己，让自己慢慢进步。我的理想很简单，也很实际。我就想当一名优秀的大学老师，建立一个属于我的幸福家庭，简单快乐地生活。要想做到简单快乐也很不容易，但我一直都在努力着。

高考是决定人命运的一次考试，但我因为自己的原因，并没有好好抓住这次机会。我当时心里相当自责，也相当后悔。我想，如果时光可以倒流，让我有机会重来，我一定好好把握。但我知道世界上是没有如果的，所以我只能收拾心情，向前看。一进入大学校门，我就有了一颗考研的心，因为我知道只有通过考研，才能迈向我的理想。后来，通过大学阶段的学习以及对当今社会形势的审视，我考研的决心更加坚定了。

二、坚定信念、勇往直前

高考和考研可以说是决定人命运的两次大考，但考研和高考是有很大区别的，最大的不同就在于它的主动性质。高考时，你只要认真用功地学习就行了，其他的问题老师会帮你解决，并且老师还会在一旁监督着你。此外，你身边还有许多同伴陪着你一同赴考。而考研时，什么事情都需要你自己去了解、去完成，没有谁会在你旁边时刻提醒你什么时候需要做什么，什么事情都要靠自己解决。并且没有多少人会和你一起共赴考场，你需要较强的自制力和独立解决问题的能力。

也许是因为吸取了高考时的教训。决定考研之后，我对自己要求比较严格，每天必须完成计划的任务。我一直按部就班地复习着，虽然在复习的过程中会遇到各种各样的困难和诱惑，但我依然坚定信念，勇往直前。我是那种下定决心做某事，就会风雨兼程的人。

其实，我觉得无论做什么事情，只要你够用心，够坚定，其他东西都只是次要因素。相反，如果你无心做某事，就算身处优越的环境，你也不可能完成。

考研其实就是一个自我战胜的过程。在这个过程中，你会遇到各种各样的诱惑和困难，而你要做的就是抵制这些诱惑，不为所动，一如既往地学习。可能因为每个人情况不一样，大家所遭遇的诱惑也会有所差异。对于我这种相对比较懒惰、爱玩的人来说，考研过程中的诱惑就是不能尽情地睡懒觉、上网、逛街、旅游等，每次看到宿舍其他人一起外出游玩，心里总是痒痒的。虽然这些事情看起来微不足道，但对于我来说却并没有那么容易，尤其是要坚持那么久，但每次我都在心里暗示自己，一定要坚持，坚持到最后一秒。

三、收获成功、分享经验

也许是因为我的用心、我的坚持、我的自信，最后，我终于收获了成功。我比谁都要欣喜，因为我强烈地感觉到这是我第一次用心完成了一件事，让我体会到了小小的成就感。这次考研的经历见证了我坚定的自制力及独立能力。我很庆幸也很高兴能拥有这样一次经历。

在收获的同时我也想和大家一起分享我的喜悦。首先，如果你决定了要考研，你就要做好心理准备。考研并不是高考，整个过程需要你自主完成；考研并不是平时的期末考，需要有一颗坚持不懈的心。其次，开始复习之前，你需要把该做的前期工作准备好，这一点是很重要的。正所谓"万事开头难"，刚开始可能什么事情都不了解，但只要你用心做就一定能做好。前期工作做好了，后面就可以静心复习。考研复习时间并不是越长越好，只要你开始复习了，就好好利用所有时间，半年足矣。如果你战线拉得太长，反而可能半途疲惫。最后，整个考研过程必须拥有一套切实可行的复习计划，这个计划包括各科的复习方法、复习时间安排等。不要小看这个计划，有了它，你就知道该做什么，也可以明确你已经做了什么，还有什么需要去做。另外，找到适合自己的复习方法也是相当重要的，别人的复习方法不一定适合你自己，所以我们需要慢慢探索。

考研其实没有想象中那么难。只要你有明确的目标、不竭的动力、认真的态度、正确的学习方法、周密并能付诸实践的学习计划，并且能不懈地坚持，你就一定会获得成功！

考研路上这些点滴将永远留在我心底，有了这一份美好经历，我将继续勇往直前，迈向人生的另一个阶梯。

考研路上需要坚持

2011 级中本 2 班　黄晓容

距离得知我被研究生报考院校录取已将近一个月，在还未出成绩的时候曾说无论考得如何，也要将经验同大家一起分享，而这些天一直忙于毕业论文，还有各种琐事，也就耽搁到了现在。在这里，我来介绍一下自己考研的主要情况及考试复习的重点——我的考研经历，是我一生也难以忘怀的历程。我报考的是暨南大学的现当代文学专业，初试考了 398 分，英语 72 分，政治 71 分，专业一 124 分，专业二 131 分，排名第六，复试之后排名第二。感觉还是比较满意，接下来我就切入正题，说说我的初试与复试经历。

3—4 月，此为考虑是否考研的时期，每位同学都应该认真考虑这个问题，思考自己是要继续求学，还是找工作，因为不管怎么选择，在这个时期你都应该着手准备了——为考研准备或者为考公务员考试准备，抑或为找工作准备。我们不能再像大一、大二那样得过且过了，这个时期要认真严肃地思考自己以后的路。这段时间我纠结的是该报哪所学校，我大三曾参加过研究生考试，选的学校离家太远，且未能好好准备考试，所以大四果断换了学校。那个时候一直在思考该选哪所学校考，父母不希望我选择外省院校，故只能在华南师范大学和暨南大学之间徘徊。后来上网查了一下这两所学校的专业课考试范围，又对比了一下两所学校的真题特点，最终我选择了报考暨南大学。这个时期我还没有开始复习，主要是看闲书，其实考文学无非就是得多看点书，肚子里有点墨水才能写得出东西。暨南大学的专业一考的是语言文学综合，专业二考的是写作。专业一主要靠背诵，而专业二需要多看些文学批评和学术论文，大家如果认真地研究一下往年暨南大学该专业的真题，会发现其语言综合的题目都挺宏观、范围都很广，比如分析鲁迅杂文的特点、盛唐气象等，这些题目都很大，不会考得很细，而且所出题目是可以选做的，我对语言学并不感兴趣，而且时间不够复习那么多，就果断放弃了语言学方面的题目，只复习了古代文学、现当代文学、外国文学和文学理论。写作方面，我就去图书馆借了一些文学评论相关的书，并到知网上下载了一些文学评论的论文，还有很重要的是导师的论文一定要下载、阅读。2015 年初试中写作就考到了简媜的散文

《母亲》，王列耀老师的论文就曾对这位作家的散文进行探讨，所以目标院校导师论文一定要看。当然文学批评方面的著作和文学作品也要多看看，要是没时间看，那么书本上介绍的作品简介一定要记住。这个时期我主要看了一些文学批评方面的著作和文学作品。英语方面，这段时间主要是记单词，单词非常重要，必须从一开始备考记到考试的那一天，丢弃单词，你将无法做题，因为根本无法理解句子的意思。在这两个月里，除了上课，我每天有3到4个小时的自习时间，英语基础比较差的同学，建议早点开始准备英语。政治不用这么早复习，我觉得9月甚至10月开始也是来得及的。

5—6月，这段时间是我已经确定院校、开始找资料的时期。上网找真题和文学方面的资料，在考研论坛找历年来的真题还有师兄、师姐们的经验贴，你会受益匪浅。我没有买网上的资料，也没有买别人的笔记，我认为笔记最好自己做，要有自己的一套学习方法，别人的方法终究是别人的，常言道："适合自己的才是最好的。"当然这段时间看闲书的时间还是占得比较多。如果对专业课不太熟的同学，建议要开始看课本了，我看课本是从头看到尾，比如《中国现代文学三十年》，我先横向看一遍之后，再纵向看一遍，最后才做笔记，而笔记主要是按纵向做，比如文学思潮三十年、小说三十年、散文三十年等，以此类推。英语方面这段时间单词必须要继续背诵，也可以做阅读理解。但我不建议大家这么快就做真题，你可以先买专攻阅读理解题型的书，这些书一开始做会觉得挺难的，有时候一篇阅读理解错三道题是非常正常的事，我是每天下午做两篇阅读理解，然后第二天下午分析答案，将不认识的单词着重记忆，特别是一些长难句，这些句子要好好看，学会自己分析句型、解剖句子。关于是否要报班的问题，我只能回答："因人而异。"基础比较差、完全没有学习方向的同学建议报班。这些辅导班中，我觉得冲刺班会比较有价值。

7—8月，迎来了暑假，这是复习的最好时机，没有课，时间安排也比较随意。这段时间主要是专业课复习，如钱理群的《中国现代文学三十年》、洪子诚的《中国当代文学史》、陈思和的《中国当代文学史教程》……这些书我在大二、大三的时候都已读过，这个时候看也算是温习了，而且看得也比较快。7月要开始做笔记了，就像前文我提到的那样去做笔记。古代文学和外国文学的相关书籍也必须看了。那么时间该怎么分配呢？我一般早上都是6：50起床，7：30大概能到教室。有时星期六也会睡懒觉，8：00才进教室。我到教室的第一件事是记单词，我用的是红宝书。开始时看的是大本的红宝书，后来觉得不方便，就直接看那本小开本的。大概一天能记两个单元，然后第二天复习再记两个单元，以此类推。记了半个小时的单词后，我开始看专业书。早上我一般会看现当代文学，并用两个多小时来做笔记，笔记用处挺大的，不管是对初试准备还是复试准备。大概7月末将笔记做完，中间几日回家休整，如果觉得时间紧迫的同学，建议不要回家，就安安心心在学校复习，两耳不闻窗外事。中国古代文学需要先浏览书本，复习方法与复习中国现当代文学一样，但是我没有做笔记，中国古代文学做笔记是个大工程，我觉得时间会不够用，索性就不做了。我总是在晚上复习古代文学，每天也是两个小时，在7月末看完书后直接看习题集。这里我要介绍一本非常重要的书——齐鲁书社出版的《〈中国文学史〉学习辅导与习题集》，这本书的习题与袁行霈的《中国文学史》相配套，很实用，建议大家一定要买。复习外国文学也是一样，先每天花两个小时看书，看完后直接看习题集，这里同样介绍一本重要的习题集——崇文书局出版的《外国文学史辅导与习题集》，还有北京师范大学出版社出版的《〈中国现当代文学史〉基础与实战练习》。暨南大学出题比较宏观，不会很细，而这些习题集具备这些特点，要反复背诵。当然死背是记不住的，看书的时候要整理出一条脉络，比如"沈从文的写作风格及其各个时期的写作特点"，"苏轼在诗词创作方面的特点"等，要抓住关键词，连成一条线，这样就比较容易记忆，而不是一字一句地背，既费精力，又容易忘记。下午我多会进行英语复习，继续阅读理解的训练，一天两篇，然后第二天进行分析，分析一定要做到细致，不认识的单词一个都不放过，最好把不认识的单词抄下来或者画出来，在第二天早上背单词的时候可以拿出来看看。刚开始做题错很多不要害怕，也不用气馁，这是很正常的事，你只需要做好每天的分析便可。最重要的是坚持，一定要坚持下去。暑假是比较闷热的，我认为在暑假的学习效率并不高，早上经常打瞌睡，但是我从不趴桌子，第一对眼睛不好，第二越趴越困。每次困的时候，我会到外面看看风景，或者站着看书，要不就站着背书。这两个月除了回家两趟，就是在学校学习，大概每天都能学习8个小时吧。

9—10月，紧张的复习开始了，这个时候你会发现有些同学放弃考研了，但是你要坚持住，自己要对自己负责，选择的路就要一直走下去。考研的道路上最好能找到研友与你相伴，孤军奋战的滋味是不好受的。我们宿舍有三位同学考研，我们一起吃饭，一起交流考研问题，分享考研资料，互相鼓励等，这些都使我在考研路上不会走得那么辛苦。最后我们都考上了，也算是个圆满结局吧。继续说说复习的进程，8月我已经在背习题集了，但是那个时候放假，效率也不高，一遍也未能背完，紧接着9月就到了，这个时候不能再那么松懈了，我严格要求自己每天在两个小时之内必须完成一门课程的复习任务，将其量化，具体到复习多少页。比如中国现当代文学两个多小时背多少、中国古代文学背多少、外国文学背多少……到了9月末差不多把这些专业课本背完一遍。英语还是早上继续半个小时英语单词的背诵，下午训练阅读理解，其实阅读这个时候差不多做完了，如果一直有坚持做阅读，你会发现越到最后自己的正确率越高，当然前提是有真正做到记好单词，认真分析题目。

11月—12月，这两个月是最累的一段时间了。每天学习10个小时以上，11月专业课背到第二遍了，专业课不能停止背，要反复背。每天早上我看完英语单词就开始背专业课现当代、外国文学是分开背的，早上一小时，下午或者晚上一小时，晚上大部分时间给了中国古代文学，还有一门很重要的科目——文学理论，我用的是童庆炳的《文学理论》，这本书不是那么容易背诵，我每天大概花一个小时来记忆，主要挑一些重要的章节来背，比如文学风格、意境、文学接受等。但写作方面我则没有训练过，这是很失策的。在复试名单中，我的写作只有131分，所以大家想要拿高分，还是练一下写作吧。专业课真题其实没有规定什么时候开始看，在你早期查找资料的时候就应该归纳好真题的类型。这个时期英语真题我做了第二遍了，第二遍还是一套套地做，这个时候做错的题要更加注意了，不懂的单词也要标出来或者抄下来。其实考研真题我觉得至少要做五遍才行，要把里面的句子单词全都弄明白，这不是一项小工程。单词还是照样得背，作文也得形成自己的模板，也要背一些经典范文。政治这个时候要开始背了，我每天就背一个小时的政治，再做一些模拟题，其实政治大题大家只要答满了，分数都差不多，拉开分数的是选择题，所以一定要背好书，分清概念，不要张冠李戴。政治要拿高分，选择题是必须认真做好的，政治真题我认为作用不大，有时间可以做，没时间可以不做。我就没有做政治真题。最后的一个月专业课复习了第三遍，然后语言学方面就上网下载了一下名词解释进行复习，也算是查漏补缺吧。这段时间很考验一个人的耐力，因为到这个时候，其实我们都很累了，但是一直都在跟自己说要坚持下去，继续加油，我们都是互相鼓励一直坚持到考试的，而且最让我感动的是，在冬至的时候，不考研的舍友还为正在复习的我们送来了汤圆，夏天的时候也给我们送了奶茶，我非常感谢可爱的舍友们。

很多学校复试人数比例都是1：1.2，但是暨南大学是1：1.6，而2015年则为1：1.9，而且推免生有6个，只剩下11个名额。这一次有21名考生参加了复试，最终刷掉10个，所以说竞争是非常激烈的。从拟录取名单看，初试第二、第七、第八名都被刷了，所以不要以为初试排名比较靠前就不用怎么准备复试了，复试的压力不比初试小。初试成绩出来的时候是在家里过年，所以没怎么看书，都是回学校才看的书，大概复习一个月就去复试了，这一个月里我主要是看现当代文学的笔记，还有重温了夏志清先生的《中国现代小说史》，还有导师的论文。英语就买了一本英语复试参考书，把里面的自我介绍还有一些常问的问题准备了一下。2015 年的复试有很大的变化，笔试没有英语题目，而且专业笔试的题目都很主观，完全靠自己发挥，面试直接分两批，而且没有让我们选方向和导师。在进去面试之前我是比较紧张的，等真正进去我看到几位笑容和蔼的老师时，就不那么紧张了。我主动自我介绍，并且说明自己喜欢的方向，老师们都非常亲切，王列耀老师问了我的家乡、本科学习情况和毕业论文等，都是根据我的回答展开提问的；李亚萍老师主要是问英语问题，一个是我的性格，另一个是我看过哪些杂志；其他老师因为我不选他们的方向，所以没怎么问我问题。面试感觉还可以，一直都能保持微笑，遇到不懂的，就实话实说，比如李亚萍老师问我看过哪些期刊，我不会用英语回答，就问老师可不可以用中文回答，老师说可以。所以在面试的时候不要太紧张害怕，保持自信微笑，懂就懂，不懂就要照实说不会说不懂。

在这里我要感谢我的导师熊老师，感谢他在初试与复试中对我的指导，在我压力大的时候给我讲解道理。感谢学院领导与老师的指导，感谢我的师姐，她给了我很多学习与生活上的帮助，感谢我的舍友，谢谢她们一年来的支持与体贴，最后谢谢我的父母，他们的支持与关爱是我坚持的原动力。

三个"坚持"

2011 级中本 4 班　刘丽芳

考研生活已落下帷幕，蓦然回首，这一路走来颇为不易。收获与失意并存，喜悦与忧伤兼具，当我再忆起这段时光，心中满怀感激。经历考研，让我的大学生活更加圆满。下面我将从三个方面谈谈我的考研心得体会。

一、坚　定

作为一名插本生，我在师姐及老师的鼓励下，在大三那年便参加了研究生考试。在不了解考研的情况下，匆匆地报考华南师范大学的学术型研究生。当我进入考场以后，我才发现每科考试时间为 3 个小时，在毫无准备的情况下，觉得答题时间充裕，想到自己只是来赚点考研经验，轻松作答。结果却出乎我的意料，总分只差 4 分便能进入面试，那时我就在想，如果当时努力一点，说不定就考上了。大三的考研经历坚定了我的考研意向，让我明白：考研并没有我想象中那么难。回头看看，下定决心考研，避免了因犹豫而浪费时间，充实了我的大学生活，激发了潜能。自己也曾在犹豫中不知所措，现在回想起来，若有了考研这个念头，就应果断下决心，相信自己，考研并不难。

二、坚　持

考研在我看来，关键在于坚持，最难也在于坚持。下决心考研并不难，而一直努力坚持下去却不易。在考研的过程中，我感触最深的是要相信自己并不断鼓励自己。宿舍里只有我一个人考研，很多时候，考研遇到的烦恼与困惑难以应对，会有一种孤单而无助的感觉。然而，暑假时，我留在学校复习考研，认识了法政学院的秀妹，和她一起复习。我们在考研教室复习，虽然不在同一个教室，但是经常在复习累了的时候，和她聊天、散步，遇到复习上的不顺，互相倾诉。就这样，我俩互相鼓励，每天坚持到考研教室复习。同伴的支持和鼓励给了我很大的动力，舍友在寒冷的冬天送来暖胃的姜汤也让我感动不已。渐渐地，我习惯了早出晚归的考研生活，每天早上坚持晨读，白天按照自己的计划进行学习。此外，在考研期间，琐碎的事情也不少，有时候会影响到自己的复习情绪，在这个时候，就需要好好调整心态，积极应对。当我做题效果不理想时，倍受打击，心情失落进而影响复习效果；当我听到别人说谁的专业书已经复习了五六遍时，紧张感油然而生，想着自己才复习完一遍，别人就已经复习了那么多遍了；当我厌倦了日复一日的枯燥生活时，多想休息……所有这些烦恼，都会动摇我坚持下去的意志。或许每个人在考研路上都会经历这样的情况，在感觉难以坚持时，适当休息，找人倾诉，调整心态，从容面对。坚持下去，离收获就不远了。

三、收 获

考研，是一个付出的过程，更是一个收获的过程。考研期间，复习专业知识，让我有机会巩固所学的知识，弥补以往学习的不足。也正是由于考研的复习，扎实了我的专业基础知识，增加了我在教师招聘中取胜的砝码。在专业课复习过程中，由于教材较多，我在复习时都会通过做笔记的方法来学习，十多本教材，整理成两三本笔记，复习起来方便很多。在理解的基础上，反复识记知识点，就这样，渐渐地，发现获益颇多。考研，锻炼了我的自学能力，让我形成了良好的学习习惯，找到了适合自己的学习方法；考研，使我收获了与研友的友情，在相互支持、鼓励中，不断肯定自己、提升自己；考研，增强了面对困难的信心，让我学会积极调整心态，控制自己的情绪。在我看来，考研的过程，就是一个不断收获的过程。

我曾经以为考研很难，考上研究生更难。现在回想这一路走来，选择考研是我大学时光的一个重要转折点，让我的大学生活充实而有意义，感谢考研经历，感谢老师、朋友、同学等的支持与鼓励，感谢坚持、努力的自己。

坚持铸就成功

2010 级中本 5 班　严华芬

在 2013 年 4 月中旬之前，我从未想过走考研这条路，但是 4 月 15 日陈云龙老师的那一节课，使我下定了考研的决心。在这节文化与方言研究课上，老师提了一个问题——"叔"字的本义是什么，当时在场的七十多个同学没有几个能回答出来。当时我心里问自己："大学四年，学到了什么？自己的专业知识是否扎实？以这样的状态毕业对得起自己吗？对得起自己将来授课的学生吗？"答案是否定的。因此我下定决心考研，抱着就算我最后没有成功，最起码经过考研的准备自己的专业知识和外语水平会比其他的同学强的念头参加了 2014 年的研究生入学考试。

暑假的时候，我们学院的考研教室搬到了三号教学楼的 203，正值酷暑，教室里闷热，而且还有蚊子。暑假期间，由于在校的人比较少，饭堂里的饭菜种类少，而且还很难吃。很多同学受不了都选择回家，看着教室里的人越来越少，我的决心也开始动摇。有一天晚上，我在椰林里散步，看见一个同学坐在那里读书，当时他是在读考研英语，一边读书一边拿把扇子扇凉。那一刻我很受感动，别人都能这样坚持着，我凭什么放弃？那个暑假我坚持下来了，没有像其他同学那样早早就回家。从那以后每当我想偷懒放弃时，我就会想起夏夜的那一幕，更加坚定自己的信心。

考研的路上有很多因素会让你想偷懒甚至是放弃，或是因为竞争压力大，或是因为条件不好，再或是情感方面出问题，这些都会成为考研路上的绊脚石，跨过去就好了。考研贵在坚持，坚持下来了，你才能看到胜利的曙光。

考研路上的所思所悟

2011 级中本 1 班　周晓怡

关于考研的复习，我并没有太多的经验，当时也没有想太多或者了解太深，就抱着尝试的心态去报了名。在预报名后我就回到家乡实习，但由于需要本人亲自办理各种手续，在同学的建议下，现场确认时我匆忙赶回了学校拍照交钱。一切都是临时的决定，但我很庆幸我回来了，无关成败，而是因为这段经历让我学到了许多，也成长了不少。

首先我觉得坚持很重要。考研路上坚持是不可或缺的，许多人都因为无法坚持而中途放弃了。在你动摇的时候，想想之前你为了复习所付出的努力，如果放弃了，之前的努力不就白费了吗？考试时有些同学考完了前面两科，觉得自己考得不好，便不参加后面的考试了，我觉得这是不值得的，只是因为一些所谓的感觉而放弃，你能保证这些感觉真的 100% 准确吗？在我考试时，我也觉得自己考得很糟糕，真有一种是去"打酱油"的感觉，但还是坚持下来了，因为我觉得要是不把这四科考完，怎么对得起自己当初赶回来的辛苦？不管是在考研还是学习、工作或是生活上，与其以后后悔自己当初的放弃，倒不如坚持下去，即使失败了至少也无憾了，而且真的不要相信一些虚无缥缈的感觉，感觉不一定是正确的。

平和的心态是成功的重要因素。对于没有复习的我来说，是轻装上阵参加考试的，当时并没有给自己太多的压力，就是想着会做的就把它做了，不会的就想想怎么做，绝对不能留下空白或者随意应付。有些同学辛辛苦苦复习了很久，就因为心态没有放轻松，考出来的成绩不理想。所以无论面对什么事情，我们都要用平和的心态去对待。

当然，要保持平和的心态也不容易，在初试时我的心态是很平和的，因为当时自己只是抱着尝试的态度，所以压力不大。但是在参加复试时，我明显感觉到自己是有点紧张的，尽管嘴上不承认，但毕竟别人都是做了许多准备的，这一点多多少少还是影响了自己。如果说自己有比较充足的准备，底气就会足些，这样内心就会坦然很多。除了学会调节自己的心态，还要做好准备，好好复习。

其实成功并非偶然，虽然我几乎是裸考的，但我觉得我平常的一些习惯在无形中发挥了作用。由于自己很喜欢教师这一职业，平常就比较喜欢看一些相关的书籍和杂志等，每天睡前都会在微信上看一些热点问题，有时看完后，也会想想如果自己遇到这些问题会怎么处理。有时遇到不太明白的问题会和老师探讨，看看他们对这些事情的看法。此外，实习也教会了我许多，对于很多问题我们都只是处于理论层面，而缺乏实践，实习无疑填补了一些空缺。有时知识是在无形中积累的，阅读的好习惯要好好保持，有时复习累了，看看别的书放松一下，还是有所裨益的。

有人说，考研的路上注定是孤独的，因为要耐得住寂寞，静心奋斗；也有人说，考研是辛苦的，因为要全身心投入，不能懈怠……每个人都有自己的理解，也有自己的选择，无论这条路成功与否，但在这一过程中真的能学到许多，除了知识，更多的是对人生的一些看法，这些都适用于以后的工作与生活等。

愿各位师弟、师妹都能心想事成！

致我的考研

2011 级中本 3 班　王锦颖

　　之前在考研教室复习的时候，我会偶尔翻看师兄、师姐们的考研心得，看看别人走过的路程留下的经验。而今天，我写下我的考研体会，希望对后来人有所帮助。下面写的这些，有的我做了，有的现在才想到这样做比较好，算不得什么很好的经验，仅供参考。

一、三个"重要"

1. 心态很重要

　　"心态很重要"这句话已是老生常谈了，但放在考研中，怎样才算是一个好的心态呢？我认为好的心态是平和的、从容淡定的、不与他人进行过多比较。考研是一个过程，需要每一天的积累，并不能一蹴而就。一步步复习好了，考个好成绩自然水到渠成。在复习过程中人难免会纠结复习内容多、看不懂英语阅读、不会做题等诸如此类的情况，又想到"考不上怎么办"之类的问题，过多地思虑这些问题其实是在分散、浪费你的精力，如此循环，复习效果就更不好了。考研本身就让人疲累了，又何必给自己增添不必要的压力？你需要做的只是按照复习计划好好看书、好好做题，定期反思。在复习的过程中，特别是复习的中后期，有些同学看到自己的小伙伴书已经背了三四遍，英语阅读正确率很高，想到自己书一遍都没背完，英语阅读还是看不懂，于是心慌了……其实没有必要过分关注他人的学习进度，因为每个人有每个人的节奏。背了三四遍不意味着一定考得好，背了一两遍也不意味一定考得差。平时脚踏实地，考试的时候放心地去考就是了。

2. 效率很重要

　　如今已是四月下旬，离 12 月考研初试的日子不算远了，加上大三还有课要上，能让人全心全意去复习的时间并不多，提高效率就等于节省时间。要提高看书做题的效率，就需要健康的身体和思维清晰的大脑。我个人的感觉是，在复习过程中首先要保证足够的睡眠时间，其次是适度补充营养，喝牛奶、加营养餐等都可以。当思维清晰、头脑活跃时，看书只看一遍便能把内容记住。相反，若效率低下，看了三遍书也只是眼睛在动，没动脑筋。

3. 方向很重要

在这个涉及考研院校和考研专业选择的问题上，我觉得在选择院校的时候有几点要注意：①院校的招生计划；②该校的推免政策与推免人数；③了解该校的历年真题，感受试题难度，自己是否有把握；④了解该校分数线；⑤了解该校的工作作风，比如是否压分，调剂情况怎么样。有些学校比较人性化，会为学生考虑得比较多，但有些学校则不然，这个可以向师兄、师姐和一些老师打听。在报考之前，我没有仔细考虑这些问题，希望后来人不要像我这样。至于专业，我觉得兴趣最重要。

二、考研初试资料

工欲善其事，必先利其器，选择好用的复习资料会提高复习效率。我觉得下面几本书还不错：

英语：①《考研真相》（试卷版，方便携带）；②丁晓钟主编的《考研英语历年真题超精解》。这两本真题解析各有好处，后者解析得很仔细；③单词书：我用的是红宝书，但感觉这本书记起来很难，个人感觉新东方的乱序版单词要好些。

政治：①肖秀荣的《肖秀荣考研政治命题人最后4套题》，主要是背大题的答案，这套试卷有预测中大题的可能；②蒋中挺的《考研思想政治理论冲刺考点必背》，这本书把最重要的考点和新增考点列出来，看了至少能知道知识框架。这两本都是冲刺阶段的用书，在基础复习阶段，有师姐和同学说肖秀荣的基础复习书籍不错，大家也可以参考。对于公共课，有报班的同学用辅导班配套用书即可。

专业课：我第一志愿报考华南师范大学古代文学专业，因此，下面的资料主要是针对华南师范大学而言，考其他学校的同学也可以参考：①中国古代文学：《〈中国文学史〉学习辅导与习题集》（齐鲁书社出版）；②中国现代文学：《〈中国现代文学三十年〉学习指导》；③古代汉语：看参考书，注意通论部分；④现代汉语：看参考书，可以用《现代汉语同步辅导》（中国时代经济出版社出版）。

三、初试复习方法

1. 英语

（1）单词：英语单词需要反复记忆，在整个复习过程最好不要间断。对于真题中的单词，最好能全部记住。可以用小本子记下不熟悉的单词，空闲时翻翻，日积月累下来，总有好处。

（2）真题：真题要反复做，至少三遍吧。真题可以放入 MP3 里面听，也可以拿来读，听和读都能培养语感。

（3）阅读：个人觉得限时阅读训练会有帮助，复习到一定阶段，可以每天连续做 3~4 篇。

2. 政治

政治要注意多项选择题，一般来说，只要这部分分数高，政治科目分数不会低。

3. 专业课

专业课参考书目比较多，有人说先用两周时间把所有专业书看一遍，再分门别类地反复看，同时做笔记。记忆会在反复看书中加深，如果只看一遍，即便很认真，大概也是不够的。

上面讲的这些，仅仅是针对初试。在整个考研过程中，调剂才是让我最为难忘的，这又是另一个话题了。考研虽然让人感觉疲惫，但是一个主动追求的过程。以前复习时，我和新闻班的一个女生常一起去吃饭，一块回考研教室，有时候她给我买个小甜饼，我给她买块木瓜，看书复习的日子虽然平淡，但也开心。

最后，希望每个考研人都能走到最后，坚持考完每一科，说不定有惊喜等着你。无论是考研、考公务员还是考事业单位，对于你想做的，不要浪费你的时间和付出就好。

愿你将日子过成诗

2011 级中本 2 班　魏　澜

每次要写这类文章或是做经验报告的时候，我都有些心虚。我深知自己见识短浅、行为散漫，更没什么值得奉为圭臬的经验与方法可供借鉴，即使我也曾口若悬河地讲"跨专业该这样看书""英语应该这样学"等，但我一直觉得这是不必要的，或者是说不够必要的。我这样认为，一方面因为我确实没有什么秘诀和方法，另一方面是我也听过许多学习方法、经验报告，像你们现在一样，但对我来说那些都收效甚微。我想，不是方法不对，不是经验不好——我听到见到的，和你们的学长、学姐分享给你们的，都是科学的方法和通过亲身实践总结出的经验教训，然而当你们接受这些方法经验之时，你们是何种态度？是拿来主义？是批判性借鉴？还是"哇，好厉害的样子"或者"切，这算什么"？我也从大学走过，至少我就没能很好地接受那些方法，或许是因为我不够认真不够在意。但是，如果我还能代表一些考研人的话，我姑且不负责任地认为你们中至少有一部分和我一样，听这些方法经验好像在听故事，看那些心得体会仿佛在看小说，参加报告会好像是参加明星见面会："哦，原来他们那时候的生活是这样的啊"，"哦，原来这些家伙就长这个样子啊"……两天过后，只剩下"哦，他们来过了"。就好像现在在看我这篇文章的你，我希望你看这篇文章的动机不是"哎哟，她考上了"，我希望你心中想的至少是"她凭什么考上"。学习不同于旅游，不是有了攻略就走遍天下都不怕；学习又和旅游一样，如何借鉴别人的攻略走出自己的故事，才是真本事。如果还有足够的时间，我希望你们真正去思考什么是适合自己的，结合自己的实际去尝试，最终整理出自己的一份攻略，不要像看戏一样，不了了之。

以上这些话大概不太常规，但我有理由认为你们现在都是具有思考力的青年人了，你们需要的不仅是暖心的鸡汤，还需要一些冰水，或者，至少得来点儿晾凉了的鸡汤，捋一捋烫着的舌头。胡言乱语，不知所言，如有冒犯，还请海涵。

然而我想你们花时间来看我敲出的这些带有"中二"气息的文字，更愿意看到的，也是一个真实的我吧。我大概一直不是个出色的学生，有些随心所欲，或许这也是我最大的优势吧，在传说中可怕的考研生活里，保留那么一点灵气，跟随着自己的心。

一、愿你清醒地度过考研的日子

希望你熬夜、做题、记笔记、写错题本的作用都不是给自己以心理安慰，而是真正地使它们起到作用。"我今天看了 20 页书可以心安理得地睡觉了""看吧，我已经这么努力了"，很多时候这些不过是在麻痹自己，真正重要的是你从这些工作中获得了什么。考前的时间是宝贵的，你永远不可能把能做的事情全做完，希望你能用最宝贵的时间以最高的效率做最重要的事，让自己付出的努力得到回报，而不要做无用功。以笔记为例，你既然写了，就要定期去回顾它，做笔记花费的 90% 的精力在记录上，10%的精力在回顾上，然而你可以从中获得的收获则全在于回顾，如果你不是拿它用来练字的话。如果你费了很大精力去搭构笔记这个回顾的载体，却从来不去使用它或使用好它，显然得不偿失。做题也是这样，重要的不是数量带给自己的成就感，而是巩固带给自己的扎实感。

二、愿你遇见更好的自己

大学四年，我们逐渐走向成熟。关于梦想，关于世界、关于未来，憧憬与怅惘是那么美好。我在大一、大二的整整两年里过得是极度混沌的，我一直在思考，这些能带给我什么呢？成绩能带给我什么呢，曾写过几篇关于梦想的文章，记录那时复杂纠结的心境，没错，就是那个我也曾觉得俗到不能再俗的"梦想"。越来越明白"梦想"这个词既然已经这么俗了，却为何还是经久不衰。大概每个人都会有纠结于自己人生意义的时刻，我很幸运，在某个契机下我发现了大抵可以称作我的梦想的东西。如果你已经明确了自己的志向，真心地祝贺你；如果你还没有遇到，不必着急，正如林语堂先生所说，"梦想无论怎样模糊，总潜伏在我们心底，像种子在地下一样，一定要萌芽滋长，伸出地面来，寻找阳光"。做好当下的事，为未知的、神秘的、美好的你将执迷于的那个梦想。给自己留一个机会，让将来的你感谢现在的自己，没有使它成为不可触及的幻梦，等梦想的种子萌芽滋长时，阳光正好，养料正足。因此，不必纠结于一时的得失和他人的评价，使自己变得更好，难道不足以成为一件快乐的事吗？

三、愿你将日子过成诗

把日子过成诗可以说是我的生活准则吧，虽然我随意的生活态度大概是没有什么准则的。最近在自嘲，说把日子过成了快板，但想想这怎么就不算是首诗呢？日子不能只是朦胧诗呀。在我看来，一切经历大抵都是诗，哲理诗、朦胧诗、古典诗、歌颂诗，不同的心境是不同的诗，就像郭沫若写《天上的街市》，也写《天狗》。看着宿舍门前的桂花在倒计时100天里长得茂盛、香气浓烈；看破损的地砖坑坑洼洼像俄罗斯方块；最后才发现的躲在图书馆房檐下的麻雀"公寓"，这些是诗；那些写不完的题目搬不动的书，赖过的作业不过关的默写，也是诗；没来由地说这些，只是愿你们用心去过好自己的生活，这不是诗歌鉴赏，不用再揣摩作者心意，意象和韵律都由你自己决定。这些当不必说的，有谁会不用心去过自己的生活呢？

接下来提供一些称不上经验的提示，大概越是简单的东西越有可执行性吧。

找一个轻便的小本子，随手记下偶然遇到的琐碎知识点或是重要结论、经验导图，不必在意格式，随时回顾。

不时将要做的事一条一条列出来，完成一项就划去一项。主要是回顾错题本、试卷，总结归纳之类比较有弹性的安排，督促自己去完成，我朋友这一点做得非常好。

让自己停下来。"休克"其实是"休课"，有两三天的时间停止所有学习进度进行反思、回顾、总结、答疑。亲测效果很好，这其实不一定需要固定安排，在你觉得太忙或者太盲目的时候，不如不时地"停下来"，会使自己更清醒，少做无用功。

作文语言精练，开头简洁明快。可以参考学习《人民日报》《新闻日报》时评的语言风格。

原本写下的题目是"愿你将日子过成诗"，想想不太合适，便删去了，那就叫无题吧，最好作者也是佚名。日子是你自己的，就如同对这些文字认同、批判或是毫不在意的权利是你的。你喜欢诗，那就把日子过成诗，不管是《天上的街市》还是《天狗》；你喜欢画，那就把日子过成画，不管是国画、油画还是漫画；你喜欢可乐，那就把日子过成可乐，不管是百事可乐还是可口可乐。以前总爱跟学弟学妹们说最重要的是快乐，因为你不可能经由一个不快乐的过程到达一个快乐的结局，现在想想也是欠妥的，总之，若你喜欢快乐，那就把日子过得快乐吧。

正确的选择比盲目的努力更重要

2012 级对外汉语　钟杏梅

2014 年 5 月，还有两个月，大学二年级就结束了，我选择了去泰国实习。当时，老师、朋友、同学都劝我别这么早去，因为才大二，专业课还没修完，而且当时课程很多，回来后补考很麻烦，但我依旧坚持去了。因为两年来，这是我第一次如此清楚地知道自己想要什么。大学这两年我过得很迷茫。大一时本末倒置，把所有的时间都用在了社团工作上，没能认真学习。刚上大二，我便辞去所有的职务，以为能专心学习，却因为目标不够明确，盲目地做着那些不知为何的努力。

然而，也许是因为坚持而看到了希望，我被分到了当时实习学校中条件最好的一所，在那里，我认识了一群由国家汉办派出的志愿者，他们都是汉语国际教育硕士一年级的学生，每个人都有一技之长，都很优秀。有时我会产生一种错觉，我竟然成了这些传说中"别人家的孩子"中的一员。

优秀，其实是一种习惯。与优秀的人在一起的时间长了必然会耳濡目染，慢慢地变成优秀的人。而一个人一旦成功过、优秀过，便会希望一直这样下去。受这群志愿者的影响，我动了考研的念头。回国后，已经大三了，也许因为目标明确了，也许实习的经历让我成长、自信了，我似乎真的变优秀了。这一年我以系综合测评排名第一的成绩，拿到了一等奖学金，拿到了学习优秀奖。更重要的是，我发现自己真正地爱上了这个专业，真正地找到了未来职业发展的道路，而这一切更加坚定了我考研的信念。

很多人都说备战考研是个很苦的过程，但我却觉得很快乐，因为，每一天都有那么长时间去学习自己喜欢的知识，每一天都过得很充足，每一天都有不同的收获。然而，好景不长，原本无往不胜、自信满满的我，在初试中却没能发挥好，只能选择调剂。知道成绩的那一刻我真的快崩溃了。我总在想，如果当初更努力一点，如果当初选择一个比较好考的学校，如果当初听了导师的劝……但人生何来这么多如果？

有人说，没有经历过调剂的考研，是不完整的，也许老天是为了让我的人生更为完整吧。调剂，真的很痛苦，而 2016 年的调剂大战，异常激烈。原本没能考上第一志愿就已经很痛苦了，而调剂又让大家一退再退，从原本想着去个比第一志愿稍差的学校，到最后只要学校给机会，便选择接受。然而，戏剧性的是，我发现自己可以进入第一志愿学校的复试，只是排名靠后，被淘汰的可能性很高。与此同时，我还接到了一所还不错的学校的调剂邀请，当时，由于种种原因，更有把握考上调剂学校。但是，第一志愿学校的复试时间与调剂学校的复试时间冲突了，我只能二选一。

人在有选择的情况下，都不愿意将就。既然能进第一志愿学校的复试，当然希望去第一志愿学校。但事实摆在眼前：去了第一志愿学校复试，可能被录取的希望渺茫，而去调剂学校复试，我很可能会被录取。按照我以往无所畏惧的性格，只要有一丝希望，我都会去第一志愿学校，但吃一堑长一智，当初选择学校时我没选好，如果这一次我也选择错的话，是以后无论如何努力都无法弥补的。这不是读大学，刚开始没找着路，以后还有时间纠正；这也不是初试，考得不好还能调剂。整整一个星期，我睡着的时间十个手指头就能数完。

这个星期里，我想得最多的，就是三年多来的经历。我迷茫过，盲目过，努力过，优秀过。这一路，有人劝我坚持，有人劝我放弃，而我每一次，都选择跟随内心。我无数次问自己，如果去了第一志愿学校复试，会后悔吗？如果能被录取，后悔当然无从说起，只是我实在没信心能在如此劣势的情况下扭转局面，毕竟"自己放弃"和"别人不录取"是两回事。那如果去调剂学校，会后悔吗？后悔谈不上，毕竟也是个不错的学校，但终究会留下遗憾。

维纳斯的美是一种缺陷美，缺失的双臂非但没有影响她的美，还为她增添光彩。最终，我选择了"遗憾"，选择调剂学校，而且以第二名的成绩被录取了。如今回想起那段让我痛不欲生的日子，却发现其实并没有所谓的"遗憾"，反而是让我知道了，自己原来不仅能做到坚持不懈，还拥有敢于放弃的勇气。人生总是这样，你以为过不了的坎，走过后，回头看，其实也没什么大不了的。而你原本以为会后悔、会遗憾的事情，走到最后，才会发现，其实一切都是最好的安排。

如今，每当别人问我考研最大的收获是什么时，我总会说："正确的选择比盲目的努力更重要，因为选择一条正确的道路，会让你的努力显得更有价值。"人世间最公平的事物，莫过于时间，它给每个人的数量是一样的，但每个人的时间价值却不同。让时间价值不对等的不是时间本身，而是人。同样的，这世上从不缺乏努力的人，但不是每一次不懈的努力都能获得丰厚的回报。努力，只有用到对的地方，才有价值，才能获得想要的东西，看到这篇文章的你，今天，选对了吗？

一切都没有想象中的困难

2012 级汉语言 5 班　杨飘飘

　　杨飘飘，曾任校团委组织部干部，曾获校三等奖学金、广东省大学生作文大赛三等奖、"优秀共青团干部"、"优秀学生党员"等奖项，2016 年考取上海大学中国古代文学专业硕士研究生。

　　杨飘飘，是一个勤勉踏实又善于发现生活乐趣的人。如果你去她的宿舍走一圈，便会发现她的位置是堆放东西最多的，不但书架和写字台上塞满了各种书，床沿两侧和宿舍公共通道都堆放各色笔记本。细看这些书三分之一是大学的课程教材，其余的都是专业或非专业的书，每本书都夹着各种透着中国风的精美书签，每个书签的背面都注明着阅读的时间、阅读书目、阅读次数、阅读笔记。她说这样做是为了更加直观地记录自己读过哪些书、区分哪些书自己更喜欢，从而形成一个比较科学的读书习惯。

　　至于堆放着那么多的笔记本，她说其实读书笔记是很少的，其中多是她的日记本。她习惯在一定的时间段里制定明确的目标，并有很强的规划意识，兼顾自己的时间和精力，并在生活、学习中朝着目标坚定不移地前进。所以她的日记本担任的"角色"并不是单纯地记录每日的生活，也不是纯粹地抒发自己的一些小感触，还包括她自己设置的一个栏目——"今日计划与完成情况"，另外每个月的第一页都会是"××年××月规划表"。看起来目标清晰而明确。她说她觉得自己大学四年的不断成长很大程度是在这一本本的日记本的"监督"下实现的，对于这份坚持她甚至有点小得意，但也表示这种习惯将永远保持下去。

　　至于她的大学课外生活除了看各种类型的书来充实自己，她还通过担任学生干部、参加各种活动来锻炼提高自己的各方面能力。大学期间，她一直担任各种学生干部职务，包括校级团委干部、班长、党支部书记等，工作上得到老师和同学们的肯定，在他们心中留下的更是做事尽职尽心的印象。在不耽误专业课学习的同时，还选修和旁听各种非本专业课程，例如国际金融与货币、俄国文化研究等，这些课程开阔了她的视野和增强了她对多学科融会贯通的能力；另外，她还自学并通过了中小学生心理辅导、计算机 Office 操作二级等考试。

　　以昂扬向上的态度对待理想，以积极乐观的心态坚持信念，以全身心的投入诠释认真，以真正的实力赢得尊重，以高尚的品德演绎生活。为了充分显示作为一名党员的先进性，她在各方面严格要求自己，以求不断进步，同时积极帮助身边的同学，共同进步。她享受阅读和写作带来的安静，同时热爱各种课外活动，例如：主持一场晚会、参加一次演讲比赛、打一场网球赛或是慢跑一个小时等，所以在她看来，生活本来就是一件很有意义的事，应该以乐观积极的心态面对每一天、每一件事和每一个人。而对学问的好奇与探索，是生活最诗意的追求。

考研成功，对于她而言是一次追梦之旅，她在这次旅途中坚持了四年，用两年的时间实现了最后冲刺。所以她经常认为自己的成功，并不是偶然的侥幸，而是必然的结果。她认为考研并不是一件困难的事，但是一件必须认真对待的事，所以要坚持不懈。因此，对于她而言，回首过往，无悔于自己一路走来的时光，并始终坚信：一分耕耘，一分收获。脚踏实地，仰望星空。

越努力，越幸运

2012 级广电新闻 1 班　倪　萍

她，一个平凡无奇的女生，2016 年报考安徽大学新闻与传播专业硕士，最终以总成绩 384 分成功考入安徽大学新闻传播学院。

对于考研，倪萍有太多的话想说，只不过她觉得当自己经历过一切后，成功带来的喜悦远不及经历带来的感触多。她说，回味起那些考研的日子，其实更多是对于自己心智的历练，是"出不出去玩""出不出去吃"的考验，是看自己能否在种种诱惑面前坚持不懈地追寻最初的梦想的考验。

一开始选择学校的时候，倪萍也很想去尝试一下 985 高校，毕竟心里一直想去厦门大学，还有南开大学，这些学校的诱惑力是相当大的，但是后来想一想，考研最重要的还是考上啊，相比报考名牌大学失败后调剂到一些普通高校，还不如直接给自己降低点难度。于是她索性直接开始了她"三点一线"的备考生活——教室、食堂、宿舍。

刚开始的激情总是能指引人前进。特别是在 9 月挥汗如雨的考研教室中，倪萍看到了很多和她一样有着考研梦想的同学，她并不和他们说很多的话，因为她知道，她就是大家。融入大教室的学习，让她忘乎所以，每天都过得非常充实而有意义。

但烦恼总是有的，时间一长，倪萍发现自己并不能像刚开始那样专心致志了，有时会突然走神，又突然迷茫于自己在干些什么。这样的状态一多，摧残的是自己的信心和理智，会开始频繁地怀疑自己。倪萍想着，悠悠地说，"我其实是个挺没信心的人，备考中后期我经常心理崩溃或者信心全无，特别是考前五六十天的时候，心理状态糟糕到了极点，这时候我就会和父母打电话聊天，一聊就聊很久。在那种情况下，父母、老师、朋友都是很好的倾诉对象，当然倾诉完了还是得正常学习，毕竟考研还是你自己的事嘛"。倪萍顿了顿说，开始查的安徽大学新传专业的报录比在备考期间一直是她心上的石头，总是担心自己不会是成功的那些人。每天晚读的时候，她会从教四 E 栋的走廊里往下看，看到一些心情非常愉悦的同学骑着单车前往学校旁边的公园，她就感觉自己的心里似乎也生出了一只小鸟，飞啊飞啊，特别自由。然后她低下头看着手里的书，想着过完这个月，考研生涯似乎就要结束了呢。

然而真正到了后期，她的心态反而轻松了，"无非一场考试嘛，又不是我生命的全部"，倪萍如是说。

她在大学期间可以说从未放松过学习，年年获得校奖学金，还通过了大学英语四、六级，计算机二级等等级测试。此外，在院校内举办的各种征文、朗诵活动中，也经常看到她的身影。谈及到底是什么在一直推动着她前进，她笑了笑说，"大学就只有四年，我浑浑噩噩地度过，光阴不会增加一分，而如果我积极向上地度过，起码在我以后的回忆中，我会明白在我青春时我都做了什么，这也是一种尝试，尝试如何更好地成就自己"。

考研的一路，倪萍都感觉自己是挺幸运的，但是不努力就不会有幸运之说，她说，"之前考研的时候经常会上网看经验帖，什么'三本生逆袭985''3个月上清华'等，这些鸡汤还是少喝点好，这些成功的学生都是个例，更多的是和我们一样默默努力、默默付出的同学，我们的姿态还是要放低，但一定要有信心，努力去做，结果不会差！永远记住，越努力，越幸运"。

执笔书年华，
为梦走天涯

我的申研之路

2011 级对外汉语　黄文敏

在 2015 年的五月前后，我陆续收到了中国香港、英国和澳大利亚学校的研究生录取通知书，我并不是想说我有多厉害，其实，想要获得名校的橄榄枝并没有想象中那么难。虽然无论是境外申研还是境内考研，每一条路都不容易，但是只要你一步步踏踏实实走下去，目标就不远了。也许，很多人觉得申研只需要考英语——雅思或者托福即可，相比起境内考研的英语、专业课、政治来说，从数量上看，申研看起来好像很轻松。可是我想说，对于一个英语不好的人，我忘不了从大三暑假开始到大四寒假那大半年，每天都对着英语的日子，我曾经一看到英语就想吐，也曾经因为雅思和申研的压力而失眠。另外，境外大学看重学生的语言成绩、四年的绩点、实习和工作经验，所以境外大学的成功申请其实是大学四年努力的结果。

在申研这个过程中，我觉得目标很重要，知道自己想要什么才能少走弯路。大三的时候我是打算境内考研的，相关学校和书籍都准备好了，也开始复习了，后来却临时改变了计划，转而申请去香港读研，因此浪费了很多时间、金钱和精力。所以，在决定一件事情之前，先问问自己到底想要什么。刚开始我只敢把目光投向香港，有一种不敢奢望能被国外名校录取的心态，后来在邹同学的"怂恿"下申请了澳大利亚的学校，再后来在两位"烤鸭"的推荐下又申请了英国的学校，最后都成功被录取。有时候，看起来遥不可及的事情，只要敢于踏出一步并为之努力，便会发现，其实我们离目标仅一步之遥。另外，时间利用和信息搜索能力也很重要，这会让我们少花很多冤枉钱，得到更多可靠的信息和录取机会。

半年的申研之路，我忘不了和两位"烤鸭"互相勉励支持，忘不了每天晚上一起练口语，有哭有笑，真的很感谢申研路上有她们，让我有信心走下去；感谢一直支持我、给予我帮助的舍友、同学、老师……同时也非常感谢父母一直无条件地包容和支持任性的我。最后，我想说，每一个决定和每一条道路，都充满未知的变数，都不可能是完美的，有利有弊，得失相存。选择自己所爱的，爱自己所选的，尽自己最大的努力，回首时能释然地笑对便好。

忆往昔峥嵘岁月

2011 级中本 1 班　李晓静

复试已经过去一个多月，我回想起来仍心有余悸。仅凭三个月的备考，过国家线已属幸运，最终能被自己心仪的学校录取更是万幸。

2014 年 7 月，我从台湾交流回来，在结识了许多来自全国各地高校的优秀同学之后，我有了强烈的动力想继续求学，我渴望更高的平台，认识更多不同层次的朋友。可是在台湾的半年也让我眷恋起家的温暖，暑假我回了家而没有跟考研的同学一起拼搏，因此错过了复习的黄金时间。等 9 月回学校，看到两位舍友已经做完厚厚的一本习题集，英语笔记、专业课笔记也丰厚起来，我才意识到考研时间只剩三个多月了。

9 月中旬，我确定了目标院校——西南大学。考虑因素主要有三点：一是要不要报广东的高校。大学四年我的人际关系都集中在广东，报广东高校应该是优先选择，但是暨南大学和华南师范大学已经被广东同学吃准了，实力和运气欠佳的同学最好不要冒险，毕竟扎堆是考研一大忌。中山大学我就不多说了，一个专业招收五个人，却包含了三个推免名额。综合考虑，广东的高校不再是我最好的选择。二是地理位置。我个人不喜欢北上广的快节奏生活，因此节奏稍慢的二线省会城市是我的优先选择。武汉和重庆是我心仪已久的城市，武汉离我老家河南近，重庆山城养皮肤。三是学校和专业。武汉的华中师范大学和重庆的西南大学是我最后确定的两所高校，同是 211 高校，同是教育部直属的师范高校（西南大学前身是西南师范大学和西南农业大学）。最后我选择了西南大学，因为我了解到我们班报考华中师范大学的就有四个，而西南大学的关注度要小很多，三个多月时间我还是有机会的。

确定了自己想去的大学，找资料和联系考上的师兄师姐就是头等大事了，在此特别感谢 2010 级的陈李力师姐，帮了我很多。随后就是制订计划，三个月的大计划、每月计划、周计划。我喜欢做计划，完成之后很有成就感。最后确定考研座位，我没有去考研教室，因为令我舒服的节奏会干扰到别人，也会让自己尴尬。每天 8：30—11：30、15：00—17：00、19：00—22：00 都会去图书馆学习，符合我的生活习惯，也不会很累。六楼和九楼是我长踞地点。六楼有小说可以翻阅，每当学习疲累，随意走到书架旁，抽取一本书，看一会儿当作奖励。九楼风景独好，人又少，因为每天准时去图书馆，所以九楼的老师也不会没收我放在桌子上的书。考研初期，我比别人落下太多，总是着急进度，越急越慢。后来有一天我突然开窍了："我们期末考试课程那么多，有的课背个两天就去考了，还能考个80多分，考研也就几门课，我还有三个月呢，怕什么。"心定下来，效率就提高了。

西南大学的两门专业课分别是中外文学史和文论与写作。文论与写作短时间内很难提高，文学史范围广泛，更注重记忆与知识架构。因此，我将重心放在了文学史上。首先要通读一遍，形成一个整体的框架，了解不同时期的社会背景。大致的框架和背景勾勒出以后，就到了最重要的一步——把书读薄，也就是做笔记。笔记重在总结，以中国古代文学为例，要做先秦部分的笔记，先把这一章认认真真看一遍，大致将这一章分为散文、神话、诗经、屈原作品四大类，散文有叙事有说理，叙事说理又分别有哪些作品，各类按此划分以后，找到西南大学十年的真题，将关于这章的题目用红笔抄录在相应位置，并整理好答案。做笔记的过程中，只需将关键点写上去，既容易记忆也便于临场发挥。第三遍就是背书。计划赶不上变化，我做完古代文学笔记只剩下一个多月的时间了，因此外国文学和中国现当代文学并没有很系统地复习。我现在最后悔的事情就是初试准备时间太短，再多两个月我的分数可能不会这么低。

2015年3月，国家线公布，我幸运地过线了。但是在总分只比国家线高两分，中国古代文学又大热的情况下，我不得不考虑调剂。我搜集了开设这一专业的所有院校，一百多所，排除一些肯定上不了和不去上的，剩下十几所学校。我一个一个打电话，发电子邮件，其中只有两所大学给我答复。后来我突然开窍，校外调剂肯定不如校内调剂。我联系了在台湾认识的刘亮亮师兄，他给了我十分有效的信息，他的导师是这次复试的组长，但是导师去了美国交流，因此这次复试实际上是向老师负责。我从网上找到了向老师的邮箱，给他发了一份自己的简历，表达了自己想继续求学的意愿。老师当天晚上就回复了我，大概意思是我的分数不高，而且他们更倾向要男生，如果我有需要，可以把我推荐给四川外国语大学。我很幸运，因为不是所有老师会回复你的邮件，但老师拒绝的意思很明显，我不甘心，又发了一封言辞恳切的邮件。

向老师：

您好！

非常感谢您在百忙之中回复我的邮件，再次打扰您了！您对一个素昧平生的学生依然重视，可以想象出向老师的为人与风采，如果能得到老师您的教诲会对我一生受益匪浅，我还想再争取一下。

自我介绍：

我来自河南，是一个从农村走出来的女孩，小时候没有娱乐节目，一个人泡在书堆里长大，那是我感受外界，触摸自己心灵的通道。小学毕业，我阅览了二十几本中外名著（青少年版），看完了金庸先生的"飞雪连天射白鹿，笑书神侠倚碧鸳"十四本武侠小说，跑步的时候总觉得自己能飞起来，跃到房顶上，树梢上，成了一个武侠迷。初中高中课业加重，每天早上五点半起床，晚上十点半睡觉，课与课的间隙，跟同学相互传阅几本《读者》《青年文摘》就是很幸福的事，上课偷看余华的《活着》结果痛哭流涕把新上任的班主任吓得不知所措。高考过后填志愿并没有像爸爸妈妈一样选择行医，而是毅然选择了中文系，这不仅源自我对文学的热爱更是弥补自己缺少时间读书的遗憾。

大学给了我新的开始，广东与河南的地域差异文化差异开阔了我的视野，增长了我的见识。大一上殷鉴老师的课喜欢上了写诗，大二暑假我去了湘西山区支教，在教学过程中发现自身知识的不足，我还需要磨炼。及至大三，人文院有五个赴台湾屏东大学交流的机会，我争取到了名额。屏东大学学术自由，学生与老师思想上的碰撞让我有了新的期待，沉下心来才发现自己浪费了多少光阴。大三是痛苦幸福交织的一年，痛苦于认识自己的不足，幸福于度过了一段美好的读书时光。这一年对我影响最大的两本书分别是《美学散步》《儒林外史》。从台湾回来已近七月，九月开始准备考研，我输在了起跑线，但这并不代表我的研究能力弱于别人，我需要一次机会证明自己，突破自己，希望老师给我一次面试机会。

再次感谢您！祝您身体健康，工作愉快！

此致

敬礼！

学生李晓静
2015 年 3 月 11 日

收到回信是在 11 日晚上十点，向老师让我联系张德明、赵金钟二位老师。第二天一早，我给家波老师打电话说明了情况，不到十分钟时间张老师回信说两位老师愿意推荐我。特别感谢两位老师的推荐，我才有了这次复试机会，也很感谢家波老师的热心帮助，像我们学院这么关心同学们考研情况的绝无仅有，我为自己是人文学院的一分子感到骄傲。

有了复试的入场券，并不代表一定会被录取，我当时就一个想法，这么多老师帮助了你，绝不能丢人。20 日下午西南大学官网上公布复试名单，我的初试成绩排名倒数第三，比我低的两名同学第一志愿报的就是新诗所，而新诗所特别保护第一志愿，我被刷掉的可能性太大了。复试时间定在 27 日，笔试的参考书又突然变成了《文艺学导论》，而去除湛江到重庆路上的时间，我只有 4 天半时间准备。那几天怎么过的我不想再回忆，但用功自会有收获。笔试的三道大题我全部答对，面试发挥正常。当我认为自己很有把握被录取的时候，老师适时地给我泼了盆冷水，我通过张德明老师了解到，向老师表示我表现一般，不算很出挑，录取的可能性对半。我不得不未雨绸缪，第二天早上 5 点多又赶往四川外国语大学。复试结束不久张德明老师就来了电话，我被录取了。我终于可以松一口气。

4 月 29 日，西南大学新诗所的复试录取名单公示，学术型硕士排名里，我的复试成绩是第一，总成绩第五，看到名单的一刹那，那种五味杂陈的感觉比高考放榜更甚。

大学四年真正坐下来好好学习的时光也就是考研的这三个月，最初对自己的怀疑，对自己的否定，也在这几个月的沉淀中有了明确的答案。我想说的话太多，想给的建议也太多，然而这条路，只有自己走过才会真正懂得。

在此，预祝 2012 级的学弟学妹们考研顺利，再创佳绩！我在西南大学等你们。

耐得住寂寞，守得了繁华

2010 级对外汉语　崔锐瑶

　　2014 年 1 月 6 日的晚上，我和一起考研的小伙伴出去吃饭，相信我，在经过了一年的努力后终于在这天晚上可以放松，你一点都不会感到心潮澎湃，不会有"太好了，终于解放了，我可以疯玩了！"的想法，之前设想的一切计划都没有心思去实践，你只有一种感觉——怅惘。我回到考研教室，这里只留下一教室的书本，黑板上的倒计时还停在"距离考研还有 1 天"，就这么结束了？对，就这么结束了，这一年，你就这样走过来了。有人问我，考研难不难？我不知道该如何准确回答，现在想来，考研是一段修行，在这个过程中成长更多的是你的心灵。

　　但凡读到"耐得住寂寞，守得了繁华"这样的句子，我都觉得矫情，但当自己真正体验并享受孤独时，我开始理解这句话。2013 年 12 月 25 日，圣诞节。这一西方节日不知从什么时候起变成了中国年轻人的重要节日，不管你有没有宗教信仰，这一天里我们期待收到礼物、和朋友聚餐玩乐。但是，对于每一个考研人，这一天不过是一年中寻常的一天，没有任何特别之处。那天晚上，考研辅导班安排了政治课，下课时已是 10 点，但这个点对于复习的人来说还早，回去后还得学一个小时，于是我从教三走回教四自习室。不知道为什么，这短短的校道在那天如此热闹非凡。空气中充满了节日的气氛，路上都是成群结队的人。姑娘们一个个打扮得花枝招展，脸上洋溢着青春灿烂的笑容，圣诞主题的裙角旋转飞扬，男生们也一个个抱着公仔鲜花，眉飞色舞，谈笑风生。路上卖鲜花卖礼物的小摊摊主会热情地招呼你过去，提醒你今天是节日。

　　我背着大书包，手中还抱着一堆书，步履匆匆地走在路上。看到这里你一定觉得我会想为什么别人能过得如此开心，我却是这么压抑？复习期间一天都不可以放松，我为什么要考研，要让自己过得这么苦？是的，要是以前我一定会这样认为，但是当时情况却恰恰相反，我看着熙熙攘攘的人群，那一刻的感觉是平静和满足。那时的生活虽然忙碌却充实，它让我感觉自己每天都在进步，这种有收获的感觉让我觉得自己是强大的。节日庆祝固然是欢乐的，但我也过得不差，所以不为外物所动，你便能自成风格。

  总之这一年最常态的生活轨迹就是考研教室、饭堂、宿舍三点一线，早上 7 点到晚上 11 点半的轮回，最后收获的不仅仅是考研结果，还有我自己的成长。考研，说难也不难，其中的艰辛和幸福只有自己体会过才会懂。踏实和高效是复习的关键词，清心寡欲是心态的关键词，最重要的是一路的坚持。这过程中心情经常会起伏不定，但要相信，人的坚强和脆弱都超乎自己的想象，有时可能脆弱得为一句话就泪流满面，有时却不知不觉中就发现自己咬牙坚持走了很长一段路。"考研就像很多人蒙着眼睛赛跑，你不知道其他人的速度，你能做的就是自己尽最大努力跑向终点。当你到达时揭下眼罩，很可能发现你已是第一名。"

  与诸君共勉，祝好运。

以行动赢得支持

2010 级中本 4 班　戴丽娜

2013 年 4 月 17 日，暨南大学研究生招生信息网公布了拟录取名单，我幸运地入围了。这个结果既肯定了我在考研期间的努力，又给了我的家长及亲友一个满意的答复。

在当今的大学生群体中，选择考研这条路的人不在少数，但是大部分考研学子的初衷各不相同。出于对学术的向往，我选择了考研。最初做出考研的决定，母亲并不是十分支持。她更倾向于让我工作以后考在职研究生，她认为这条路更便捷。我知道读在职研究生的好处在于可以节省时间，但是我更希望脚踏实地地在学校脱产学习，所以我选择了坚持自己最初的梦想。母亲最初不理解的声音并没有动摇我的信念，也没有扰乱我的脚步。在这种情况下，我想我更应该认真备考，以自己的行动赢得母亲的理解与支持。

自 5 月初向父母袒露想要考研的心声以后，我开始搜集并查阅相关院校及专业的资料，最终于 5 月底确定目标院校及专业——暨南大学的中国现当代文学专业。在选择学校的过程中，我考虑了很多因素，最主要的还是顾及父母的感受。母亲明确表示不希望我报考省外院校，这一限制迅速缩小了择校的范围。即使我很向往到省外读书的生活，但在一番权衡之后，我还是决定尊重母亲的意见，报考省内院校。

既然下定了决心并选定了方向，那么下一步就是付诸行动。正如汪国真所说，"既然选择了远方，便只顾风雨兼程"。漫长的考研之路上，既有晴朗的日子，也可能会遇到风雨，但无论是哪种状况，我都要坚定地走下去，以实际行动向母亲表明我的决心。7 月中旬在网上买齐了学校所列的参考书，这可以作为一个铺垫或前奏。我的考研生活正式开启于 8 月初。有过来人建议要好好把握暑假这两个月的时间，因为暑假这段"黄金时期"相对完整、空闲，便于安排复习计划和时间。确实如此，与上课期间相比，漫长且自在的暑假更有利于自己积极主动地分配时间。有些同学为了专注备考选择了假期留守学校，而我还是选择了回家。在家的学习环境相对舒适，而且离家不远的图书馆可以满足我查阅资料的需求。更重要的是在家学习可以享受到家人无微不至的照顾，比如说夏天尤为必要的汤水供应。除此之外，在闲暇时光或学习之余，我可以和家人轻松随意地聊聊天，散散步，放松放松心情，适当做一些调整，这些都是放松自己的方式。与其一整天待在室内保持长时间高强度的学习状态，不如适当到户外放松片刻，那样，学习效率或许会更高。在良好的学习环境之中，我渐渐进入高效复习的状态。

在考研的历程中，外部环境固然不容忽视，但与此同时也要着眼于研究生入学考试的具体内容与科目设置等方面。首先谈谈必考的专业课。在确定学校以前，我先研究了一下往年的真题，对出题风格有一个初步了解，也为以后的复习提供了摸索方向。暨南大学列出的参考书很多，其中一门专业课中国语言文学基础是一张大综合卷子，范围很广，内容就像大杂烩，涵括了中国古代文学、中国现当代文学、外国文学、中国历代文学作品、古代汉语、现代汉语、语言学纲要、文学理论等。光从文学史的层面上来看，可以说是涵盖了中外古今的文学。参考书虽然多，但是通过分析真题及老师的提点，我把复习的重心锁定在抓基础、重点和突出的文学现象上。在宏大博杂的中外古今文学之中，我个人偏爱中国文学，在看文学史教材及文学作品的过程中，遇到能产生共鸣的作品，我会抄上一两遍。这既是一个积累的过程，也是让自己保持心情愉悦的一种方式。因此在复习看书的过程中，我很少产生厌烦或放弃的念头。但在外国文学和语言学这些科目上，因为接触较少或兴趣平平，复习起来稍感吃力。有时候母亲见我学习遭遇瓶颈了，她会引导我思考一下自己考研的决心到底有多大，考研的意义是什么，这时我会冷静下来稍作考虑再按计划往下走。

或许部分家长对子女考研会持反对意见，但是绝大部分老师都是非常支持学生进一步深造学习的。老师的鼓励和支持会让我们事半功倍。回顾考研历程，我非常感激老师们的热心指导，特别是阎开振老师与王阳老师为我提供了许多行之有效的指导意见。每当我遇到什么困惑，总会倾向于听听老师的见解，阎老师和王老师总能给我提供一些非常宝贵及受用的建议，比如说如何在众多参考书中取舍。他们会推荐一些辅助学习或理解的书籍，并告诉我一些考试或解题的技巧等。他们的指导意见让我受益匪浅，老师们睿智的点拨总能给我崭新的启发与前进的方向。复试前一个月，我几乎每个星期都与阎老师交流，向阎老师请教一些专业问题或者请老师帮助自己解决在复习过程中遇到的难题与谜团。在考研的路上，老师就像一盏指路明灯，他们给予了我极大的勇气及无私的帮助。我之所以能够通过研究生入学考试，很大程度上是因为有良师的支持与指导，特别是我的导师阎老师。阎老师总是耐心地为我"传道、授业、解惑"。在复试结束及得知结果的第一时间，我都向阎老师简单地说明了情况，并感谢他一路以来的鼓励与指点。我由衷地感激老师对学生的支持与关爱！

其次，说说公共课。如果说在专业课的复习上可以与老师交流取经，那么在英语、政治这两门公共课上更多的则是靠自己摸索。众所周知，英语在考研之中的影响非常大，甚至有人说"考研就是考英语"，也有人说"得英语者，得天下"。虽然这些说法有点言过其实，但也不无道理，可见英语不容小觑。既然英语如此重要，我当然没有理由不重视它。常言道："万丈高楼平地起。"每天下午的学习时间，我基本上都是用来做英语真题。虽然最后英语成绩考得并不理想，但我从中认识到了木桶原理：木桶最短的那根木板决定了木桶的容水量或承载量。英语这一科给我上了沉重且刻骨铭心的一课。在等待复试分数线的一个多月时间里，我很焦虑。这个时候，母亲却给了我肯定的声音，她让我少安毋躁，并给我一些积极乐观的暗示。渐渐地，母亲引导我从焦虑走向冷静。那段时间，她成了我考研路上的一名军师。

回顾考研历程，感慨良多，其中让我感触最大的当数母亲对我考研一事的态度转变。她由最初的不理解到最后的鼓励、支持，这一转变不可谓不大。母亲的支持，让我勇往直前。我深知自己能够顺利走到终点，与父母、老师、同学的支持和关怀有莫大的关系，是他们给了我前行的勇气。在此，谨以朴实的话语向他们表达诚挚的谢意。

青春梦，考研路

2010 级中本 3 班　陈小盈

回顾过去一年多的考研历程，那些披星戴月的日子充实而美好。我每天都仰望湛江的天空，湛江的天空很美，很适合做青春的梦。在这和大家分享一下我的一些经验。

首先，找个考研同伴很重要。两个人可以互相鼓励，互相帮助。在刚开始的时候，我比较难进入学习状态，常常和我的研伴聊天，在聊天的过程中我更了解自己想要的是什么，明确了自己的目标。最后的时刻，我的研伴给了我很多建议，让我能够很好地利用最后的冲刺时间。同伴之间的交流让我少走了很多弯路。

其次，多渠道了解考研情况。不要自己一个人摸着石头过河。多找找老师和师兄师姐，不论在选择学校还是准备的过程中他们都给了我很多很好的建议，我的考研计划就是根据师兄师姐的经验制订的。这样可以明晰每个阶段应该做什么，自己是否走在正道上。每当我在备考过程中感到彷徨和迷茫的时候，都会向他们寻求帮助。

再次，尽早接触真题。要了解所考学校出题范围是否只限于给出的参考书目，以此来制订复习方案。如果所考学校比较注重课外知识就要注意多拓展阅读。做笔记的时候要注意横线和纵线，也就是说，既要注意从时间顺序归纳，也要注意作家之间的对比。此外，还要熟悉著名作品的分析。

最后，记住"按自己的步子走"。有人说："每个人都有自己的步调，有的人，只是还没有找到自己的步调而已。"相信自己，坚持到最后。不管结果，努力备考。不要问别人看了多少遍，当时我还没背完第一遍，有的同学已经背了八遍了，我就慌张了。可是慌张也没有用，还是赶不上别人的速度。所以，要专注于自己的事情，如果知道自己做的事情是有用的，那就可以了。

根据自己的情况适当地上一些辅导课还是很有帮助的，我的英语底子不太好，报了新东方的辅导班，很有效果。建议要报什么班需尽早决定，不要"临时抱佛脚"。报不报班，报什么班都不重要，重要的是一切都要在自己的掌控中。

追求梦想的旅程

2011 级中本 1 班　陈小婉

生活真的就像一场旅行，一路上总会有生生不息的希望，总会与美好不期而遇。

在 2014 年的 5 月，我是在对自己前途问题上感受到的迷茫、害怕、紧张以及对"到底要不要考研"这个问题的纠结中度过。现在是 2015 年的 5 月，我很幸运地被闽南师范大学录取了。我的第一志愿学校是南京师范大学，可是初试成绩很低，刚过国家线。当我以为自己可能没研究生读了，准备放弃的时候，在身边老师和朋友的劝说及开导下，毅然决定申请调剂。决定调剂后，我先后收到了闽南师范大学和广西民族大学的复试通知。

这次考研让我懂得了两个道理，一是只要行动起来，就不会怕了；二是任何事情不到最后一刻，都不要放弃。

首先，在考研复习过程中，无论任何一科，我最大的感触是：最好的方法往往是最笨的方法，考研复习没有捷径可走。例如英语，不厌其烦一次又一次地记单词，一次又一次地做真题，真的是最好的方法。例如专业课，一次又一次地看专业书，记笔记，也是复习专业课最简单但最有用的方法。

其次，考研复习期间的心态问题。我考研前的大学时光，都是在浑浑噩噩中度过的，心浮气躁。在考研复习时，我也曾无数次想丢下书本，回宿舍上网或睡觉。可是，每当这时候，我就告诉自己："再坚持一会儿吧！有时候，成功只是因为你比别人多坚持了一会儿。"这样的心理暗示支撑着我一直走下来。

最后，我预祝大家在 2016 年的考研中可以蟾宫折桂、金榜题名！

最好的时光

2009 级中本　董艾冰

我的大学四年，除了准备考研的最后半年是充实的，其余的时光，只能羞愧地承认都是荒废了的。前三年基本都是在混日子，没参加什么活动，没读什么书，也没竞选干部，浑浑噩噩，不知道自己想要什么，也没思考过前路。综合测评曾经低到百分之七十几。直到大三的第二学期，我请了一个多月假去广州的《信息时报》做实习记者，在外奔忙一段时间，五月回到学校，用两个月时间想清楚前路，决定考研。从七月开始准备，历经艰辛，终于可以走上自己想走的道路。

我的专业基础是非常差的，甚至可以说是没有基础，从零开始，因为大学期间也没认真学习过。幸好我的英语和政治基础还行。整个考研过程最艰难的是时间的紧缺，通常考研用一年的时间来集中准备是比较适合的，而我只有不到半年的时间，又没积累，非常艰巨。但是我始终相信，努力去做了，失败了也比没去做而后悔要好。青春就应快意恩仇，如果二十出头就想着安逸，那么你的余生也不会有大出息了。人啊，最重要的是要知道自己想要什么。奉劝还在浑噩迷茫或者一根筋瞎忙可是并不知道自己真正想要什么的师弟师妹们，有时候需要停下来，用一定的时间思考一下人生。磨刀不误砍柴工，只有内心笃定，才能行动给力。

虽然行程艰巨，但是整个考研过程中我是非常坚定的，因为我已经通过充分的思考，确定这就是我要走的路，风吹雨打都无法动摇。如果说我有什么过人之处，那就是死不放手的精神。笨鸟要先飞，慢鸟要坚定。我知道那是我要抵达的地方，海啸也无法令我畏惧海洋，一叶孤舟也要坚持抵达理想的彼岸。

半年的时间对于要掌握的知识来说远远不够，事实上到最后初试我也还有两本书连看都没看过，政治、英语也没发挥好，进入复试的排名就偏后了。但是在相当无望的备考过程中，我起码尽自己最大努力把能做到的都做了，无论成功失败我都是无悔的。而且我考研的志向非常坚定，一开始就做好了哪怕一战不行也要二战的准备。幸好，皇天不负有心人，最终还是能到达理想的彼岸。

我想我的事例能够给师弟师妹们带来的启示是，有心真的不怕迟，不怕基础不好。很多考研的师弟师妹们从三月就开始一边抱怨着时间不够，一边今天没状态明天没精神之类的。你不逼自己，永远不知道自己的潜能有多么强大。考研的时间绝对是寸光寸金，一天要当三天来用。你想想全国多少考生在未知的远方铆足了劲跟你抢那少得可怜的名额啊，要不就不做，做，就要有破釜沉舟的决心和毅力，不要给自己任何借口和退路。我还是想说，人生能有几回搏？虽然老套，但是之所以老套，是因为传承多年，都是真理啊。其实，人生没有几个能像高考、考研一样可以改变人生的机会。

还有就是，其实无论做什么事，都会有人说你不行的，世上也没有人长着一张注定成功的脸。我在暑假刚开始备考的时候，也有长辈以及同学表达质疑，这很正常，因为时间真的太仓促了。我认为我们应该做的就是，选择好自己认为有希望的目标，尽全力，微笑着去面对这些善意的质疑。质疑和压力是前进的动力，哪有不负重的人生？辛苦就对了，证明你在走上坡路。

此外，毋庸置疑，在备考的时光中我感受到的相信是往后人生或许再也不会有的闪闪发光的充实与饱满，像是负着喜悦的重量的稻穗。高考完了后，大学时光一直处在闲散的状态，是考研让我重拾了年轻人该有的向上的状态，切实感觉到自己青春的力量。每一天都有计划，早7点到晚11点，每一分钟都有计划。我觉得自己就像在建一座房子，每天多做一点点，添砖加瓦。那座房子的名字，叫理想。

我永远也不会忘记，每天早晨在体育馆二楼背单词，背政治，每天黄昏在教四一楼背专业课。晨光打在我脸上，暮光照在我背上，暑假的炎炎烈日到十二月的寒风，从不缺席。而中午在考研教室桌子上的小憩，让我感到安心。下午两点左右，开始做英语真题，时间要和正式的考试时间同步。

那些时光孤独吗、抓狂吗？孩子，如果你在备考过程中感到绝望、沮丧、看不进书，或者自己也不知道自己怎么了的状态，想要放弃。请你思考，你不是一个人在战斗，请不要紧张、害怕。和你一起在奋斗的研友们，远方你的对手们，作为过来人的师兄师姐们，有谁没有过那样的时刻呢。也许会有研友陪伴你一起吃饭、学习、聊天、鼓励打气，但是内心的迷茫和孤独，这些可都是自己才能处理的。每一个优秀的人，都有一段沉默的时光。那一段时光，付出了很多努力，忍受孤独和寂寞，不抱怨、不诉苦，日后说起时，是连自己都能被感动的日子。

到了后期，谁没有过觉得无望而痛哭的时候呢？像我，连指定书目都没时间看完的情况，更是抓狂。也有过夜晚绝望地绕着田径场一圈又一圈地骑着单车的时光，大声地唱着歌、无望地哭，说着自己真的不行了，内心却始终抱着温热的希望。

考研的孩子们，在我心里，你们选择了这条路，就已经是优秀的人了，不是每一个人都有勇气走上这条路。我的考研情况是基础差，开始晚，所以我想对跟我有着相同情况的孩子说："一件事无论发生得太晚或者太早，都会阻拦你成为你想成为的那个人，这个过程没有时间的期限，只要你想，随时都可以开始。而途中的艰难辛苦，日后，都会成为你心中力量的源泉，在往后的人生路上，源源不断地给予你力量。你们，远比你们想象的能干、优秀、承受力强。知道吗，植物一般是带不走的，因为离了地气，很快就会枯萎。而人不同，人可以因为追寻理想，坚强地忍受很多。"

当你坚持不下去，站不住，想跪倒在地时，请你记住你的理想，记住你想成为一个怎样的人。理想不是空的，它离你很近，就在心上。它会给你力量，提着你的脊梁骨，让你站直了，好好走。你要好好干，把心上的理想实现。

每一个为了理想而启程的晨昏，我都愿意将其理解为——青春中最好的时光。

珍惜时间，全力以赴

2011 级对外汉语　吕靖雯

刚入学时我给自己定了个目标：拿到奖学金。原因很简单，家人要求的。最终，在金钱的诱惑下，我在大四完成了这个目标。有人或许觉得可笑，历经四年才达到也太蠢了，然而，我想说的是，重要的不是什么时候达到目标，而是故事的最后我成功了。

很多同学不把时间当作一回事，嘴里说着好忙，手中拿着的却是鼠标或手机，而不是书本。我也有过这样的日子：煲电视剧、看小说、玩游戏，甚至逃课，谁的大学没做过几件这样的事？电影《后会无期》有句台词："小孩儿才分对错，成年人只看利弊。"不无道理。我在大学渐渐懂得了分析事情的利弊，学会了讨价还价，尤其是对于时间的管控。我开始害怕我的时间那么少，而我要做的事情却又那么多。在周仕德老师的课上，老师的一句话让我印象深刻："你可以逃课，但是你要让你逃的课有价值，你要知道自己逃课去做的事能不能让你学到比课堂的更多。"是的，所以此后一旦我不想上课，我会问自己："你为什么要逃？你要去干吗？值得吗？"可惜的是，这个道理我在大学三年级才醒悟过来，那时该是正值"亡羊补牢，犹未晚也"了。

大一是适应期，我在学院宣传部待了一年，至于晋升副部长这些都是后话了。当干部很辛苦，尤其是平衡学习与工作这一块，大学活动虽然不多，但准备工作和后期工作都很烦琐。尤其是宣传部，是在后台默默工作的群体，很多时候会对自己的价值感到茫然，我们一群人就这样互相扶持走过，收获更多的是自身的成熟和彼此的友情。而我在这个阶段，协调能力、组织能力也有所增强，更懂得如何从大局思考问题，这些能力反过来引导我去更高效地学习。所以说，学习和工作是不矛盾的，至少在我看来，他们相辅相成。

大二大三参加了一些学校的实践活动，如赴美带薪实习和赴泰汉语教学。接触到的社会的残酷和自助意识是课堂上无法学到的，我怀着好奇激动和紧张的心情去一步步触碰社会，一点点去适应，幸而我本身就是一个开放的人，我的意思是我开放地容纳与我不同的声音和文化，这并不是一件简单的事，要知道，我们有的人连身边的人都不能包容。两次的海外实习磨炼了我很多。没有了家人的陪伴和亲友的帮助，一切靠我自己去摸索，我曾那么多次厚着脸皮死皮赖脸地寻求生存，这些，都不是别人所能看见和体会的。我会想念家人，流着泪但掩饰好自己颤抖的声音打电话回家；会与舍友视频时笑得很灿烂，把自己过得好的状态发布出去掩盖辛酸。那一年的春节，是在泰国过的。我看着街上高挂的灯笼，和老师吃着韩式烤肉，心中念着的却是家里的一顿饺子，我仍记得，那时的我多么渴望立马飞回国从此不离开……在这样的环境下，我坚持着。

在美国的三个月，工作很辛苦。全英的环境，陌生的文化，还有不友好的总管都需要我一一克服。我们每天七点多起来，坐上大面包车到车间准备材料，背着快大过我们的一袋子材料坐上高尔夫车分头到各自的打扫领域。我们在房间里捣鼓着，确保一尘不染，小心地还原每一个摆设，生怕滴下一滴汗。我们来回跑着，按照培训所学的步骤，洗、擦、抹、扫、吸、拖、铺，看着整洁的房子，默默退出掩上门，等待客人入住。这些辛苦都是别人看不到的。我流了那么多的汗和泪，却也交了一群共患难的好朋友。我们会在工作后回到丛林的小屋里，坐在木椅上聊天，喝一瓶可乐，吃一盒雪糕，男生偶尔抽一口烟，烟圈飘散着在鸟叫声中缭绕，我们放松身心，偶尔放个音乐，大家都不说话，只是听……这些惬意，我想我很难忘记，那一刻我的心情似乎很复杂，又似乎什么都没想，看着眼前一片绿色，我忽然没了情绪。

在泰国，我们被分在一个小镇教汉语。虽然有过赴美经验，社交方面应付起来会大胆得体些，而且这三尺讲台也不是首次踏上了，可第一堂课并不轻松。很多泰国的孩子从小要学习泰语、英语和汉语。他们对汉语表现出极大乐趣，每当他们能说出一个词，会写一个字，学会一首歌时，都跟父母炫耀。课堂上也很随便，经常随意走动，扯嗓子唱歌，化妆打扮，嘻哈打闹。管理课堂纪律是教学过程中最为头疼的事情。刚开始上课时还会有监课老师协助，在旁边充当翻译并管理学生，后面老师们便不会来了，课堂的一切由自己一人包揽，常常是管不住调皮的学生而又无可奈何的。忘了初到泰国有多少个夜晚熬着备课，忘了自己怎么茫然地看着教学材料，忘了问过多少人，查了多少资料了解如何上好汉语课，只记得自己在一切步入轨道后的欣慰和感动。校长和老师都对我们很好，除了照顾我们的起居饮食还会带我们出游，即使开上十几个小时的车，校长也不喊累。我感动于他们的质朴，感谢他们的在乎。更为感动的，是学生的尊敬。很多人对泰国学生的评价都是："课上是魔鬼，课后是天使。"且不说上课时他们如何淘气，课后与他们的相处都非常愉快充实。我们偶尔聊聊八卦，向他们科普一些知识、介绍中国文化、一起学习编中国结，偶尔一起逛夜市，他们帮忙讨价还价，偶尔一起出去吃火锅、烤肉……他们身上洋溢的青春气息，让我不自觉去努力把我自己的工作做得更好。

　　大四是反思阶段，我回顾着前三年走过的路，为完美的告别做好准备。大学四年我过得非常充实，或许有过抱怨，或许有过失望彷徨，或许有过不甘，或许我曾想过放弃，最终，我对得起自己。我的时间在我的掌控中挥舞得风生水起、灿烂辉煌。我想说的是，我们现在做过的事，可能暂时不如意料中那么如意和圆满，可是只要坚信这是自己最努力的结果，就不必害怕，它会在以后慢慢告诉我们，当初这样做没错。

一路向北

2011 级对外汉语　王　慧

直至交了押金，订了宿舍，才确定自己是要踏上赴英留学之路了，将要和国内的一切暂时说再见，和一年前做了这个决定并为之努力的自己说谢谢。回首这一年，我就像夸父一样，追着我的太阳，一路向北。痛并快乐着不再是一种书面感觉，而是成为真实的感受。

一、我有一个读研梦

高考结束后，我就有了一个读研梦。就像众多师弟师妹一样，我也是一个纠结者，考什么学校，考什么专业，这两个问题没少在我的头脑里打转。在大三的时候懵懵懂懂去了试水，看着专业排名 19 的成绩，没有一丝兴奋，而是忧伤。此时，死党提议一起去英国留学，英国的研究生学制只有一年，性价比非常高，这个建议得到双方父母的赞同。我们都出身普通家庭，但父母非常开明，在教育方面的投资丝毫不吝啬。

二、和雅思在一起

由于去英国读研需要提交雅思成绩，从 2014 年 4 月开始，我就和雅思君谈起一场惊天动地的"恋爱"，所有的努力都是为了能够和他顺利分手。雅思不同于国内的语言考试，十分看重英语的应用能力，并且需要听、说、读、写齐头并进，哪一项都不能拖后腿。想用搞定四六级的方法去征服他，那是不可能的。每天早上 7 点起床学习、晚上 12 点睡觉的日子很苦很累，加上每次考试都需要向父母拿高额考试费的愧疚感，付出努力得不到应有回报时的挫败感，百感交集，五味杂陈，把自己弄得疲惫不堪。

三、2015 年，我去曼彻斯特大学

我在 2014 年 11 月提交了申请，前后一共收到了 7 所学校的录取通知，这几所学校排名均在全英前 20 之列。在 2015 年的 3 月中旬，我收到了曼彻斯特大学的录取通知书，四个半月，终于把这个结果等来了，果断和我的死党去"曼大"再续"前缘"了。

四、我想对你说

一路走来，感慨良多，很感激在考研路上一直支持我的父母、导师和朋友。没有父母的支持，我可能会放弃，没有导师马显斌老师的帮助，我可能会放弃，没有靖雯、三水、文敏的鼓励，我可能会放弃。在此有几点心得跟大家分享一下：

1. 目光长远

很多人说大学的学习成绩不重要，所以选择了随便应付；很多人说大学的知识没有意义，所以选择了随便应付；很多人说我不拿奖学金，所以选择了随便应付。大学四年，我对待学习从来都很认真，不是为了拿奖学金，也从未想过绩点会帮助我取得什么，只是为了给父母一个交代。也正是因为一直以来都努力学习，较高的绩点保证了我能够顺利申请到这么多好学校。所以永远不要过于计较当前，把目光放的长远一点，你所不重视的现在或许就是决定你以后能否成功的关键因素。

2. 踏实做事

我们总想着投入就会有回报，功利地去努力，这样很容易浮躁。在备考雅思的时候，我也很希望自己每天都能光速进步，一口吃成个大胖子。这不仅不可能，反而让我更加焦虑了。要想进步，要想出成绩，就得找到方法，踏踏实实地学。

心态决定"研途"

2010 级对外汉语　吴日静

　　经历了考研，我发自内心地觉得考研人的背后有光——一种会让人心生希望的光。我觉得我也是个背后有光的人，尽管我一直看不见自己的闪光点。

　　其实我的成绩并不理想，可以说是经历了一路的艰辛才成功被录取的，除了运气，也与我的努力分不开。我不知道在这里说我的考研经历是否会被笑话，更不敢与那些每天只睡三四个小时，依然能够坚持学习的学霸相比。我的考研时间安排：7: 30—8: 00 早饭；12: 00—14: 00 午饭和休息（在考研前两个月，我几乎都是在教室里趴着休息的，怕冬天被窝太舒服起不来）；17: 30—18: 30 晚饭和散步；23: 00 回宿舍。这几乎和我们大学上下课时间同步，除了晚上，因为我晚上的学习效率是最高的，所以有时候会掐着宿舍关门的时间赶回来。之所以没有无限压缩自己的休息时间，是希望自己在有限的时间内尽量提高效率，告诫自己如果不专心的话，是没有多余的时间可以用来弥补的。

　　很多人说考研很累，确实也挺累的，几乎不知道哪天是周末，因为这些对我们来说是没有意义的，有意义的只是黑板上的倒计时。有时候累不仅是因为身体累，更多的是心累。我看到考研教室里面有个女孩子一直很努力，但是临近考试时却放弃了。越到备考后期内心越煎熬，尤其是一天下来，迎着冷风一个人寂寞地回宿舍的时候，你就会忍不住问自己，那么努力到底是为了什么？所以，心态很重要。

　　在考研的那段时间，我觉得最大的收获就是学会了保持这样一种心态：无论结果如何，有结果就是最好的结果。考研的结果并不十分重要，我没有那种"不成功便成仁"的想法，只是希望自己能够好好坚持，做好自己有能力完成的事情，同时也想看看自己到底多有能耐，能坚持多久。其实我也没想过自己会考上，一来是我认为自己没有付出太多，二来考研本身难度很大，竞争者中更是高手如云。但我仍然在尽我最大的努力，坚持到最后。结果初试我出乎意料地入围了，尽管在别人看来不太理想，但是我觉得这与我自己本身的付出是呈正相关的，所以我很坦然地接受了。其实我到现在也不敢相信自己真的考上研究生了，有人笑说这就是所谓的

"逆袭"。现在回想起来，我觉得轻松的心态起到了相当大的作用。我不是最聪明、最努力的考研学子，但轻松的心态让我成为一个特别简单的人。能考上当然是好事，考不上也是对自己大学前三年专业知识的复习，挺好的。

虽然我可能说得挺轻松的，但考研轻松与否完全取决于个人的意志与信心。若你真的想做一件事情，那么就算是障碍重重，你也会想尽一切办法去完成。但如果你不是真心想去完成一件事情，那么即使前方道路平坦，你也会想尽一切理由去阻止自己向前。所以如果选择了考研，请不要找那么多让自己放弃的理由，实现梦想是需要付出努力的。最后，很感谢考研这段看似暗淡实则明媚的日子，这些日子里我为考研所付出的努力、表现的认真、有过的恐惧和燃起的斗志，使这段时间成为我这辈子目标最明确的时光。

学会选择与坚持
——2015 年北京师范大学教育学考研经验分享

2011 级中本 2 班　宋雅婷

如果生命是一条大河，于我，这个 4 月就是汹涌之后的宁静。虽然平静取代了考研期间情绪上的起伏不定，但当我拿到北京寄过来的调档函时，还是难掩内心的喜悦，这个 9 月我将正式成为北京师范大学学前教育专业的一名研究生。

记得复习期间烦躁不安时看到过这样一句话："坚持下去，当你明年回过头来看你走过的路，将会是一种完全不同的心境。"如今，我真真切切地感受到了。之所以说这样一句话，是因为从和很多准备 2016 年考研的师弟、师妹的交流中我看到了大家的不安，而我想告诉大家我一路走来的经验——要学会选择，也要学会坚持。

关于选择，我深有体会。考什么专业，什么学校，应该是很多人准备考研时都纠结的问题，而这两个问题不解决，复习工作很难踏踏实实地开展。我是汉语言文学跨考学前教育专业的，之所以选择这个专业，是我自认为对儿童的心理和教育领域比较感兴趣，良好的早期教育是足以影响孩子一生的。在家庭教育、发展心理学和学前教育中我选择了学前教育，因为这一方向属于教育学专业，而我本科是师范类的专业，这样复习时不会太吃力。考北京师范大学这所名校也不是我的最初选择，纠结的过程太痛苦，但在和各位北京师范大学师兄、师姐的交流中，我发现这所学校的这个专业并非自己想象的那么难，和本系考上北师大的师兄的交谈更加坚定了我考北师大的信心。相对于学术型硕士仅仅两三个的招生名额，专业型硕士每年十几个的招生名额也让我决定一搏。我下定心意后，便买好了考北师大的参考书和资料，从暑假正式开始考研复习生活。

关于坚持，考研不是百米冲刺，而是一场马拉松。从下定决心开始，考研复习成为我每天最重要的事情。书本代替了喧嚣的聚会，我开始养成有规律的作息习惯。当每日坐在课室里静下心来消化知识，外界的纷扰反而会让我的内心更加笃定。但偶尔慌乱迟疑、焦虑痛苦也是有的，考研后期我的心态和情绪更是容易像过山车一样起伏不定，这个时候学会坚持尤为重要。记得暑假结束后，由于刚刚开学，很多琐碎繁杂的事情需要我处理，而当时我的 333 教育综合只过了一遍，在看解析的过程中也出现了很多困惑，暑假以来稳定的节奏和心态一下子被打乱，虽然我内心很焦躁，但我很清楚焦躁和情绪化是解决不了问题的，唯有向师兄、师姐们请教，问问他们在遇到这些问题时是怎么解决的，同时也要分出一些精力集中处理其他的琐事。在交流的过程中，我发现很多前辈都有过类似的问题，在他们的耐心解答下，我开始慢慢调整，使自己回到平静的心态。在以后的复习中，类似的情况会时常出现，但我也都一一解决了。所以说，与前辈和研友的交流很重要，这让我可以了解别人的经验，而不会因为困难而轻易畏惧退缩。

除了学习上的困惑，我也经常会因为压力和思虑太多而出现厌倦和疲惫感，这时我会在教室前的草坪上静静坐一会儿，或者去舞蹈房挥洒汗水，甚至干脆骑上单车去海边吹吹风，放松自己。这种适当的放松使我在紧张的复习中能得到暂时的解脱，使我可以更好地前进。

考研也让我结识了一群亲密无间的研友，每天在一个课室一起学习，从陌生到熟悉，再到互相帮助，从他们的身上我收获了很多的正能量，也让我看到了自己并不是一个人在战斗。考研期间，每当我倦怠时，总会有好朋友过来鼓励我、监督我。每每想来，真是十分感激。希望每一位计划参加研究生考试的师弟、师妹在客观分析自己能力和兴趣的基础上做出选择并为之坚持，直到走出考场的那一刻，你会发现结果已经不那么重要，因为你为自己做出的选择而努力了，问心无愧！

从选择到坚持

2010 级中本 1 班　李金友

　　没有人能随随便便成功。当得知自己考上研究生的那一刻，我心里更多的不是惊喜，而是坦然和舒畅。因为从择校到备考再到走上考场，每一步我都用心、尽力地走过了，不管结果是否如愿，已然无悔。有些人之所以想考研却没考，或决定考研但中途放弃了，大多是源于害怕。他们害怕做出选择，害怕选择一条寂寞、冷清的路，害怕自己没有坚强的意志，害怕自己承受不住成功来临前的各种挫败和打击。于是，他们为了保持安逸的生活状态，干脆选择不开始。不过，若一开始便害怕暴风雨的摧残，便会丧失仰望星空的机会。

　　选择了开始，便要做好吃苦的准备。从选择院校到网上报名、现场确认，我都心平气和地走过来了，但对文科生来说，考前一周是很关键的。大部分人在这期间会很焦虑，总觉得自己还有很多知识点未记住，英语阅读仍旧一团糟，作文模板没背，政治没做好总结、归纳等。我当时也是这样，有时候紧张得根本看不进任何文字。后来我主动向一位正在读研的师兄倾诉，他开导我说，"你的问题也会是别人的问题，不仅是你一个人没有准备好，大家都会有类似的心态，关键就看怎么将这种紧张感控制好"。我告诉自己，那么长的路都走过来了，该努力的都努力了，尽人事，听天命便好。

　　取得辉煌的前提是耐得住寂寞，每天与书本为伍，伴星星上路、陪月亮回寝室，虽然单调但目标明确，因为勤奋与坚持是叩响考研之门的钥匙。

坚持，终有收获

2010 级中本 3 班　邝丽彬

有人说："结果是什么不重要，重要的是这个过程我体验了。"我说："坚持，过程和结果都重要。"要做出一个决定，也许很难，但这仅是一个开始，而做好一个规划，也只是赛跑前的热身。最关键的是，你是否能坚持跑完，若半途而废，会让之前所做的一切化为泡沫，满盘落索。

我喜欢当老师，但又不想花很长时间读研究生，所以我选了专业型硕士，学科语文方向。当目标定下来，一切准备就绪时，就是开始奋力奔跑的时刻。由于在做决定时徘徊了很久，所以考研复习是在大四暑假过了一半时才开始的，再加上身边的研友都是"二战"，有了实战的经验，所以当看到他们有条不紊地进行复习工作，心里不由自主地觉得慌乱。我开始怀疑自己的决定了："我选择考研是正确的吗？我选的学校是对的吗？我的复习方法是对的吗？"看着他们，我一遍一遍地怀疑自己。"怕，会输得更惨"，是的，既然选择了就要勇敢走下去，谁都有第一次，坚持，总会找到适合自己的道路和方法。于是，我选择走下去。

我需要参加四项考试科目，每一科都要耗费巨大的精力，每一科都有让我迷茫的时候。特别是复习到一半时，距离考试的时间越来越短，发现自己还有很多东西没记住。特别是英语，那是我的死穴，我害怕它，因为我对它根本无从下手，拿起一套英语真题，看不懂，做错了一大半，自信心一点一点被消磨。能放弃它吗？不能！因为我知道，一旦放弃它，研究生考试也会完全抛弃我，所以我逼着自己去做英语题，去寻找其中的乐趣……尽管考试结果并不理想，但它毕竟没有完全抛弃我，这是坚持给我带来的最大收获。

有些人觉得起跑慢，放弃了；到了中途又有些人觉得疲劳，放弃了；临到冲刺时，有些人觉得已落后，最终选择了放弃。这三种人，我都遇到过。特别是第三种，在考试当天临阵脱逃，不去参加考试，还有的是在考完第一天选择放弃。我不知道临阵脱逃的人当时的心态是怎样的，但我知道，他们一定也很纠结，毕竟整个过程就差最后一跑了。我不批评这种人的做法，但对于我个人来说，要坚持，就要坚持到最后，即使是输也要输个心服口服，要不我怎么知道自己的能力呢？

很幸运，整个考研的过程，我都经历了。虽然起跑我比别人慢，过程中也很迷茫，但成果，我享受到了。虽然，这个结果自己不是很满意，但这个过程，让我收获了很多，学到了很多，最重要的收获是真正懂得"坚持，终会有收获"这句话的含义。

你不是一个人在奋斗

2010 级中本 1 班　陈超艳

　　一旦你决定了考研，就算是最爱的人也阻挡不了你前进的步伐。考研，你不是一个人在奋斗，因为你与一群人一同走在奔赴梦想的路上。

　　如果问我是什么让我决定考研，我会说，是师兄、师姐考研成功的激励，是对于未来的美好憧憬。师兄、师姐考研成功，是他们的辛勤付出换来的硕果，但他们的喜悦也深刻地感染了我。当然，这都是外在的客观因素，更重要的是我对于未来的美好憧憬，对于掌控自己人生的渴望。未来到底会是怎样的，我们谁都不知道，但是，在即将毕业之际，考研是否可以成为自己未来人生的新起点，这值得我们努力去尝试。

　　所以，努力才是考研最大的动力。

　　记得离考试只剩下一个月的时候，那时天气很冷，尤其是在自习室的走廊里，考研教学楼四面通风，冬天尤其难熬，刺骨的寒风从四面八方扑面而来。但是，就在这充斥着寒风的走廊，朗朗的读书声每天早上就迎着寒风而起。为了御寒而不停徘徊的双脚，为了争取早上读书的时间，热气腾腾的早餐还晾在一边。而到了晚上，微亮的走廊灯光下，同学们夜读的背影被拉得老长，原本略显空寂的考研楼似乎因为我们而热闹了。在这种氛围的渲染下，你很难不追随别人的步伐，认真而努力，不管白天还是黑夜。

　　是的，寒风中，你不是一个人在颤抖；黑暗中，你不是一个人在摸索。

　　永远要告诉自己，我们是一群人在奋斗，勇敢去开启黑暗中的明灯，不要害怕，因为我们都在！

转角便是希望

2009 级中本 4 班　黄晶晶

踏着梦想的足迹，怀着对未来的向往。在这播梦的季节，我成功收获了硕果，即将踏进湖南师范大学，开始我的硕士研究生生涯。

现在回忆起我的考研，每个阶段的遭遇仍历历在目。一年的备战经历让我终生难忘，这段经历已经深深地烙在我的心里。还记得每天早晨天还没亮就从床上爬起来去读书的情景，每天晚上十一点钟路灯下拖着疲惫的身体回寝室的场景。这段经历将成为我人生宝贵的财富，不仅仅是因为它让我获得了攻读研究生的资格，更重要的是它教给我一个人生哲理：坚持不放弃，转角便是希望。

下面，我大概谈谈考研阶段的一些心得：

第一阶段是准备阶段：对于准备考研的人来说，确定考研方向很重要。首先要全面剖析自己，了解自己对哪个方面感兴趣，对自己的能力，自己未来的出路要有清楚的认识，明白了这一点，随后才能确定所要报考的学校和专业然后再定下考研方向。我当时选择报考的是湖南师范大学的教育硕士。

第二阶段是备考阶段：准备考研是一个比较艰难的阶段，因为一方面这是一个打持久战的过程，另一方面这又是一个锻炼自己毅力和心态的时段。我认为考研复习过程中，心态很重要，要始终保持一种积极乐观的心态，不要给自己太大的压力，更不要和别人比，也切忌和自己比。每天给自己制订一个小计划，不断地鼓励自己，每天进步一点点。比如政治，很多人都说政治早期可以不理，利用最后一个月冲刺即可，但我觉得政治也需要打好基础，一点点积累，这样到后期才不会感到恐慌，觉得还有很多东西没学到。而且我认为复习时一定要讲究效率和方法，不要打疲劳的持久战和死记硬背，这样不但使自己很累，而且长此以往让自己失去了学习的乐趣。我也尝试过一天到晚地学习，晚上通宵熬夜看书，早上又是早早的起来，虽然很努力，但是效果不佳。因为困，看书看不进去，也是事倍功半。为了每天保证 8 个小时高效率的学习，学习累了，可以去锻炼一下身体，跑跑步，打打篮球，这些都可以缓解紧张的思维，再回去学习时，效率会很高。复习的环境也很重要，学院给我们安排了一个固定的位置，因此可以全身心地投入到复习中，不用每天都担心自己没地方复习，每天都抱着书跑来跑去。同时也可以找到志同道合的考研同伴，互相监督鼓励。要注意身体，考研是持久战，好身体才是革命的本钱，要注意及时补充能量，保证良好的睡眠，才能保证第二天有较高的学习效率。

第三阶段是临考阶段：要时刻保持乐观。考试时，最常见的是考完一科，同一试室的人就不见一大半，坚持到考完最后一科的只有寥寥几个人。我想说，要相信坚持的力量，相信自己经过这么久的备战，是可以考好的，就算自己感觉很不好，也要安慰自己：我难别人也难，这样才能安心地考下一科。这一点，我深有体会。记得考试的前一晚，我因为感染了风寒，第二天考试时头剧烈地疼。政治我不知道自己在写什么，感觉之前背的知识点都用不上，而且还有很多道题是乱选的。英语那科也是在头痛中度过，结果可想而知。晚上回到宿舍，我很难过，很想放弃，但是我尽量安慰自己，都坚持那么久了，不能放弃，而且感觉差了不一定就考得差，因此第二天还是咬咬牙考完专业课。当成绩出来时，我惊呆了，总分395分！395分！我简直不敢相信。我想，如果当时选择放弃，我会后悔一辈子。所以不管怎么样，都要坚持。

第四阶段是复试阶段：要做好复试准备。只有认认真真准备复试，才能做到胸有成竹，给考官们留下好印象。大三时，我也参加过考研的复试，但那次复试我没怎么复习，所以整个过程都在紧张中度过。而这次的复试我用了将近三个月的时间准备。虽然初试排名第二，我也很认真地对待，向师兄师姐了解去年的复试情况，准备好口语和专业课。因为准备的比较充分，竟然一点紧张感都没有。面对考官们的提问，我对答如流，从而给考官们留下了一个好印象。所以说，复试的准备也是很重要的，不要在关键环节掉以轻心。

考研之路是寂寞的，也是温暖的。感谢身边的你们——很感谢导师周立群教授对我的支持与鼓励，谢谢您对我的指导与相信；很感谢辅导员谢明亮老师，谢谢您对我们的在乎，不忘您晚上来看我们学习的身影，不忘您为我们对考研教室的争取；很感谢人文学院各位领导，陪我们走到最后一秒；很感谢我的考研"战友"们，因为有你们，我觉得考研路上很温暖。

"一路走来，学会了承受和容忍，也学会了坚强与坚持。多年以后，可能时光不再，但是记忆犹新。或许某一天追忆往事时，我依然会为当初选择考研而感觉亢奋与喜悦。因为那是一段为梦想而奋斗的日子，是人生中美好的回忆，值得珍惜。"在此引用一位学长的话来表达我的考研心情，为了考研梦想，不懈地努力，这是最使我骄傲和自豪的经历！感谢考研！

有梦的日子很幸福

2009 级中本 1 班　袁菁唯

　　我的父母都是党员，我从小就觉得中国共产党是一个神圣又高洁的组织，很想成为其中的一员，所以在 2009 年 9 月也就是大一刚入学的时候便递交了入党申请书。由于高考成绩不理想，还没入学时，我便确立了考研这个目标。在这个目标的驱动下，我学习起来也特别有干劲儿，在大一上学期的期末考试中取得了专业第一名的好成绩。也正是由于这一成绩，我顺利通过了推优成为重点培养对象。可以说，是考研这个决定给了我靠近党组织的机会。

　　俗话说，骄傲使人落后。大一上学期期末成绩出来后，我有点翘尾巴。觉得大学考试不过如此，拿第一也不是一件多困难的事情，我开始"轻敌"了。从下学期开始，我学习起来便不再像从前那样用功，上课也不如以前认真，偶尔还会有迟到、早退的行为，这种低迷的状态几乎持续了一个学期。什么因结什么果，到下学期期末的时候，没有任何悬念，我的成绩退步很大，在班里退到了十几名，在年级里的排名更是不堪。但是，这样的成绩依旧没有引起自己的重视，在学习态度上，我依旧没有太大的改变。有时候，也想再努力一下做出改变，可是心中有一个声音说："干吗那么拼，都大学了，也该放松一下了，60 分万岁！"由于懒惰，我也就那样向自己妥协了。那股学习上的拼劲儿，再没找回来。整个大二、大三，成绩都只是中等偏上，我也就心安理得地接受这一切，那一段日子就是这么"混"过来的。考研这件事已经被我抛在脑后，很少再提起。在这段日子里，按照程序，我参加了入党积极分子培训，并通过了考试拿到了结业证书。随后，参加了新党员培训并顺利结业，成为一名预备党员。此刻，我离成为一名正式党员只剩一步，小时候心中的那个梦想眼看着就要实现了，本应该激动才对。可是我的心中却隐隐充满了愧疚，我觉得自己还没有资格得到这一切，党员的先进性在我身上似乎一点也体现不出来。

　　2011 年 11 月，院里举办了一次考研动员大会，对考研已没有太大感觉的我抱着"去看看"的心态参加了。院领导还有院里经验丰富的老师为我们详细地分析了近几年的考研形势，鼓励同学们积极准备，特别呼吁学生党员要起到模范带头作用。那次动员大会，我听得很认真，也确实受益匪浅。大会之后，我终于能够静下心来考虑自己以后的路究竟要怎么走。我喜欢读书，我想继续读书，我希望通过自己的努力使自己以后的人生有一些不同。考研，又成为我头脑中挥之不去的一个想法。

2012年1月，虽然我还是一名大三的学生，但我还是抱着一种"打酱油"的心态参加了全国研究生入学考试。我想尝试一下，并且熟悉整个考试流程。由于之前没有做任何准备，毫无疑问，考得很差。虽然有些受打击，但是这个结果并没有对我的心情造成太大的影响。我重新审视了一下自己所报考的学校与专业，反复考虑是否适合自己，并且做出了调整，我最终把目标确定为武汉大学的语文学科教学专业。武汉大学是我梦寐以求的大学，语文学科教学又是与师范类的汉语言文学专业密切相关的一个专业。由于具有一定的专业基础，我对考研充满了信心。有人曾劝我把目标定得低一些，这样把握也会大一些。但是我只想听从自己心中的声音，只想为心中真正的梦想再拼一次。同时，作为一名学生党员，我应该做出些改变，付出些努力，做出些成绩，要对得起这个称号。

2012年3月，备考正式开始。为防止备考期间手忙脚乱、没有头绪，我制订了一个详细的复习计划，争取充分利用有限的复习时间。早出晚归的生活，就此拉开序幕。由于学院的考研教室5月才能腾出来，所以3月和4月，我几乎每天都泡在图书馆里。每天，我都按照自己的计划完成当天的任务。日子一天天这样过去，每天都重复做着同样的事情，但是我每一天都觉得非常充实和惬意。心中有了目标，日子也更加有盼头了。5月，院里为我们在考研教室安排了座位，从此学习时间不再受限。有了自己的专属位置之后，学习起来也更加有劲头儿了。每天，除了吃饭、休息，其他时间我都在考研教室里度过。考研教室里的学习氛围很好，看到同学们都那么努力，我也丝毫不敢松懈。当有事可做的时候，日子便过得特别快。很快，暑假来了。开始备考之前参加过一些考研经验交流会，师兄师姐们反复强调：对于考研来说，得暑假者得胜利，这一点给我留下了非常深刻的印象。所以，对于这个假期，我特别重视。"聚会""旅行"这些活动，在这个暑期里显得那样奢侈。我在家只待了一周，利用这短短的几天时间稍作休息和调整，便急匆匆地赶回学校继续复习。在这个特殊时期，一分一秒都显得弥足珍贵。虽然是假期，但在时间的安排上却比平时还要抓得更紧一些。暑假这两个月的时间，自己完全可以自由支配，不用受外界的影响，是复习巩固知识点的大好时机。每天雷打不动地六点起床，背书、看书、做笔记、做练习，生活中的一切都变得特别有秩序。而且，暑假的校园特别安静，学习起来也特别有感觉，效率也要比平时高很多。充分利用了这两个月的时间，我一天也不敢偷懒。我最终能够考研成功，与这两个月的巩固加强密切相关。

现在回想起来，我真的是一个很幸运的人。跟很多同学相比，我的考研之路要顺畅很多，几乎没有受到过任何来自外界的阻碍。我的家人特别支持我考研，而且我读书较早，年龄比同届的同学要偏小一些。所以作为一名准备考研的女生，年龄的问题也不会成为我的阻碍。另外，我身边还有非常要好的朋友和研友陪着，即使是一点点情绪上的小波动，她们都会及时为我疏导，不让这些小情绪影响到我的复习进程。所以，整个备考期间，我的心态还是比较稳定的。当然，我的情绪也有大幅度波动的时候，也经历过非常痛苦纠结的时期。从2012年11月开始，很多大型招聘会开始招募应届毕业生，班里的同学也开始参加各种招聘会，每天都是神龙见首不见尾的。我的心情受到了一点影响，对于就业的事情也有一些着急了。而且，那段日子，我又刚好处于复习的瓶颈期，总是不想看书。慢慢地，班里签约的同学越来越多，我开始慌了，我不知道我的未来会怎样，我有些迷茫。我觉得考研就像是一场赌博，为了它，必须放弃很多东西，赌上很多东西，而且结果真的是无法预料的。我感觉手里的筹码越来越少，成功的希望也越来越渺茫。在我看来，那些已经找到工作的同学算是双脚踩到实地了，而我还一直飘在半空中，不知要飘到哪里去。又没找工作又没考上研的结果是我不能承受的，只是想一想都会觉得头皮发麻。无奈之下，我跟妈妈通了电话，告诉她我最近的状态。我本不想打扰她让她为我担心，但又觉得很多事情只有长辈才能看得通透一些。妈妈耐心地帮我分析了目前的状况，让我明白是自己的得失心太重，功利心太强，给自己的压力也太大了。抱着只许成功不许失败的心态，我已经把自己逼到了角落，所以感觉喘不了气。妈妈的那番开导，让我没有了后顾之忧。我彻底放松了两天，调整状态，努力收敛自己的得失心，不去考虑结果，纯粹抱着一种增长知识的心态重新投入到复习中去。不管结果如何，自己学到的知识是没有人可以抢走的。2012年12月，也就是考研前夕，我如期成为一名正式党员。跟党史上那些优秀党员同志曾经所面临的压力相比，我的这点压力根本就不算什么。如果这点小困难都不能克服，那真的是有愧于党员这个称号。

调整了状态后，心里不再每天火急火燎的了，效率也跟上了。以平常心对待一切，往往能收到意想不到的效果。我想，我之所以能够考研成功，就是赢在心态上。以平常心参加初试、复试，不把结果看得重于一切，我所需要做的就是把自己已经掌握的知识写下来、说出来。

考研这条路并不好走，想要顺利走下去要战胜很多东西，最困难的就是要战胜自己，克服自己身上的弱点。最强大的对手，永远都是自己。作为一名党员，我为自己能够起到一定的模范带头作用，成为师弟师妹们学习的对象而感到自豪，我终于配得起这个称号了。在这里，我可以大声地说我做到了！将近一年的备考期，很辛苦很充实，哭过、笑过、动摇过，但是我收获的不仅仅是一张录取通知书。我还收获了友情，增长了知识，提高了自己的抗压能力。这一年，我变得更加强大了。在这一年中所忍受过的煎熬，此刻回想起来也会觉得美好。这将是我铭记终生的一年，有梦的日子，很幸福。

考研的路

2012 级汉语言国际教育　丁　宁

考研，现在回头去看，就是一场酣畅淋漓的搏击，是学子们为了自己不受伤、不倒下而进行的一次奋力拼搏。

在迷茫的年纪、恍惚的岁月，选择了考研就是为人生选择了一个坚定的方向，为自己选择了一个不再萎靡的理由。她曾这样，在大学的生活里奉着自由、放松的青春信条而在无所事事中消磨着时间，几乎已经忘记自己还处在应该奋斗的年纪。没有昂扬的斗志，没有活力的精神，甚至没有梦想和希冀。这是多么可怕的事情啊，一个正当最美好年纪的年轻人竟然怀着如此堕落的人生态度。现在想来，她应该感谢自己当初勇敢站起来奋斗的选择，感谢没有退缩的自己。

考研路上，满是坎坷，满是艰辛，满是汗水。

四月的她，开始早起，每天竟能吃到规律的三餐；开始进出图书馆，才知道原来有那么多和她不一样，将青春沉浸在书本中的同学；开始选择考研目标，没有犹豫就选择了四川大学，破釜沉舟才能绝地反击；开始买各种各样的参考书，关注各种各样的考研信息，收集各种各样的考研资料。她开始变得很忙，真的很忙，大学生活中从来没有过的忙，却忙得很轻松，很快乐，很安心，豁然开朗起来。她发现，原来有目标、有梦想的人生是这样的充实，踏实，快乐！

五月的她，越来越多的时间用在看书学习上，时间快得像流水，但她渐渐学会了利用时间，发现时间真的是一笔财富。庆幸还没有太晚，没有等到时间都溜走了才发现它的珍贵。

六月的她，参考书、练习题垒了高高一摞，匆匆奔走在炎热的夏日里，心渐渐烦躁，压抑起来。她开始厌倦，甚至在昏昏沉沉的午后只想趴在桌子上美美地睡一觉，那些书本上浮动的字再也印不进她的脑子，她好累……

七月的她，收拾行囊放假回家，一本书都没有带，她满心烦躁，只想逃离。

八月的她，提前结束了假期回到学校，安静的校园里匆匆走过的都是考研的学子们，她沉下心与他们一起并肩战斗，他们可以，她为什么不行呢？没有谁天生比谁聪慧，有的只是谁比谁付出的辛苦更多，耐心更多。

九月的她，微笑地看着新生们那一张张兴奋的稚嫩面孔，默默希望他们不要虚度了这美好的大学时光。他们能懂吗？就像曾经的她，只知惬意地享受，还曾奇怪那些校园里行色匆匆的人为何不懂得放下脚步，与朋友开心地聊天、玩乐。人生就是如此奇怪，那时的她又怎会想到有一天她也会夹着书本匆匆穿过嬉笑的人群，默默感叹那些不懂奋斗的岁月。

十月的她，时间紧迫起来，难得有机会抬头喘息一下，看一眼其他人伏案匆匆走笔的背影，还是低下头继续努力起来，没有谁再关心窗外的事，世界局限在自己课桌的那一片天地里。

十一月的她，从日历翻到十一月一日这一天开始，心就莫名地慌了起来，看着始终看不完的参考书，慌乱到认定自己会失败，埋怨自己为什么自不量力选择了一所那么难考的学校……纠结、压力、烦闷，又不停地自我调节、宽慰，每天都处在情绪起伏和自我斗争中。最终却也没有放弃，坚持了这么久又怎么可以允许自己轻易放弃。

十二月的她，倒计时开始了，心态反倒坦然下来，忽然发现自己好久都没有为了自己这般酣畅淋漓地努力过，拼搏过。回首这八个月，似乎过程更令人回味，而那即将到来的结果却显得微不足道了。她想，即使没有结果，也依然不虚此行，至少在这一过程中她又找回了拼搏的勇气，找到了方向，人生不再迷茫。她不怕这一时的失败，失败了还可以再站起来。

十二月二十六日、二十七日，走进考场，什么都没有想，走到这一天，她觉得自己已经成功了。

2016年3月，初试成绩揭晓，4月，复试成绩揭晓。在四川大学的校门前，那四个金色的大字熠熠生辉，站在这里的她，是开心的，如愿以偿的开心；是坦然的，坚信付出就会有收获的坦然。

每一个人都该有这么一个过程——为了自己而勇敢站上搏击台的过程，为了自己不倒下而努力坚持的过程，为了自己不退缩而坚定出击的过程。惶惶不可终日怎么能是人生的选择，美好的年纪就该有美好的生活，蜷缩在慵懒的时光里只会让生命无声无息地耗去。年轻人就该有年轻人的姿态，与时间比赛，与自己比赛，活出激情与活力，要知道时间不会等你，青春不会等你，自己的未来更加等不起现在还不努力的你。考研，本就是一个浴火重生的过程，只有坚持才能成功。

如果你看到了，与之前迥异的她，请你也开始改变自己，开始努力；如果你看到了那些坚持努力的人们，过着与你不一样的生活，请你也开始加入他们的队伍，认真经营自己的生活；如果你看到萎靡不振的自己，请你振作起来，开始用你的激情点燃你的人生。如果你疲惫了，请你坚持；

如果你退缩了，请你坚持；如果你失败了，请你仍然坚持。这就是考研带给每一个经历过它的人的哲理，与你分享，希望你能懂，也希望你能有自己的收获，祝福走在考研路上和奋斗路上的你们。

感恩大学之路，无悔人生选择

2012 级中本 1 班　吴江玲

曾有人对旅行的意义做了很好的阐释——"如果你不出去走走，你会以为这就是世界"，如果把这句话放到大学里来就会成为"如果你在大学里只一味地过一种生活，或完全学习，或完全娱乐，你会以为这就是大学"。而她在求学之路上披荆斩棘，坚定前行，亦在大学生活中活出自我，绽放光彩！

一、路漫漫其修远兮，吾将上下而求索

怀着满腔激情的她，也和其他同学一样对大学生活感到迷茫无措。"怎样才能使自己的大学生活变得更有意义呢？"她常想。看着周围的同学都去参加形形色色的社团活动，她却自有打算。

深知自己学习上存在着许多不足，不标准的普通话和英语发音也曾使她伤透脑筋。她暗下决心，一定要在大一通过普通话二甲和大学英语四级考试。在付出比常人更多的努力后，她做到了。但她并不满足，继续选择用知识来提升自我。接着在大二，选择了攻克很多人望而却步的大学生英语六级考试，在此期间也有计划地参加一些校级、国家级的竞赛，并在2013 年和 2014 年全国大学生英语 C 类比赛中先后获得了二、三等奖。积极投身团支书工作的她也在大二获得了校级"十佳团支部书记标兵"的称号。冰冻三尺，非一日之寒。她的付出与努力有目共睹，她的成果与收获也举众瞩目。连续三年获得"校一级奖学金"，大一、大二分别获得"国家励志奖学金"和"国家奖学金"，参加其他校级竞赛也只是为了挑战和锻炼自己。

她的考研路真正启程是在大三下学期，一个考研辅导机构老师结合她个人的情况建议她报考武汉大学哲学院的美学专业。作为跨学院跨专业的考研人，她在确定目标院校后，随即进入了紧张而有序的复习准备阶段。她认为奋斗方向一旦确定下来，就要坚定自己的选择。

她很愿意与大家分享一下专业课的复习情况：专业课的复习一般至少要进行三遍，第一遍要尽可能快速地看完所有的参考书，整体上把握书的框架和条目；第二遍要仔细琢磨书中的内容，在看书的过程中根据自己的

习惯做好笔记的整理工作，要对书中涉及的知识点深入思考；第三遍要根据笔记和参考书有技巧地记忆相关内容，可以考虑条目型和关键词记忆法，既能节省时间，又可以尽可能多地掌握知识点。冲刺阶段要注重从大方向和整体把握上去厘清一本书或一门专业课的思维脉络，仔细阅读每本书的目录和绪论，这样或许对掌握一本书有挺大的帮助。许多人都说考研的专业课不太可能会成为成功路上的绊脚石，但要考取高分，就需要自己在复习的过程中摸索出一定的方法。

谈及考研复试，她比别人少了几分担忧、奔波和迷茫，可谓是有惊无险。她初试以总分422分排名第一，在旁观者眼中不需要过分忧虑，但她深知自己的知识水平及各方面的能力还远远达不到武汉大学选拔研究生的要求。从得知自己能够参加复试的那天开始，她就莫名地紧张起来，这种情绪和状态是她在准备考研初试时从没有过的。在她看来，最终的录取名单未公布前，就意味着考研路并没有画上完美的句号。我们一直在路上，认真、谨慎、踏实的态度一直都得保持。

二、不经一番寒彻骨，怎得梅花扑鼻香

一名优秀的大学生，所具备的不应仅仅是优异的学习成绩，卓越的领导与组织能力也是必不可少的。吴江玲也深知这些，希望将自己打造成为全面发展的当代大学生。

大一下学期时班上的团支书将职务转交给了她，在这样的情况下，她成了班上的团支书。在她的带领下，2012级中本1班团支部在2013—2014学年的"五四"评优中获校级"先进团支部"和"安巡志愿者先进班集体"称号。面对工作，她常常火力全开，铆足了劲。在很多人往往把自身放在第一位的时候，难得的是她常常能为了工作做出让步。

三、乘风破浪会有时，直挂云帆济沧海

现代社会中不再需要那些生活在象牙塔里只会纸上谈兵的人才，而是更多地趋向于实干型人才，吴江玲因此十分注重社会实践能力的培养。作为一名汉语言文学专业的学生，她的梦想是成为一名人民教师。早在大二时，她便开始辅导一位小学三年级学生的功课，成为一名家庭教师。家教辅导并不是那么轻松，在繁重的学业和社团工作之间还要抽出大量的时间来备课，常常就要熬夜。在同别人分享这段经历时，她说道："有得必有失，我相信有付出就会有回报！"

她注重培养正确的人生观、价值观和世界观，提高思想政治觉悟，并顺利成为年级第一批正式党员中的一员。除此之外，她还利用暑假时间在

湛江市霞山区文化新闻出版局进行为期一个月的挂职锻炼。就在别人都在享受悠闲的暑期时光时，她在实践中成长，在锻炼中提升。她作为一名贫困生，平日里生活朴素节俭，却在一拿到 8 000 元的国家奖学金后就果断提出向校"圆梦基金会"捐助 1 000 元帮助贫困地区的孩子添置基本的教学设施。

在过往的日子里，她用实际行动向所有人证明自己：因为锻炼，她选择了勇敢追逐未知的梦；因为失败，她在反思中找到了成长的可能性；因为收获，她将自立自强作为人生态度；因为成长，她一直在路上，坚毅地朝前路迈进……

一朝煮酒话年华

每个优秀的人都有一段沉默的时光

2010 级中本 5 班　陈李力

开始提笔记录这些文字，不是为了忘却，而是为了铭记这段哭过、笑过的漫漫考研路。

刚开始那一段时间，我不得不承认真的很难把握好时间，很难进入状态按部就班地埋头苦读。当洁坐在教三的自习室中，她还时不时玩着手机，或者跑出教室，我知道，她跟我一样的浮躁。后来，我跟洁就开始取消了午休，买了很多咖啡，困了就在教室里趴上十来分钟，而我们也慢慢地习惯了这种朝九晚五的生活。记得洁开玩笑地说："Lily，你看我们过的简直是狗一般的生活。"有时候我们不得不整天自我嘲弄、开开自己的玩笑来调节单调的生活。

我们的复习逐渐步入了正轨，压力也越来越大，每天晚饭后在校园中十几分钟的散步，也会成为我们生活中不可或缺的乐趣。忘不了洁在田径场的跑道上学鸵鸟走路，让人笑得站不起来，忘不了心情不好的时候洁跳小熊舞来哄我开心。洁是个简单而单纯的孩子，让人在疲惫的时候感觉轻松，让人在难过的时候感觉快乐。

本以为我们会一直这么安静地走到结束。复习起步晚的洁在第一次认真地按照考试的时间做完一套英语真题得了四十几分后，突然对我说："Lily，我不想考了。"那是她考前最严重的一次崩溃，我把她拉出去，陪她聊了很多，还是起不了一点作用。她说她感觉害怕，坐在教室里看着窗户外面的小鸟，突然有一种想飞出去的冲动，她说她是真的崩溃了，感觉自己没有希望考上。我拉着她的手说："你要坚强，那么多日子不是都熬过来了吗？我们不能输在战场上的。"我知道洁为了不再浪费我的时间终于同意回到教室看书了，她把书包抱过来，坐到我的旁边，无助地望着我说："Lily，你看你的，不用管我，坐你跟前我感觉心里踏实，一会儿好点了我就看书。"其实我知道她是不会放弃的，像这种情况我也发生过无数次，只是每次我都自己调整，因为知道不能再给洁添乱。

原来所有的苦难与历练，都会锻炼你的承受能力，让你变得更加坚强。

曾经不能回首

——感恩 2015 考研

2011 级中本 4 班　陈小燕

2015 年 4 月 24 日，距离开始准备考研的日子已经过去一年多了。之所以我要从这天说起，是因为这一天我接到了华南师范大学的拟录取通知，我的考研生活才真正结束了。在按下同意接收时，没有预想中的雀跃，只是心中的一块大石头终于可以放下了。如果说考研是为了走向人生的另一个高峰，那么这个过程无疑是艰难而又纠结的。我不后悔自己当初选择了考研，但是当你真正通过自己的努力得到属于自己的一个分数，却仍然要选择调剂的时候，就会明白，考研的背后承载着太多。不是我一定要成为一个研究生，而是我所付出的努力需要回报。

在考研的那段时间，幸好有陈东英处长、柯春明书记、钟明杰副书记、刘惠卿院长、誉高槐老师、李斌辉老师、张家波老师、周仕德副院长、韩进科长的鼓励和帮助，所以，此刻，我是抱着无限感恩的心情写下这篇经验总结。感谢我的爸爸妈妈一直在支持我，他们从来都不会对我要求很多，却总是支持我的各种想法；感谢我的朋友总是在我情绪低落的时候讲笑话逗我开心；感谢我的导师，一直默默地关心和支持我；感谢我的研友，总是一直鼓励我和帮我加油打气；感谢我的师兄师姐，总是不厌其烦地解答我的疑惑。因为他们，我才没有那么彷徨、无助。我知道这是我的考研，应该由我自己去经历，但是因为有他们的帮助，我有了更充足的信心。最后感谢自己坚持了下来！这一路上，因为有太多人的帮助和关心，我才走到了这里。对于这个结果，我很开心，我会一直坚持下去！

其实，考研并不可怕，可怕的是能否战胜自我。如果无法战胜自己内心的恐惧，过于看重得与失，考研就不再只是考研，而是陷在我付出多少能得到多少的思维怪圈里。其实，它就只是一场考试，只是准备的时间长罢了。如果把它当成一种习惯，坚持就变成一件不是那么难的事。我很欣赏一句话："别担心现实总比梦想遥远，别计较收成不如付出丰盈。你对待当下的态度，会决定你未来的高度。"

当我走出考场的那一刻，我突然感觉无所适从，因为每天早上起来看书，晚上回寝室的日子已经过去了。考后的那几天，我都不知道我应该去做哪些事情。正因为考研经历如此深刻地刻在了我的脑子里，我觉得我该把它写下来。有些感谢，如果不以这种方式表达，我不知道该如何说出口。我也知道，行动远比语言重要。所以，我会默默地用行动去感谢！

最后祝所有考研人都有属于自己的收获，所有关心我的人一直幸福下去！

破 茧

——记我的考研心路历程

2009 级对外汉语　丘金芳

五月艳阳高照，所有事物似乎都因阳光的照射而更加生机勃发，站在教三前，看着风中摇曳的树，总能勾起我那些深深浅浅的考研记忆。白岩松的那句"痛并快乐着"成了我考研路上最真实的写照。那些苦不堪言的日子，那些辛酸的回忆，幻化成破茧般美丽，留在我记忆的最深处。

一、以勤为径，以苦作舟

书山有路勤为径，学海无涯苦作舟。考研，对于我来说，是一个充满辛酸泪水的字眼。我生性调皮，要我好好地坐在教室复习可不是一件容易的事情，每天过着宿舍—饭堂—教室这三点一线的乏味生活，心里多少都会有些浮躁。不过，最终的好成绩把这其中的痛苦与辛酸稀释了大半。细想一番，考研历程就如一道小溪，缓缓地流进我的生命，浇灌着我的梦想。

2011 年初冬，暨南大学的甘教授来我们学校做了一场关于粤语童谣的讲座，甘老师凭借幽默风趣的授课风格赢得全场听众的喜爱。我也因为这场讲座而对方言学有了极大兴趣，所以才下定决心要考取暨南大学的汉语言文字学。这是我人生中自己做的第一个重大决定，没有随波逐流，我暗暗对自己说，自己选择的路，我跪着也得把它走完。

正式开始复习是大三开学之后的事了，那时每天要应对不同科目的作业：微格训练、听课笔记……那时因为考研教室座位还没安排下来，笨拙的我也没有在 207 占到位置，只能每天背着一大堆书到处找地方自习，结果是几乎每天晚上九点左右就会被举办活动的同学"请"出教室，那时就只能灰溜溜地在教三二楼徘徊，而且碰见在考研教室占到位置的同学还要被他调侃一番。终于等到四月，我才在考研教室有了一席之地，这就意味着我可以安心地看书了。王国维先生说人生成大事的第一境界是"昨夜西风凋碧树。独上高楼、望尽天涯路"，这也恰恰道出我们考研人复习初期的迷惑状态。"路漫漫其修远兮，吾将上下而求索。"刚开始复习时我根本就是胡子眉毛一把抓，后来发现这样的学习方法既耗时又费劲，接下来我就不断从考研论坛搜集考研复习经验，转益多师，结合自己的实际情况来看书。不过大三时我们专业因为有赴泰实习，课程学习比其他专业的更为繁重。这段时间复习效果不佳。

终于盼到了暑假，我选择留校没有回家，而且我没有告诉家里人我在备战考研，只想等到出成绩了再跟他们说。每逢家人来电，我总是想飞奔回家，可是我深知暑假是复习的黄金阶段，就咬咬牙坚持下来。暑假在校日子更是不堪回首，只要暑假在学校待过的都知道，饭堂的饭菜不是馊饭就是……不过学习任务是不能放松的，一旦有些懒散我就告诫自己"天将降大任于斯人也，必先苦其心志，劳其筋骨，饿其体肤，空乏其身，行拂乱其所为，所以动心忍性，曾益其所不能"，虽说听起来有些浮夸，但是我却深深被这句话打动，并不断激励自己学习。幸运的是，暑假的时候北京大学李小凡教授来岭南师范学院做方言调查，恰好那年考上暨南大学的两位师姐也跟随学习，赵老师多次嘱咐两位师姐给我们几个讲讲她们的复习历程。两位师姐也很热心，她们做完方言调查的那天晚上特意约我们到信和超市给我们详细地讲她们的考研经验。记得那天还是台风在湛江登陆的日子，晚上一直下着雨，机会来之不易，师姐的考研经验犹如一盏明灯，为我们指路。接下来我就适当调整自己的复习计划：把几本重要的参考书及专业常考的重要知识点一一归纳背诵，其他专业书目也做简单有层次的归纳分析；英语方面则专攻真题；政治则是稍稍把重要知识点看了一遍。不知不觉暑假就过去了，不过在这段时间自己真学到不少东西，有种豁然开朗的感觉。

暑假一过，日子似乎过得特别快，复习的节奏也越来越快，感觉时间根本不够用，每天不断重复读书、背书、看书却不觉得累。但是进入倒计时后，每天躺在床上眼泪会不自主地流下来，失眠。其实我知道自己很在乎考研结果，因为选择考研就意味着放弃了很多其他机会，所以我要拼尽全力。

还记得考试那两天冷得令人发抖，我紧张到专业考试时把答案写在阅卷老师评分的空格里……反正考场上的种种失误回想起来都能让我胆战心惊。但功夫不负有心人，我顺利通过初试，后来又顺利地通过复试，当看到自己的名字出现在暨南大学研招网 2013 级研究生拟录取名单中的时候，激动得说不出话来……

二、以师为友，蟾宫折桂

考研路上一路披荆斩棘，何尝没想过退缩，感谢我的导师赵越老师一直给我支持与鼓励，我才得以有今天的成绩。一路走来老师对我们的关怀真是无微不至，老师总是在百忙中抽出时间解答我的问题，时刻关心我的复习进度。还记得年前查到成绩那天，我第一时间拨通老师的电话告诉她这个好消息，老师听到我的消息后很开心，随即叮嘱我要专心准备复试。回想一波三折的复试之路，少不了赵老师和黄高飞老师的支持鼓励，我才得以顺利通过复试，并取得好成绩。

三、韬光养晦，破茧成蝶

丑陋的毛毛虫为了实现自己能在花丛中飞舞的梦想，它"作茧自缚"，积蓄力量，终于实现华丽的转身。

虽然现在自己已经算作一名准研究生，但是我知道自己的不足，经过考研这道坎，我更加清楚年轻人就应该有"横刀上马""气吞万里如虎"的自信，就应该有"欲与天公试比高"的凌云壮志。我相信梅花香自苦寒来，韬光养晦，不断磨砺自己，定能破茧成蝶。

让梦想开花

2011 级对外汉语　孟易桦

其实最初在决定是否考研这问题上，我是没有纠结太久的。当初在填报高考志愿的时候，父母一听我要来湛江读书，都极力劝我复读，原因不外乎有这么几个：首先，湛江离家太远，甚至没有直达的车，交通不方便；其次，这所学校本身名不见经传，待上四年，以后就业估计也成问题。但当时我没有听父母的劝说，在网上查学校的一些概况后，就毫不犹豫地选择了这里。

决定考研之后，选择专业就成了接下来要面对的问题。最初，我也很迷茫，完全凭兴趣来，并没有考虑哪个专业好就业，哪个专业发展空间更大等现实性问题。在这里顺便说一下，我觉得学院在对外汉语专业的必修科目中开设一些中文课程，这一决定非常好，原因我觉得有二：其一是学科之间本来就有联系，许多中文的专业知识恰恰是以后从事对外汉语专业的同学所必不可少的；其二是尽可能多地涉及一些知识领域，我们以后的选择空间就会相应的更大一些。我当时就是抱着学好本专业（对外汉语）的心理来学好大一和大二的每门专业课，最后发现对文学感兴趣，那么考研很自然地就选择了与文学相关的方向。所以，我认为，兴趣是最好的老师，但在某种程度上，兴趣又来源于你对知识的理解和掌握。

在复习的过程中，专业课方面需要注意的是，虽然每个学校考的范围与侧重点不尽相同，但是，一些重要的、权威的参考资料你一定要结合来看，比如齐鲁出版社和北京师范大学出版社出版的一些习题集。汲取这些书中精华的观点，结合教材，再进行发挥。当然最好在平时有空的时候就多练笔，多看、多写一些相关的文学评论。只有平时下功夫，在复习专业课的时候才不至于太慌乱。另外，考文学类的同学要注意，英语必须确保过线，这是直接决定你考研成功与否的关键。英语复习要从基础开始，从单词、句子着手。前期可以跟着何凯文的思路走，他还是比较注重基础的。到后期，大家可以关注一下丁晓钟，主要是看他怎么分析文章的，学习他的方法。英语复习主要关注这两个人就够了。政治复习，建议报一个辅导班，图个心里踏实吧。

最后，想感谢学院和我的指导老师。他们为我们提供了非常多的关心和帮助，包括后面的调剂和复试，令我们非常感动。总之，在岭南师范学院文学与传媒学院的这四年里，我过得非常快乐，真正体会到了什么是师生情。同时，和师姐们的关系也非常融洽，大家就像一家人一样。我想，这是我来这里最大的收获。

选择考研，风雨兼程

2011 级中本 2 班　林　静

一、考研目标和动力

在你打算考研的时候，你一定要明白自己的考研目标，找到自己考研的动力。因为考研是一个需要坚持的过程，如果没有目标和动力支持，是很难坚持到底的。所以首先要明白自己为什么要考研？促使你考研的最大动力是什么？这个需要自己去思考，因为每个人的情况都不尽相同，所以考研的原因和动力肯定也有差异。我希望每个人都能在备考前把这个问题想清楚。当你想清楚了，下定决心去考研，我希望你们都要全力以赴。

我考研的原因主要有：第一，我也希望通过研究生的学习，能够找到更好的工作，以后能够有更强的能力给家人更好的生活。第二，在学院老师的多次鼓励下，我想试试自己能否做得到，毕竟不尝试怎是青春。

二、学校选择

对于学校的选择，我个人的建议是量力而为，尽量做自己比较有把握的事情。因为很多同学都是为了考研，提前一年或者半年就开始准备了的。个人觉得，在可以选择的情况下，用一年或者半年去做一件不可能实现或者实现可能性很小的事情是不值得的。因为时间是很珍贵的，我们要讲求效率。在投入一定的前提下，努力提高效率，这是个明智的做法。因此建议大家根据自己的情况，结合自己未来的打算，并向学院老师和师兄师姐请教，做出正确的选择。

三、初　试

对于初试准备，我建议大家从现在就开始准备，别太晚。因为我准备考研的时间不多，大概 9 月才开始复习。我们大四也是有些课的，而 10 月开始是实习期，而且 2015 年考研又提前到 12 月进行，所以对于我来说，能够全身心投入复习的时间真的不多，也就是 11 月和 12 月。还记得那两个月，每天除了吃饭睡觉，几乎所有时间都泡在图书馆了。谁叫自己起步晚，时间少，很后悔没有做好考研计划。有目标的话就很容易进入状态，会更加有动力，而且每天、每周、每个月看到自己完成了计划的任务，学到了很多东西的时候，其实你会有一种成就感，一种很充实的快乐。不过大家在做计划的时候也要注意一点，千万别把自己的计划定得太死，要学会留出些时间让自己休息，每天几分钟也是可以的，因为人集中注意力太久肯定会累的。还有在做计划的时候个人建议不要长时间只复习一门课，可以穿插进行。所以大家要根据自己的情况做一个适合自己的复习计划。

简单说下各科的复习经验。我的专业课考得不好，就不说了。英语里单词和阅读最重要。我前期一直在准备英语一，到 11 月底才转向英语二，只要英语一复习好了，英语二就会觉得简单很多。政治的话，多背。我全程总共用了七本书，把这几本书用好，政治考七十多分没问题。另外，不管哪一科，真题都是至关重要的。且做且珍惜！

四、调 剂

（1）与时间赛跑，抢先给有可能接收你的院校打电话，或者抓紧时间到院校所在地，直接参与调剂。事实证明，拥有了主动权，调剂成功的可能性就越大。

（2）随时跟踪网上公布的调剂信息。到了考研调剂阶段，你一定要多联系想去的院校，这样希望才大。同时密切关注这些单位官网上的信息，多跟本校老师反馈自己的最新情况，这样有最新消息时老师就能及时通知你，助你一臂之力。在这里要特别感谢张家波老师，没有他，我也没机会将自己一些小体会分享给大家。

（3）在调剂的过程中，要有坚强的意志。因为我是一边找工作一边调剂，很辛苦。其实身体的辛苦没什么，关键是心。这一过程折磨着你，你甚至会觉得自己一无是处。这时候无论你要继续找工作，还是调剂，或者两者都要，都一定要坚持下去，咬紧牙关坚持到最后，一定会有一个好结果！

既然做出了选择，就风雨兼程吧！加油！

实事求是，脚踏实地

2010 级中本 5 班　游晓琳

　　最近听了不少考研讲座，在台上分享自己考研经验的同学们讲起自己的考研之路，都像在讲述一段不堪回首的血泪史。相比之下，我的经历根本不值一提，只能说在考研这件事上，我真的很幸运。

　　说实话，若用"成功"来形容我的考研经历，我觉得有点牵强，毕竟这与普遍意义上考上名校的那种成功大相径庭。但不管怎么说，能顺利被报考院校录取，我已经很满足了。我也很感谢有考研这段经历，在这期间，我收获了许多。

　　首先，我学会了实事求是，对自己做出准确的定位。在我看来，准确的自我定位是我顺利考上研究生的关键。作为一名刚入学不久的插班生，从我决定考研起到初试开始为止，时间只有短短的三个多月，我本意是想把大三的考研当作练兵，目的是提前模拟，为大四考研做准备。尽管如此，既然开了头就要尽量让自己的努力发挥应有的价值，因此，我填报志愿时选择了广东技术师范学院。这是一所普通院校，甚至连作为调剂对象都经常不被人看上眼。十个人当中有八个听到我所报考的学校时，都一脸错愕甚至是怀疑，还有不少人劝我换一所目标院校。但我不觉得我的选择有问题，我认为这是一所我力所能及可以考上的学校，假如我能考上，至少证明我对自己的定位是准确的，我觉得这一点比盲目地追求名校更重要。事实也证明我的选择是正确的。

　　其次，考研磨炼了我的意志。考研不像高考，没有老师家长为我们操持一切，在各种诱惑和各种不理解之下，能成功坚持到最后靠的就是坚强的意志力。我原本是一个意志力比较薄弱的人，考研的经历对我自身最大的帮助是磨炼了我的意志力。至今说起来还有点后怕，我差点就没能坚持到最后了。大三第一学期的课程任务相对还比较重，我实际能复习的时间本来就不多，全国研究生考试那两天又恰逢期末考试期间，而且插班生还要比普通学生多考两门补修的课程，在期末考试的压力下，我更是无暇应付考研。临考前包括考试的那两天我都一直在复习期末考，对于研究生初试基本上是抱着一种走过场的心态去考的。期间每考完一科我都有一股索性打道回府、放弃考试的冲动。现在回想起来，我真的很庆幸自己在那两天努力战胜了心魔，坚持到考完最后一科，否则幸运之神也就不会降临到我身上了。

我常想，即使我这次没能考上研究生，我的努力也不算白费，因为我在这过程中磨炼了自己的意志，能坚持到最后对我而言已经是一种成功了。这种成长是我一生受用的财富，相信以后当我遇到困难时，我一定能做到一次比一次坚强，一次比一次进步。

再次，考研增强了我将来的就业竞争力。我考研的主要原因之一就是要为将来就业做准备。当今社会就业形势越来越严峻，高学历成为人们的普遍追求。我是一名专插本的学生，经过三年大专学习，成功通过岭南师范学院的插班生招生考试，2012 年秋季学期开始成为人文学院汉语言文学专业的 2010 级学生。可以说，我是半只脚踏进过社会的人，专科毕业时也有过一些应聘和工作的经历，对学历在求职过程中的作用的认识还是比较深刻的。

虽然学历不能代表一切，但不可否认学历是我们求职路上的一道坎。在专科毕业实习的半年时间里，我经常留意各种招聘信息，发现本科学历已经是招聘的普遍要求。我想尝试去更多更好的用人单位积累一些求职经验，但当时只有专科文凭的我连报名的资格都没有。那个时候，我无比庆幸自己选择继续读书而不是急于就业。学历是我日后求职的敲门砖和入场券，学历越高，求职的时候越能掌握主动权。因此，当我来到岭南师范学院，有机会考研时，我毫不犹豫地做出努力考研、继续深造的选择。

除了以上所谈到的之外，借助读研的机会开阔眼界，提高修养，也是我的收获之一。我还在读大专时，考本科就是我的高层次追求，那时的我根本没想过自己会去考研和读研。因为进入了本科学习，开阔了视野，我的眼光才放得更长远，于是决心考研，追求更好的发展。我认同活到老学到老，也认同厚积薄发，这是为人处世应有的一种态度。如果说就业问题是读研的小功利，那追求自身内在的提升就是读研的大功利。读研是比本科更高层次的学习过程，做研究是个很考验人耐心和毅力的过程，有老师说过，读研的三年将会是我们人生至今最无聊的三年。我相信这是一个洗练身心、自我沉淀的过程，我很期待看到读研以后自己的变化，我希望借助读研这个学习平台，进一步开阔自己的视野，更准确地认识自己的不足，更全面地开发自己的潜能，更有效地提高自己的能力，成就一个更好的自己。

对我而言，考研是一次收获颇丰的耕耘。人在追求目标的过程中，什么时候开始并不重要，重要的是开始了就不要放弃。每一次的付出都会有收获，虽然不一定每次收获都让人满意，但我坚信，不管是成功的经验还是失败的经验，都能为我们的前进筑起更稳固的基石。

上海惊情记

——留英路上的别样风景

2010 级中本 1 班　李佳书

　　申请英国留学的路上，雅思这道坎儿将我和上海——这座天堂地狱融为一体的城市，爱恨交织地连在了一起。

　　2013 年暑假，我和朋友到上海参加雅思课程，这是我第一次来到上海。高中上学地"上蔡"和"上海"一字之差，却天壤之别。那时只知道上海是个国际大都市，但怎样"国际"，怎样"大"，怎样"都市"，都还是云里雾里的。

　　湛江到上海，28 个小时的火车车程，人在车厢里，车门打开却是别样的天地。

　　找房子，办公交卡，购置基本生活用品，一切波澜不惊，似乎很顺利。

　　四周的雅思课程，四位风格迥异的老师让我了解了雅思的备考方法。

　　雅思课上还认识了不少新朋友，多数是大学生，也有硕士研究生、高校辅导员等，最让我印象深刻的则是一位高二学生。当时他已经考到雅思 6 分，课程还没结束他就参加了第二次考试，之后就没再上课，去某知名企业实习了。想想自己的高二，还是在一个 60 人的小教室里，满心想着高考的时候。人果然是环境的产物，教育生活环境不同，眼界差之千里。面对这样的差异，我难道只能自我安慰道："骐骥一跃，志在千里，驽马十驾，功在不舍吗？未来我又该怎样跃过这道鸿沟？"

　　最后一周，平静的租房生活掀起了波澜。房租合同出了问题，我和朋友被中介骗了，我们拿不到房租押金，必须在我课程结束的那一天搬出去。气愤归气愤，但如若不是我们缺乏法律意识、贪图小利，又怎会被房产中介钻了空子。夜里十二点，被人扫地出门。望着门口依旧散发着橘色光芒的路灯，无处可去的两个人，强忍着滚动在眼眶的泪水，拖着重重的行李，蹲在楼梯口，半睡半醒地挨到了凌晨。空气还没有被灼热的阳光所侵染，带着些清新。小区公园里，五颜六色的太阳花展开柔嫩的花瓣，仿佛昨日的污浊之气也被这初放的生命光彩荡涤一清，可心中关于人心险恶的忌惮与伤痛又该怎样安抚。

　　走到小区门口，碰到收过几次快递的大哥，他主动提出帮我们搬行李，第一次的上海之行就在尚存一丝温暖的落荒而逃中结束了。

2014 年的 3 月，为考雅思，再去上海。难得一见的朋友相聚，令人惊喜的校友重逢，厚重恢宏的上海博物馆之旅，奇妙幻彩的草间弥生画展，这一次上海记忆的主色调是暖的。

诚然，上海是座"魔都"。如果你爱她，来上海吧，这里有施展才华的广阔天地；如果你恨她，也来上海吧，这里有一雪前耻的天赐良机。但上海于我，终究是位过客，她给我的快乐与伤痛，已化作留学路上最绚烂的风景。上海，来日方长，后会有期。

那些日子，那些事

2010 级中本 4 班　梁　赟

在我的考研征途中，我要感谢一个人——周周！感谢这一路走来有你的陪伴，让我在这个过程中觉得并不孤单；我更要感谢你的提点，让我看到了自己的不足。

我喜欢看书，但并不代表我很会答题，尤其是论述题。而华南师范大学文学类考试的论述题很喜欢提问作家之间的对比，其中有一年的题目是"鲁迅笔下的农村（《故乡》《祝福》）与沈从文笔下的农村（《边城》《萧萧》）之间的对比"。我一看就乐了，题目中所列举的书我都看了，于是我就唰唰地写了满满一页。周周看完我的论述，就说："要是我是改卷老师，我就给你 0 分。"我当时愣了一会儿，怎么可能？周周说："你答的是作品特点之间的对比，与题目的问题完全沾不上边。"

"作家笔下的农村自然要写农民之间的对比。"经周周的提点，我顿时觉得自己实在太大意了，连题目都没有看清楚、理解透。随后，我在周周的想法上，再扩展：在作品的内容上，可以从农民形象和农村生活进行对比；在作品特点上，可以从作者的写作目的上进行对比。我把自己的写法写了下来，和周周去请教阎老师。阎老师为我们补充了一点，那就是多角度思考：沈从文笔下的农村既是淳朴的，也是落后的，沈从文对农村的描写也是具有批判性；鲁迅和沈从文笔下的农村有相同点也有不同点。

通过和周周的讨论以及老师的补充，我总结出：做题前要看清楚题目，做题时要多角度分析，实在是无话可说时可以从作品思想上和写作特点上下笔。

欢笑与泪水，生活的本真
——我的考研故事

2010 级中本 1 班　林秋颖

　　我从没想过自己要留什么经验给师弟师妹们，只是 401 分的高分突然为我带来了光环。说不开心是假话，但我自己清楚在这背后我付出了多少。没有人去关心这些，他们永远只是在乎那个成功或者失败的结果。其实我也知道，有的比我更努力、准备更久的人却失败了，那么又有谁去关心他们呢？许多事情不能一刀切，不是建立在"是"和"否"之间，就好像我现在的心情，高兴中带些悲伤。这样的心情又有谁会理解你呢？

　　总觉得，心得不是成功的人才有，失败的人也许会有更多。

　　细细回想，我是从 2013 年的 7 月开始准备的，相对于其他同学来说，我开始得比较迟了。别人都在忙着期末考的时候，我才开始选专业选学校。上网搜一下复习经验，便根据自己的情况开始看书。

　　整个暑假都选择留在学校，幸好同寝室也有两个女生一起备考，我们仨便结成了伴。泽园一楼的饭菜原本被我们嫌弃，可是无奈只能吃它。我们会一边说饭难吃，一边又低头咀嚼，我们一起谈论在网上看到的新闻趣事，这给单调的学习生活增多了一些色彩。我们约定每天下午走远一点去园府吃饭，因此每天的晚饭便成了我们的期待。鸡腿和肉饼是我们最爱吃的，我一直都认为，吃东西会让人开心，要补充足够的能量才有心思看书。吃完饭就从旧区散步回来，我们把吃剩的骨头喂图书馆后面的流浪狗。因为放假也没有人送水，我们仨就一起把水抬上九楼，还戏说我们是"女汉子"。总会想起"一个和尚挑水喝，两个和尚抬水喝，三个和尚没水喝"，可放在我们身上就恰恰相反。我们晚上还会开卧谈会，甚至曾一直聊到黎明时分，谈过去，聊生活，畅想未来。我想，许多年后，我还会怀念那样的夜晚，那样的暑假。

　　放假的校园很安静，七月的阳光很明媚，树影斑驳，走在路上感受迎面吹来的风，这段为自己、为梦想奋斗的日子是值得回味的。

　　开学后，上课、实习……大大小小的事情总会干扰我的复习。看着别人离开校园开始实习，内心开始不安。当目标没有当初那么坚定的时候，外界的诱惑便使你思绪混乱。还记得中秋节，我没有回家。校园一下子冷清下来，傍晚我去饭堂吃饭，饭菜已冷，阿姨们都在说话，似乎也在埋怨中秋节不能回家团圆。吃了几口，索然无味。教室也只是零星几人，但外面不时传来庆祝的欢呼声。突然也很想回家，与家人一起吃月饼赏月。看到桌面上翻开的书，心思完全不在这里。

当然，该过的节日还是要过，该放松的时候还是要放松。如果内心不安，那就先找点其他事做，找回状态。然后再专心投入，坚持下来。不要在意别人看的书比你多，或者比你多对了几个选择题，而是遵循自己内心的节奏来。在那么多孤独奋斗的日子里，我就是这样不断调整自己的。

记得自己内心最烦躁、最不安分的时候是 10 月，那个时候写微博，把心情记录下来，现在翻看，还很清楚记得当时的文字所表达的情绪。"今晚跑回来的路上，思绪一路飙飞。每天都在跟自己搏斗、冲撞，我想，毁灭就在不远处。到时候，死无葬身之地。"这是 10 月 6 日写的。当时心灰意冷，又非常矛盾，文字都带有绝望的气息。"一路走来我遇见了不一样的你，卑鄙龌龊的、善良单纯的、放弃的、坚持的、放纵的、节制的……未来，还会有更多不一样的你。"这是 10 月 16 日写的。长期的独处也是发现自己的过程，人本来就是矛盾体，我在试着让向善的那面占据绝对的优势，所以也就一直坚持了下来。"路上少有人走，风很大，雨斜着从旁边，后面拍过来。雨落在伞上的声音，仿佛只我一个。很冷很冷，戴着的帽子是妈妈给的，我想给自己多添几件衣服。到了这个时候我很想吃碗热面。穿上毛袜子，盖上三层被子，睡觉。"这是 12 月 16 日记录的，每天学习到晚上十一点十分才离开教室，路上只有零星的人在走，躺在床上想起充实的一天便安心睡觉。天气很冷，只能多穿几件衣服，就算是只想蜷缩在被窝，也要不停提醒自己，坚持了那么久，不能在紧要关头落下了。

把复习的过程当成是积累知识的过程，把大学所学的内容巩固一遍，不去想考试的结果。复习的时候我看外国小说、读诗歌，与伟大作家的思想碰撞，体会人生百味。与自己搏斗是《罪与罚》的拉斯柯尼科夫，勇往直前是《老人与海》的圣地亚哥，真挚永恒是叶芝的《当你老了》。在文学中徜徉，无边无际，所以自己就得更加努力。这样复习不但不会让自己感到痛苦，反而在一定程度上为提升自己而感到欢喜。

但即使是这样，有时候还是会为政治、英语的复习感到头痛。有些书是要硬啃下去的，当感到吃不消的时候，就想想夜空中的星星，我们只是茫茫宇宙中的一颗尘埃，不要把自己放大了，这样子想，再多的风雨也不过如此。再坚持一下，就什么都过去了。

现在回过头来看当初的自己，准备的时间其实并不长，只是自己一直专心做一件事情，并一直坚持了下来。我想，这就是成功所不可缺少的因素。

回忆里总有午睡醒后的一个苹果。

回忆里总有同伴的一句加油。

回忆里总有书中的外国诗句。

欢声笑语，悲苦忧愁，这才是生活的本真。最后我想用莫泊桑一段话作为结尾：生活不可能像你想象的那么好，但也不会像你想象的那么糟。我觉得人的脆弱和坚强程度有时会超乎自己的想象。有时，我可能脆弱得一句话就泪流满面，有时，也发现自己咬着牙已然走了很长的路。考研亦如此。

四千公里以外的回响

——略述我的考研感想

2009 级中本　李中鼎

《中庸》云："天命之谓性，率性之谓道，修道之谓教。"而先圣孔子五十始得知天命，我等凡夫，从何能得知？诗云："天生我材必有用"，即便如此，但施展才华的突破口又在哪里？此二问，我每每思之便深感头痛。

我等文科生，论功用，在当今是远远不如理工科学生。在古时，众学子为考取功名、光宗耀祖而读书；在近现代，有"为中华之崛起而读书"，有为四万万同胞之生计而读书，也有为明心见性、增长见闻而读书，这都是让人向往的。而如今，读书却几近沦为谋得一份理想工作的工具，然纵观时下就业之形势，文科毕业生面临着如此严峻的局面，当真要让人大呼"百无一用是书生"。而我得蒙劳承万先生指点，忝列于为学术事业奔走的考研学子当中，又常苦于自己学问疏浅。诚如导师蓝国桥老师所言，他们那一代，是垮掉了的一代，而我们这一代，是废掉了的一代，旧学功夫丢掉了，经典文学作品又未能通读，外来理论更只是懂得皮毛，如何承接这薪火相传的文化使命？

我报考的是中山大学的文艺美学专业，大三开始备考，最后考得第五名，但英语及总分均偏低，未能过中山大学的自划分数线，遂携带了老先生的介绍信，投奔广西民族大学，又因上线人数较多、调剂名额少及自己的分数太低等缘故，此事不了了之。其后，蓝国桥、熊家良二位老师对我的调剂之事极为关心，挚友刘锐更是常陪伴我守在电脑，为我前出谋划策、后又得劳先生的学生许莹莹老师相助，联系了新疆师范大学的刘博老师，收到了去乌鲁木齐复试的通知，遂匆忙购买车票前往。

从广州出发，三十多个小时后抵达兰州，途经长沙、武昌、郑州、咸阳等地，下车匆忙吃上一碗老早向往的正宗兰州牛肉拉面。兰州至乌鲁木齐那趟车买到的是站票，经河西走廊，出嘉峪关，便是传说中的大西北。困累之下，满目荒凉，我的心情便如这眼前之景，除了荒凉，还是荒凉。好不容易到天山脚下，成排成排的发电风车慵懒地转着。天山顶上，仍有白皑皑的积雪，此时心绪被天山雪莲牵萦着，不觉变得大好。下车，提前考去的同班同学阮绵前来接待，为我安排好住宿，两天后到学校报到。校区不大，但人也不多，感觉舒服，举目看到众多的非汉族学生，仿如出国。园里种好些桃花，正是："人间四月芳菲尽，此处桃花始盛开。"复试笔试，考的题目不难，说对于抗日题材电视剧泛滥的看法；面试时，该校退休教师王佑夫老先生也来，谈话中他说认得我们学校的李珺平、熊家良老师，整个面试过程气氛很融洽，像是谈心。考同专业的四人都面试完了后，老先生很是高兴，请我们和陪考的两位老师及几位师兄师姐一同到学校学术交流中心的餐厅吃饭。席间王先生给我们讲了国内几所高校文艺美学的大略情况，顿时让我心中有了归属感，认为在南海之滨时的心愿大可在这大陆的最西北继续。俗话说，"念念不忘，必有回响"。我这"回响"，虽得于四千公里以外，但更觉尤为难得。

我幸能识得好几位明师，也有益友，现下最紧要的功夫是埋头读书，弥补自己的不足，因而考不上名校也不失落。但若没有一个安身之处，此事终究也难为，因而调剂时唯愿有学校能收留我便足矣。所幸，在众老师、好友的关怀和帮助下，我如愿以偿。而考研经验云云，于我，恐是很难有东西值得抛出的，仅一对此的看法有——忌功利性，不要为了考研而去考研，但若有心选了这条路，也不宜画地为牢。要学的东西真是太多，当志存高远、埋头奋进才是。

不抱怨，不放弃；拿得起，放得下

2011 级中本 3 班　谭威红

去年 5 月的一个下午，我坐在教三 201 那个靠窗的座位上，吹着椰林的微风发呆，我在遐想一年后的自己："明年这个月，我是处于何种境况？"我很期待，也很害怕。一年过去了，5 月的椰林，风景依旧，随之而起的微风吹拂我的面庞，伴我谱下句句心曲。

考研，是我深思熟虑之后的一个决定，我只要求自己在这个过程中一定要做到"放宽心"。我认为，对我们这些即将毕业的大学生而言，考研可以说是成年人对生活的一种选择。我们虽还是学生，但必须认清楚我们亦是个成年人，所以，切忌还以考高考的心态或者以在大学里应付期末考试的方法来对待考研。一路走来，我最大的感悟是"好心态"是考研成功的秘诀。在此，我主要结合自己的心路历程，跟师弟师妹们聊聊考研应持有一种怎样的心态。我将我认为的"好心态"定义为"不抱怨，不放弃；拿得起，放得下"，主要包括以下几方面：

一、掌握主动权

考研是自己的选择，必须得掌握在这个过程中的主动权，简单而言，就是非常清楚地知道自己该做什么。唯有认清方向，才能走得更好、更快。

首先，做到正确认识自己。在选择学校、专业时，不能盲目听从他人建议，一定要根据自己的人生目标、性情、优势、兴趣等实际情况去选择。其次，要了解"行情"。对考研而言，"行情"就是你选择的学校、专业的优势及其发展方向，还有该学校专业主要考查考生的哪些知识技能以及往年录取情况，当然还有考研的整个趋势，这些可以通过咨询老师、师兄师姐得到确切的信息，登录该学校的考研论坛和查询相关信息也是很有效的途径。比如，我之所以选择暨南大学的中国古代文学专业，关键是我"喜欢"它的考试内容，特别是专业二"阅读与写作"，我觉得很适合我这种不善于背书，却爱评论作品的人。我最不拿手的就是类似我们期末考试这样的题型，不过，很多院校都采用这样的题型，暨南大学的专业依旧如此。我当时就想着，面对自己不擅长的题型能避免的就选择避免，不能避免的就想办法攻克。最后，拟订复习计划。我之所以用"拟订"一词，是因为往往都会出现"计划赶不上变化"这样的情况，这就需要我们随机应变，及时调整复习计划。

二、对手不在身边，在身边的是朋友

切忌把身边考研的同学当作对手，切忌有妒忌心理，切忌看到身边同学复习有章有法就怀疑自己、乱了分寸。特别是如果有认识的朋友、同学跟你选择了同个学校、同个专业，你们就是彼此名副其实的对手，一定要摆正心态，不要抱怨，也不要纠结，心怀双赢的美好设想，做好自己该做的，足矣。如果自己没有向对手学习的强大心理，那就别把任何人当作对手，尤其不能把身边的同学、朋友当作对手，身边的同学、朋友"抬头不见，低头见"，倘若天天对着对手，心情会非常受影响，对方的一举一动会牵制你的视线，甚至会影响到你的思维，你会很痛苦，而且往往又难以逃脱。如果出现这种情况又不能好好解决，那么整个复习过程不仅痛苦，而且往往以失败告终。有位哲人说过"不能改变环境，就改变自己，适应环境"，我很赞同，考研路上，很需要"做自己"。

学会分享、乐于分享。只要是考研的，不管专业有没有联系，都值得与对方讨论想法、分享资料，千万别吝啬这些时间，更别吝惜你的资料。考研还是一场信息战，获取信息渠道多种多样，但是，我认为与身边研友交流是最高效的一种途径，许多灵感都可能会在交流过程中不经意地萌发。我建议师弟师妹们尽可能到考研教室复习，那里有认识研友的机会，那里有交流的契机，那里有奋斗的氛围，那里有精神的安抚……在那里，我认识了杨颖、颖然、晓蓉等几个好研友，我们相互讨论复习计划、分享复习资料。有时结伴去吃饭；有时大晚上的结伴回宿舍，紧紧地搂着对方抵挡寒风；有时分享零食，在复习两个小时后一般都饿了，既没到饭点，又没完成复习计划，这时，有个研友递来一块巧克力、一块面包、一块饼干、一条香蕉或者其他什么的，你会顿时感觉很幸福，浑身有劲……我记得，我和杨颖之前素不相识，后来在201相遇，有种相见恨晚的感觉，考研路上，我俩相互扶持的点点滴滴，我终生难忘。我跟颖然是考研同桌，我俩的时间安排几乎一致，常常一起吃饭，相互夹菜吃，我们每人买两样菜，就可以吃上四样菜，营养丰富，且吃得有滋有味，我们成了考研"饭友"。晓蓉跟我考同一学校不同专业，她的专业信息知道得比我多，她很乐意借给我参考，我也将自己了解到的英语、政治复习讯息和她分享。还有，很多很多真诚、可爱的研友，我很珍惜这份友谊，很怀念和他们一起经历的点点滴滴，是他们让我这段日子变得更加充实、有意义。当然，在你踏进考研教室的那一刻，你就要有"对手不在身边，在身边的是朋友"的好心态。同时，也要心怀感恩，感谢学院领导为我们提供这样好的复习环境，爱护考研教室，珍惜这样的学习环境。

三、正确对待复习小插曲

我所说的"复习小插曲"是指我们在备考过程中遇到的跟考研无关、但又耽误学习时间、影响备考计划的事情。面对这样的琐碎事情，要时刻记得我们已经是成年人了，学习、工作、亲情、友情、爱情等方面都有我们不可推卸的责任，考研只是生活的一小部分，不是全部，不能以备考高考的心态对待考研，不能"两耳不闻窗外事"，更不能遇到什么事情就以考研作为挡箭牌。可以说，我是个很"多事"的人，在备考期间，有很多事需要我处理。比如，我家情况很特殊，我妈妈一个人要照顾爷爷、奶奶、外婆，还要上班，爸爸也不在家，所以，我都没有告诉家里人我准备考研，就是不想我妈妈因为考虑到我考研就不找我帮忙，家里发生什么事也不跟我说。我是个成年人，有责任照顾家庭。学校离我家很近，我常常一接到妈妈的电话就往家里跑，很多次都会"消失"好几天才又回到考研教室。不过，我虽不在考研教室，也坚持用零碎的时间复习。我还自嘲，将在家的日子形容为"白天丫头，晚上书呆子"。还有，班级活动、宿舍聚餐、宿舍大扫除、和朋友聊天等，我都会参加，我很怀念这段拼命挤时间学习的日子，每当回想这些日子，都特别自豪。

当你的复习时间被你认为无关紧要的小事冲掉了，倘若你满腹抱怨，计算着浪费了多少时间，一直耿耿于怀，只会影响你接下来的复习效果。遇事浮躁，怨天尤人，就是没有好心态的表现，而且，还很容易将自己推向臆想身边都是对手的怪圈里，自己给自己树起了很多假想敌。我们很难再像当年备考高考时那样几乎天天都有一整段时间复习，我们更多的是要学会高效利用零碎时间。如何利用好零碎时间，关键要有好心态，遇事冷静，积极承担自己的责任。只有态度正确了，才能意识到要想出最佳方法解决这个问题，做事效率才会大大提高。在这样思考、解决问题的过程中，自己也会不知不觉地有所进步。考研不仅仅考书本知识，应对、解决问题的能力也是其考查的内容，这点在复试时更是明显。我们是年轻人，思维活跃，情感丰富，试想一下，天天一大段的复习时间，走神、发呆的情况会更多，而且，复习效率相当低，效果相当差。毕淑敏说过："你遇到的所有困难，都是上帝为了磨炼你而为你量身定做的。"

四、以一种享受的心态备考

当你以一种享受的心态对待考研，你会感觉考研是件很幸福的事情，并乐在其中，这样的好心态会让你事半功倍。要做到这一点，关键是要对考研保持一颗平常心，正确看待结果。要认识到考研是一种督促自己、充实自己的方式，并不是非考上不可。即使考不上，这段日子也造就了一个成熟的自己，也是很大的收获；即使考不上，自己也能找到合适自己的工作；即使考不上，自己的生活依旧可以很精彩。在备考中，我充分利用午睡前半小时、晚饭后一小时或其他零碎时间，很认真地重新阅读了四大名著，还有《再生缘》《契诃夫短篇小说集》《唐宋八大家作品集》等书籍，我很享受自由读书的时间。我常常在想，倘若不是在备考，这些时间都不会被我留意，反而悄悄地溜走了。我很享受这段磨炼自己的日子。寒冷的早晨，当大家还在暖暖的被窝里熟睡的时候，我已迎着寒风穿过静悄悄的校道，来到了考研教室。我是个很怕冷的人，从小到大都讨厌冬天，可是，就在备考期间，在我走去教四的路上，寒风吹得猛烈时，我会情不自禁地抬起头，闭上眼睛，伸出双手，拥抱寒风……看到我这傻样，很多同学可能很不解，但我知道，我是在拥抱未来的自己。说来很奇怪，我慢慢地不再害怕冬天，还有了些许喜爱之意。就在考研结束后的几天，我很勇敢地去了一趟长沙，参加了中山市教育局的教师招聘，最后，很顺利地被录取了。可能就是因为备考磨炼了我，不再害怕冬天，也变得越来越成熟了，才能如此顺利地抓住了这次机会。

考研不像高考，一纸敲定所有，它还有复试、调剂。有些学校、专业，复试与初试同等重要。据我了解，初试排名在前一两名的考生，在复试环节同样也有被刷的可能，而且，还真有这样的真实例子。所以，复试要谨慎对待。至于调剂，可以说也是个大难题。我认为在准备复试、进行调剂的时候也要保持"好心态"。

1. 积极请教领导、老师

考研复试或调剂，切忌孤军奋战，不能脱离集体，要积极请教老师，不放弃任何机会，哪怕机会很渺茫，都不要半途而废。我们学院领导、老师真的很用心，安排各种经验分享会，我认为很有必要认真地听一听。师兄师姐可以说是很值得信赖的，他们刚刚跨过我们现在面临的迷茫路段，很能理解我们的心情，也很明白我们的需要，跟他们交流胜过我们独自研读各考研机构出版的"调剂、复试攻略"，他们所言往往一针见血，很有时效性。哪怕没听出个所以然，能目睹一下考上研究生的师兄师姐的风采也是一件很有意义的事情，也许你会被他们的气质所吸引，更加渴望继续深造。

2. 要懂得谦虚、谨慎、大胆

机会是要自己争取的，自己不主动寻求帮助，谁又知道你需要帮助呢？要懂得谦虚地请教老师、倾听师兄师姐的建议，谨慎地思考、做出决定，大胆、果断地做自己认为有必要做的事。我就是脸皮够厚，主动请教我们学院的领导、老师，解答了自己的困惑，了解到了自己该怎么做。我之所以能考上研究生，学院领导、老师真的帮了很大的忙，甚至达到了"扭转乾坤"的程度。我永远都不会忘记。

考研这一路走来，波折的过程让我满怀感激，我跟自己说："心怀感恩，好好学习，好好生活。"

在此，我衷心祝愿师弟师妹们考研成功，愿我们学院越来越好。

因为热爱，所以选择

2010 级中本 5 班　徐平莉

我参加过两次考研。大三一战，跃跃欲试，但最终由于基础薄弱在复试中被淘汰。作为汉语言文学专业的学生，我选择了报考对外汉语专业，是基于我对这个专业的热爱。无论是大三还是大四，我所报考的专业都是一样的。我告诉自己：我还没尽全力，不能轻易放弃，况且人生难免有波折，因为热爱，所以选择；因为选择，所以坚持。

复习期间，我每天都会在考研课室的某段走廊上读书。那时，我经常听到一楼有好多体院的男生在铆足劲背书，有时甚至还会看到有男同学把书放在窗台上，一边打拳一边背单词。某个早上，忽然传来曾经的同窗好友因病离世的噩耗，当时还在课室看书的我顿时失了方寸，抱着书在楼梯那儿哭了起来，也没顾及自己的声音大。不一会儿，在楼下背单词的一个男生跑上来，看了我一眼，挠了一下头，又跑了下去。又过了一会儿，他又跑上来，走到我跟前，递给我一包纸巾。正当转身要走的时候，他突然回头笑着说了句："别哭啦，我单词没背完都没你那么伤心。"听他这么一说，我哭着哭着就笑了。

在考研楼复习的日子早已离我远去，但我至今都忘不了那个早上。尽管素不相识，一包纸巾、一张笑脸、一句玩笑话，看似平淡，却能在人最脆弱的时候给予极大的安慰。虽然只是短短数月的相处，但在考研课室一起奋斗的同学，大家都是守望相助的。彼此借过的书、问过的问题、买过的早点、吃过的零食、用过的热水壶、打过的蚊子……一路走来，我们从相识到相知，为了同一个目标努力着。很多年以后，我还会怀念这一切，怀念那些年和你们一起并肩奋斗的时光。

祝福每一位考研人。

考研大于考上研

2010 级对外汉语班　赵　艳

　　考上研究生是一件再正常不过的事，没有必要大肆宣扬。但是很多人对考研抱有偏见，认为"一入考研深似海，从此唯有读书亲"，把复习、备考看成是一件苦不堪言的事。作为一个过来人，或许我可以传达一些考研的正能量，来纠正这个错误的认知。

　　其实考研本身比考研结果有更大的意义。

　　一路走来，谈不上辛苦，谈不上艰难，但有遗憾，当然，这个遗憾远不只是没能去名校的遗憾。考研会不会成为我人生的转折点我不知道，但是我确信考研在我记忆深处将永远是一道难以跨越的坎。即使有一天我忘了大学四年，也忘不了这短短的几个月，因为考研使我更懂得感恩。我不知道自己前世做了什么好事，在今生，能遇到那样爱我、宠我的一家人，我欠下了太多的亲情债。这几个月，家人为我付出了太多，尤其是爸爸，遗憾的是，这份父爱我今生再也无法报答。

　　如果说每个人都逃脱不了死神的追捕的话，我希望我的那一天能早点来临，也好早些还了那份亲情债。谢谢，谢谢爱我的一家人！同时，也很感谢这一路陪伴我走来的每一位研友，那短短的几个月让我仿佛重走了一遍回不去的高三，感谢小伙伴们制造了良好的学习氛围。感谢在我最无助时，辅导员詹老师的包容、理解和鼓励，感谢劳老师的热心帮助，虽然兰州大学复试没有成功，但是老师一次次的关心和帮助确实让我感动至极。感谢舍友们四年来的宽容和考研路上的一次次帮助。

　　我是一个幸运的人，我遇到了可以无条件爱我的家人，无私给予我关怀的老师，热情真诚的同学、朋友，我没有理由不满足。考研路上，我懂得了感恩，我想，这是一个好的学校甚至好的前程都替代不了的收获，我知足了。

那些花儿陪伴的日子

2009 级中本 1 班　符小奋

作为考研大军的一员，我是幸运的。

在这里，首先感谢学院领导对我们考研学子的关心，感谢导师马显彬老师对我的支持与帮助，感谢各位研友陪我度过的每一个日日夜夜。

2012 年 3 月，我开始正式投入考研复习，记得那时在日记扉页上写下了这么一句话：好好规划，好好努力，只为了我那卑微的理想。从那天开始，所有精力就集中在考研上。前几个月，精力充沛，心情甚好，每天早上闹钟准时响起，然后赖床几分钟。但只要听到隔壁宿舍某虹的脚步声，就一骨碌从床上爬起，匆忙洗漱，奔向考研教室，边啃面包，边看单词。那时候早上一般都有课，我是能逃则逃，灿哥的中国古代文学课必逃，王阳大师的外国文学课则是必到，所以，一学期下来，上课的次数就只有几十次吧。

大三第二学期，乱七八糟的事儿挺多的，5 月考普通话，期间试讲、说课、期中、期末考试等都要花时间准备。因此，复习的时间零零散散，掰指一算，也只有两个月的时间，复习进度也就慢得可怜，每次的计划都无法完成。

7 月初期末考试结束，之后回家放松一星期有余，就回学校开始复习第二轮。这时候，正值盛夏，湛江的太阳毒辣辣的，复习比起前几个月就辛苦很多。每天中午睡醒都晕乎乎的，看着外面骄阳似火，人懒懒的，连动都不想动，可是一想到很多书还没开始看，就又往教室跑，汗流浃背，休息一会儿就开始啃英语真题。晚上对我来说是复习的黄金时间，看政治、专业课都安排在晚上。北京时间 23 点左右我们几个就疾步如飞，几分钟赶回宿舍。洗漱完毕也就 0 点左右，一天就此结束。日子循环往复。

第二轮的复习持续到 11 月前后，剩下的时间里就是"背多分"了。这段时间，三楼也就是一番别样的景色了，老张每天必在，某虹也是，只要听到他们的读书声，心就会笃定很多。读累了，大家就一起聊聊。但在这段关键时期，每个人的心里都发生了微妙的变化，心情变得烦躁，每天都被书堆包围着，这本不熟，那本也不熟，心里总是想着：惨了，专业课看不完，政治看不完，英语也不会。当时石磊老师的一句话倒是使我宽慰不少，他说："看不完是正常的，但看不完也能考上。"说真的，后期石磊老师对我的帮助很大，他的话总能给我满满的信心，因此我的个性签名也就改成了："舍我其谁！"

复习的后期对我来说是挺折磨的，中午在宿舍睡不着，晚上也很晚才能入睡，考试前的两个月，每到中午和晚上休息时间都是一种煎熬。就我个人而言，晚上睡晚点，早上也有精神复习，可要是中午睡不着，那下午和晚上都没有精力，整个人萎靡不振，精神不佳，当时只有一种想法，真想撞晕了好好睡一觉。这样熬了两个星期，我就改变策略了，中午干脆在教室趴着睡，不回宿舍受这份罪。直到平安夜那天，教三发生跳楼事件，目睹现场的我吓破了胆，当时我的号啕大哭倒是把张春林吓坏了，导致我后来的十几天，中午都不敢待在教室，有的时候晚上还会做噩梦。原谅我的胆小吧！

就这样磕磕碰碰走完了考研路，期间的艰辛现在看来都已云淡风轻，考研这段经历是我人生中的一大财富，经历过，才懂得珍惜；努力过，才不后悔。总之，以后的我会特别感谢现在努力的我。

夜一望无际，但天亮了就会很美

2013 级对外汉语　冼慧怡

　　2017 年 3 月 29 日，我趴在图书馆的圆桌上小憩，一阵阵手机的震动声把我吵醒。终于收到了云南民族大学的拟录取通知，这一刻我真的等了太久。2017 年 3 月 29 日 13 点 40 分，我的考研之旅终于落下帷幕。

一、初心之约

　　我准备考研的时间段是比较早的，在大三刚开始便已经着手准备。大三第一学期，主要是搜集各院校信息，定好学校和专业。关于专业方面，我觉得自己要很清楚自己的未来规划。我选择的是学术型硕士、语言学及应用语言学专业。其实，汉语国际教育专业硕士比学术型硕士好考一些，招收名额也更多。但是了解珠海的人才招聘情况后，发现语言学及应用语言学专业可以从事的行业面更广，并且个人认为两年和三年的学制差别不大。重点是，我很热爱语言学这个专业，这是出自真心的！再者，因为我是广东人，从小一直在省内读书，但我有一颗"不安的心"，一直想到外面的世界看看，所以自动排除掉广东省内的高校。学校的选择也是几经变动，一开始是华中师范大学，所以大三试水的时候报的也是这所学校。自我感觉题型还是可以接受，但是华中师范大学的语言学有邢福义老师坐镇，分数线高达 390 多分，所以我就转移目标了。

　　最终报考的是上海师范大学对外汉语学院的语言学及应用语言学专业，因为有齐沪扬、陈昌来等实力很强的师资队伍，所以 2017 年的对外汉语学院报考人数疯涨。确定了院校之后，我就横下心搜集各方资料，一点儿也不放过。

　　对于给师弟师妹的建议是，在院校选择上一定要慎重，并且一旦选择了之后就不要动摇，不然会浪费很多精力和时间。

二、调剂是个修罗场

　　调剂是一场看不见敌人的角斗，有时并不你没有努力或者分数低，而是当你交上答卷离开考场的那一刻起，多多少少都有一种叫"运气"的东西影响着最后的结果。

一开始，我的想法是坚决不调剂，考不上就工作。后来，参加了一次教师招聘之后，这种念头迅速转变了，就算是去西藏也要读研！并不是为了逃避就业，而是到外面的世界闯过才深刻明白自己不过就是宇宙中的一粒渺小的微尘罢了。还记得有一句话："我们改变的，不是自己的命运，而是别人心中本该属于自己的命运。我们改变的，不是自己的命运，而是自己身边的环境、所在的社会阶层。这些改变，才是我们的命运。"当我们正值青春的时候不去追逐星辰大海，此后恐怕就再也没有机会了。所以，决心要调剂之后，前路再苦、再失落，也不要轻易放弃。念念不忘，必有回响！

收拾心情后，我马上开始运用现代惠及全人类的成果——"百度"地毯式搜索有关院校。当成绩出来后的一星期内，预调剂系统会开始开放。预调剂系统里可以查看各学校各专业的调剂名额，此时你可以进行选择。待真正的调剂系统开放后，你可以一键确认，方便迅速。但是这里有一个温馨提示，很多学校其实有调剂名额，但是并没有在系统上出现。所以你需要查找到学校的官网或者直接打电话去查询。询问过程中也不要因为对方冷淡的态度而气馁，因为对方教务人员在这一时期也是非常繁忙。另外，各学校的调剂通知并不是统一时间公布的。有一些学校是会在调剂系统开了几天之后才开始公布，比如云南民族大学、海南师范大学等。所以，调剂系统开放后的所谓"黄金48小时"并不能决定最后你调剂能否成功。

三、遭受一万点暴击

第一轮的3个志愿我分别填写了华侨大学、广西大学、广西民族大学。我的志愿学校1个在A区，2个在B区，主要精力还是放在B区。填报华侨大学时并不是抱有太多的希望，因为A区的学校都被985、211的考生挤爆了，机会比较渺茫。如我所想，华侨大学很快就拒绝了我。然而，最令我心灰意冷的是广西的三所高校都拒绝了我！特别是我抱最大希望的广西大学，为了争取也是拼老命了，也算是搭通天地线了。然而，直到最后一刻它都没有接受我的调剂申请！之后我又填报了广西师范学院、赣南师范大学，都一一被拒绝！

当时，真的遭受了一万点的暴击！连续的无情拒绝令我开始怀疑人生，不断问自己，我是不是一个最失败的女孩？阴霾笼罩着我，一次次的希望变成一次次的绝望。

连续遭受了5所学校的拒绝，我已经不抱有任何希望了。可能是念念不忘，必有回响吧，我突然看到云南民族大学的民族文化学院出了调剂公告，打电话过去居然也有老师接听，态度还十分热情。可是身心俱疲的我真的接受不了再一次打击了，一次次问自己是否要申请。不！我真的不甘心！我还是再一次填写了志愿，告诉自己这是最后一次！行就行，不行就从头开始！填完调剂申请之后，我上网搜索该学院的导师。搜了一个下午，终于找到了院长的QQ邮箱。我准备了一封简单的自荐信（包括自我介绍、成绩、本科表现）并附上一份简历，发送给院长。

2017年3月21日8：55，我收到了云南民族大学的复试通知！在医院体检着的我，一边抽血一边哭着。护士们纳闷，但他们谁也不知道，直至今日我都经历了些什么。

复试过程中十分顺利，我和面试的老师相谈甚欢。自我感觉良好。在回湛江的第二天，我就收到拟录取通知了。

在整个调剂中，我有三点小建议：

（1）伺机而动。调剂系统中，有三个调剂志愿。我建议三个志愿不宜一次填满，可以留下一个作为机动准备。因为如前文所说，你很难预计哪所学校会猝不及防地给出调剂名额，所以最好有所预留，不然到时候很可能碰到了调剂机会却因为没有空余志愿而遗憾错过。

（2）积极主动。不断地打电话、不放过任何一次机会。比如主动给导师发自荐信，但一定要注意措辞；主动给院校打电话询问；主动找身边的一切资源，学院的老师都十分热心，都会给予你帮助。

（3）一颗永不会被浇灭的心。连续5所学校的拒绝，也只是为云南民族大学的录取所作的伏笔而已。只有经历过绝望，才会觉得阳光穿过阴霾的那一瞬是多么的温暖。任何时候，都不要自己先放弃！

四、最后的话

一直很喜欢周星驰电影《喜剧之王》里的一个片段：张柏芝黑夜里指着那一片海，轻佻地对周星驰说："切，有什么好看的。"周星驰腼腆地笑了笑，望向那一望无际的黑暗中，说："不是啊，天亮了就会很美了。"

很难想象，当初那个叛逆的辍学少年，今天能考上大学，甚至踏上研究生这个台阶。有时候回想起来，就像一场梦。前半段是不堪回首的噩梦，后半段是不可思议的白日梦。庆幸的是一直以来遇到了许多帮助我的老师。当然，最重要的是，从来没有放弃过我的家人。我的妈妈、姨丈、阿姨，是他们在黑暗的边缘拉了我一把，才有了今天的我。

宁静以致远

2012 级广电 1 班　庞玉玮

大学时期，是走出亲人拥围的舒适圈、迈向纷繁社会之前的过渡期。这四年，没有了步步循规蹈矩的行动路径，没有了耳畔环绕的叮嘱指导，所有的选择全凭自己，这使得目的性和方向感显得尤为重要。描绘好自己的大学生活蓝图，是我入学以来做的第一件事。

我在大一担任了班级的团支书，带领着新生的班集体斩获了大小荣誉，小至团活动大至"三下乡"，积极承担责任，凝聚班级力量。大二时，我担任校学生会宣传部部长，申报并开展了省级活动项目，完成了校内各项宣传任务，协调优化了宣传系统工作。在此期间，除了积极地参与到学生干部工作中，我还在专业课学习上下足功夫，大一、大二时获二等奖学金，大三时获一等奖学金。

随着毕业的临近，我并没有在分叉路口做过多的徘徊，经历了入校两年来做人做事的历练，我更加明白在专业领域有另一番学习与施展才是日后工作真正的敲门砖。因而，我觉得读大学的意义尚未尽然，所以希望可以利用读研的时间系统地读书，结合实践，打开自己的思维格局，更加全面地看待问题。从知识的积累到业务水平的提升，最终走向思维方式的成熟，是我读研的努力方向。

大三下学期，当我真正走上考研这条路，也与许多同行人一样，面临着各种困惑。首先，是择校的纠结。在考研这条战线上，目标院校是需要确定的第一件事，也是砥砺前行最强大的精神支撑。当目标院校令我摇摆不定时，我选择采用 SWOT 模式进行思考——目标院校具有什么优势和劣势？可以带来怎样的机遇？同时也会给自己带来什么样的风险？权衡完毕，自然会得到答案。亦可换个角度，把目光放长远，未来想在哪里发展，便可以就近选择院校。对自己又是怎样的定位，期待获得怎样的资源，再选择资源周边的院校。总之，最终综合自身实力与追求，量体裁衣，量需定夺，择校也就不再困难。

一年的攻坚期，每每遇到压力，当务之急就是稳住自己，放平心态。我认为，情绪失控再正常不过了，要正视这一点，哭也好，迷茫也罢，不放弃就好。当千帆过境，我发现既然决定了考研，有心力、有定力，剩下的就是马不停蹄地开始准备。其实考研这件事，就是凭一股信念，从头贯穿到尾。当面对情绪崩溃、自我否定时，应当坚定地与自己对话，既然有人可以做到，为什么自己做不到？有问题永远要在自己身上找原因，对症下药，发挥主动性去积极地解决问题，而非消极地对抗、劝退自己。

谈及考研最大的收获，我认为是考研教会我学会自律生活。当你放纵自己的喜乐，放松自己，就很容易失去方向，怀疑自己。比如，在想睡懒觉时，偷懒一次就会有第二次，想少学十分钟，下次就可能变成半小时。所以必须要约束自己。当你产生了偏离目标与任务的杂念时，必须要权衡利弊，明确自己想要什么，快速地排除干扰因素。没有尝到诱惑的甜，就不会感受失败的苦。因此，节制生活、自制管理，可以提升效率以及满足感。

此外，在考研的路上，我格外珍视身旁的研友，他们和我遭遇相近、心态相似。研友是我的患难之交，这个定义可能悲情了些，但仔细想想何尝不是，不要纠结于可能的竞争，要相信分享才能走得更远。在前进的路上，每个人都会遇到各种问题，彼此之间可以就问题互相调解，但不要过多地把对方当作泄压阀、把烦恼扩大化。日复一日地抱怨，只会引爆负面情绪，拖垮整个队伍的意志。毕竟，在这条路上，没有谁比谁容易。

对于最终考取理想院校这一结果，我认为，"从更为宏大长远的时间轴上看，现在的所得只是一个小小的坐标，人生很长，不骄不馁，不大喜不大忧才是常态。把握住现在，定准坐标，保持好的心态，全力以赴地去争取把握机会，不断地增强自己的不可替代性，当扎下每个坐标时，可以坦荡地说，'得与失无所谓，我做了，就不悔'"。这也是我想与所有即将或已经迈上考研之路的师弟师妹们所共勉的：功不唐捐。这四个字的网络解释是"人们要收获将来的善果，必须努力培种现在的善因。种善因时，要认清成功未必一定在我，但努力必不唐捐。你无心插柳，有意栽花，福报迟早会一一兑现，只是时机未至而已"。

"我们理应相信，我们的行为本身就有很多我们未曾看到的结果。诚然，最终的结果是我们非常在意的，但行为本身所承载的价值同样十分重要。当你回头望去，会发现看似平常的脚印总是在你看不到的地方彼此相接。记住这种制订计划、细分目标、逐个突破的感觉。保护好这种感觉，它会是你以后最值得依靠的利刃。"

每个人的考研之路不可能完全复制，试错纠偏的过程需要自己体味。这一年，说难熬也熬过来了，击垮与重建是共生共存的，心定一点，看远一点，当你觉得束手束脚时，其实心是最自由的，因为路越走越宽。

以梦为马，不负韶华
——记圆梦华师之路

2012 级 3 班　张业明

从进入大学的那一天起，我就有一个坚定的目标，那就是考研，我不想止步于此处，我希望到更广阔的天地去奋斗。大学四年，为了圆高考未能完成的梦想，我努力学习，充实自己的大学生活，不仅努力提高自己作为一名中文系学生应有的基本素养，也积极参加学校举办的各项活动，成为一名学校干部，尽量丰富自己各方面的经验。

考研复习是个很考验耐力的事，从 2015 年的暑假开始，我就全身心地投入考研复习中，这是一场持久战，而且一切都得靠自己，单是搜集复习资料和报考学校有关真题就花了我半个月的时间。湛江的夏天热不可耐，考研教室虽然有空调，但人太多了，我只好在考研教室旁边的小教室里学习。早上还可以忍受，下午一点多去教室学习时真的很折磨人，教室里的风扇转动起来缓慢而发出吱呀的声音，让人心烦气躁，我每天基本都是汗流浃背的，但尽管如此，也没有想过放弃，为了自己当初的承诺，咬咬牙就坚持了下来。9 月开学后我搬到四号教学楼的考研自习室学习，在考研自习室里我看到了更多为了梦想而努力的身影，有些同学早上 6：30 就坐在教室里学习了，中午吃完饭就马上回到教室学习，累的时候趴在桌子上睡那么一小会儿，然后起来再继续奋斗，直到晚上 11：00 才回去，这些为梦想而拼命的人给了我很大动力，当想要松懈偷懒时，告诉自己要静下心来，没有人的成功是随随便便得来的。我知道如果是因为自己没有付出最大的努力而失败，我会痛恨自己的，因为没有一种果实是可以不劳而获的。于是我也开始实施了高强度的复习计划，每天离开教室前在一个本子上写下明天的学习任务，并在今天完成了的任务上打钩，如果有哪个任务没完成，第二天就减少自己的休息时间。这些日子是枯燥而难熬的，6：15 起床，11：30 去吃饭，后来干脆换成 12：00 吃饭，每天吃的都是冷饭冷菜。中午睡半个小时，13：00 就到教室去学习，17：30 吃饭，18：00 回来继续学习。23：20 回寝室洗澡睡觉，仿佛无止境地重复着同样的内容，就这样，到考研前一天，我把厚厚的英语单词书背了不下十遍，专业课本指定书过了两遍，整理了两大本专业课笔记、两大本英语笔记、两大沓历年真题答案笔记，其中下过的苦功可想而知。这样的日子虽然很累，但我觉得十分充实，每天早上起来总是自信满满地面对新的一天，我坚信天道酬勤，上天总不会对努力付出的人太差。

但每个人的体力和热情总是有限的，我也有心情低落的时候，特别是在离考研只剩半个月时，那时觉得自己看过的东西都忘了，什么也没学到，脑子里一片空白，政治与英语还有很多没背熟。有天晚上，在整理专业课历年真题时，我觉得自己什么题都不会做，心里又急又恼。23：30 一个人从那条连接教室与宿舍的路上走回去，天又下着雨，心情低落到极点，一边走一边流眼泪，心里一直在骂自己，又不敢打电话回家，怕自己一听到家里人的声音，就情绪失控了。回到宿舍，与几个同是考研的舍友谈了一下，虽然她们给了我很多建议，但很多事情，别人是无法帮你解决的，最终都要靠自己去想办法处理。我知道自己在最后这十几天的关键期里不能倒下，于是第二天醒来就提醒自己丢掉坏情绪，坚持下去。

春节过后，考研初试成绩公布，我初试考了 398 分，排名第二，之前的努力总算得到了回报。在这之后，一切就显得比较顺利了，先是接到复试通知，接着到广州参加面试，最终确认自己被录取了，一切仿若梦境，却又是那样真实。

一路走来，感谢老师与同学真诚的关心和祝福，使我在考研路上更勇敢、更坚强。随着时间的流逝，考研成功的喜悦会被我们遗忘，多年后留存在我们脑海里的只会是那些承载着青春回忆的记忆碎片，但至少我在这一小段路上确实付出过自己最大的努力，可以不留遗憾。

是的，考研只是我人生道路上很小的一步，结果固然重要，但更重要的是我在这个过程中得到了已远远超过考试本身的东西。未来还有很长的路要走，考研可以让一个人成长，收获的不只是知识，更多是培养了我坚定的意志和对待生活的积极态度，凡事只要坚定目标，全心全意地前进，结果总不会太差。

很幸运，但不只是幸运

2013 级新闻 1 班　谢舒婷

"考研这个东西，只要你动了念头，除非你考上了，否则一辈子都不可能真正放下。"

2017 年 3 月 20 日 22：11，手机铃声响起，我接到了这个令我欣喜若狂的电话，我被录取了，很幸运，但不只是幸运。

这是我对自己近一年的备考过程的总结。

广播电视（新闻学）专业是我高考的第一志愿。说实话，当时我并不了解这个专业，但我在家人的强烈反对下坚持填报了它，只是因为这个专业看起来"很有趣"。等我真正接触到广播电视这个专业时，枯燥的理论知识，加之自己日益懈怠的学习态度，让我逐渐失去了对这门专业的兴趣，好像每天都过得很"无所谓"。

幸运的是，在大三第二学期的那个 5 月，我参加了学院组织的考研动员大会。在那之前我完全没有考研的打算，我很迷茫，甚至不知道未来该选择怎样的道路。心里对未来的就业和毕业以后的生活并没有明确的规划，那时候也不知哪里来的勇气，总认为凭借自己在学校社团里积累的那点所谓的"工作经验"和未被发掘的"无限潜力"，再加上一点运气，肯定能找到一份不错的工作。如果你也这么想，那快醒醒吧！林捷老师为我们对往届毕业生的就业情况做了详尽的分析，张敏师姐跟我们分享了自己对专业和就业的看法，这都让我认清了现实，更让我认清了我自己。什么都懂一点，但是什么都学不精，既静不下心来写稿子，也没体力扛着机器去跑新闻，自己真的没有想象中那么优秀，走出校园的生活也没有想象中那么简单。在那之后，我终于明白，运气不会有一天突然砸到自己头上，你想要的生活，只有通过你的努力才能获得。我要考研，不为了改变命运，只为了不让自己把大学剩下的每一天都过得那么"无所谓"，只为了继续坚持曾经的坚持。

决定考研以后很关键的一步就是选择院校和专业。由于我决定的时候已比较晚，没有太多时间再去思考，但这一步又是至关重要的，所以这段时间要保持头脑清晰，既要冷静又要果断。我首先决定考本专业，因为剩下可以复习的时间只有六个月，这个时候选择一门全新的学科，一是时间太紧张，二是复习起来压力大。其次是选择学校，这是让我最头痛的地方，是选择地理位置优越、排名靠前，但是竞争压力大的 A 区学校，还是选择地处劣势、排名靠后，但是竞争压力较小的 B 区学校。反复斟酌后我决定报考华南师范大学，究其原因，一是我打算以后留在广东工作和生活，二是 2012 级的张敏师姐已经被这所学校录取，这样了解学校和专业情况会比较方便。当学校和专业都定下来之后，就要开始准备复习了。注意，是准备复习，而不是复习。我把准备阶段分为搜集资料和制订计划两个部分。需要搜集的资料有：报考专业的历年招生简章、考试大纲和参考书目、已被录取的前辈们的复习书单及笔记等，搜集这些资料对下一步的复习会有所帮助。搜集资料我建议大家多和师兄、师姐们交流，而不是一股脑儿地上网搜索，一是网络信息鱼龙混杂，真假难辨；二是直接和前辈交流，省时省力。这里提醒一下，别人的笔记做得再好也是别人的，可以适当借鉴，但不可全盘照搬。

我的初试备考是从暑假开始的，距离 12 月底考试只有六个月的时间，而在这短短的六个月内我不得不完成别人用一年完成的学习量，于是我制订出了大大小小许多计划，详细到周计划、日安排，甚至每天的作息表。可千万别小看这一个步骤，制订计划，不仅能让自己对需要进行的复习内容有一个大致的把握，而且能督促自己学习，保证按时完成复习任务。也可以事先向前辈们了解一下他们的复习有哪些步骤，一本书需要经过几遍复习才能掌握，从而制订出适合自己的复习计划。此外，在复习过程中总会遇到各种突发情况，所以计划也要灵活调整，不能死守计划，但同时也要保证复习进度。

当我把我要考研的决定告诉张敏师姐时，她说："你要知道复习的过程中肯定会觉得痛苦，这是一定的。"确实，这种痛苦，比想象中还要难以忍受。最痛苦的不是 6：00 就要挣扎起床，不是 23：00 才能离开教室，不是躺在床上累得睁不开眼还要背单词，不是将所有的疲惫泡成一杯咖啡咽下，而是不确定自己当初的决定是对是错，不确定自己的方法正确与否，不确定自己所有的付出会得到什么样的结果，只能自己一个人承担所有。10 月的某一天，清晨 6：40，我在空荡的考研教室发过一条朋友圈：有时候不逼自己一下，你都不知道你真的能把自己逼死。很幸运，最终我熬过来了。在一天天烦闷的复习中，你会发现当初的那个决定渐渐变成了心中的执念，我不知道这条路的终点在哪里，会有什么样的结果，但是既然我已经走了这么远，我不甘心就这么半途而废。我相信未来的自己一定会感谢曾经那么努力的自己。2 月 16 日下午，在我看到自己初试成绩的那一瞬间，没有觉得分有多高，也没有考虑能不能进复试，只是觉得，一路走来，值了。

考研没有捷径，但是有技巧。在这里跟大家分享两个我觉得十分有效的技巧。第一，做笔记的技巧。做笔记是复习过程中必不可少的环节，很多同学都会去买前辈们的笔记，但我觉得笔记还是要自己整理才可靠。接下来，我以华南师范大学的新闻与传播专业（专业型硕士）为例，介绍一种简单高效的做笔记的方法。

通过将2016年和2017年的初试大纲进行对比可以发现，大纲内容变动还是很大的，如新闻与传播专业综合能力的内容全都是新增的。大部分同学都是根据往年前辈给出的参考书目和初试大纲进行复习，而华南师范大学的初试大纲公布的时间比较晚，到那时再重新找参考书和资料的话，一是耗时费力，二是会增加心理压力。这时，不妨从已经复习过的知识点下手，温故而知新。

在10月中旬大纲公布之前，经过一个暑假加上9月的复习，相信你已经将手头上的资料过了两三遍了（至少对《传播学教程》和《新闻学概论》的内容非常熟悉），当你发现大纲内容变动很大或是完全不知道从哪里下手时，你可以从《传播学教程》和《新闻学概论》这两本你已经非常熟悉的参考书下手，将两本书中每个知识点与大纲中的小点进行对照，将两书中相关知识点划进大纲相对应的小点，整理出一份新的笔记。再将初试大纲的每个小点，在已经掌握的参考书和资料中找到对应的地方，重新整理笔记，这样既省去了重新找参考书的时间和精力，又顺带复习了一遍原有的知识体系，最重要的是理顺了思路，一举三得！当然并不是新大纲中所有的内容都能在自己原有的知识体系中找到完美的对应（除非你的知识体系真的非常完美），新增的知识点还是要自己补充。

第二，复试面试的技巧。包括华南师范大学在内的一些高校的研究生复试面试均采取"压力面试"的模式，即面试老师故意"刁难"考生，打击其信心，扰乱其思路，考验考生的心理素质。当面试遇到这种情况时，考生首先要保持镇定，必要时可以暂停回答，先深呼吸，调整情绪，要明白这只是一种面试形式。其次，要坚定自己的观点和立场，但也不能和老师"硬碰硬"，要为自己"打圆场"。再次，遇到确实无法回答的问题或者面对老师"质疑"实在招架不住时，大可承认自己的错误或坦白自己无法回答。最后，2017年华南师范大学新闻与传播专业研究生复试的英语面试部分难度有所增加，要求用英文回答专业知识。由于考生之间专业课部分差距不大，所以英语部分是加分项，当然难度也相对较大，极少考生能完整回答问题。我建议同学们可以在准备英语面试时背一两段"万能答案"，比如某位知名新闻传播学者的名言，或是自己对新闻业的理解等，这类

"万能答案"在回答任何英语专业问题时都可以用上，即使是无法准确回答专业问题，但只要你能口语流利、发音准确地答出提前准备好的"万能答案"，也能引起老师注意。

以上几点仅仅是我对自己考研过程的一些思考，仅供参考。

世界上从来没有不劳而获的果实，所有的运气都是你看不见的努力。在这里引用一句学霸黄师兄的名言："师兄、师姐给你灌的鸡汤未必能帮助你考上研究生，但是你自己能。"共勉！

后　记

　　时代需要不断发展。在习近平总书记"四个全面"的战略布局中，中国进入一个高呼时代口号、人心凝聚的发展时期。少年强则中国强，国家的发展离不开个人的发展。以个人发展带动社会发展，是实现中国梦的重要举措。

　　社会的实践成果证明个人发展离不开知识的力量，而当代大学生作为知识接收与传播的主力军，必定要通过知识的学习与能力的锻炼来促进自我的提升。在当代大学生眼中，"毕业"本身就是一个十字路口，或就业，或追求更高的学业，每一种选择都有它的意义，每一种方式都能到达自我的巅峰。学习是永无止境的，活到老、学到老。而本书，正是为了鼓励大学生通过学习自我提升，通过追求学业实现自我梦想而编著的。因为梦想，所以飞翔，书中的所有主人公都因为同一个梦想而选择了奋斗的青春。这个梦想，叫作考研。

　　本书中通过对岭南师范学院文学与传媒学院的多名优秀考研学生的专访，展现了一段段岭南师范学院学子的奋斗史。为了实现梦想，他们超越自我，勇于创造一段以"奋斗"为人生课题的青春史。书中以"考研历程""考研录取调剂""考研学生的心声"等为主要内容，书写了考研学子追逐梦想、实现自我突破的考研历程。这些优秀的考研学生将经验分享给未来的考研学子，为他们追求梦想、实现梦想发挥了良好的榜样作用。以梦想为主题，本书洋溢着考研学子为梦想而奋斗的青春气息，梦想也因脚踏实地而触手可及，激励每位拥有考研梦的学子勇敢前行。